経営学 ファーストステップ

北居 明　松本 雄一　鈴木 竜太
上野山 達哉　島田 善道
著

八千代出版

はじめに

老子（紀元前の中国の思想家）の言葉に、「授人以魚 不如授人以漁」という格言があります。これは、人に魚を与えれば１日で食べてしまうが、魚の捕り方を教えれば一生食べていけるという意味です。この言葉はまた、しばしば教育の目的としても掲げられてきました。つまり、教育は、学生に対してお金や食べ物等、生きるのに必要なものを直接手渡すことはしませんが、こうしたものを手に入れるために必要な知識や技術を伝えることを目的とするということです。しかし、一度教わった魚の捕り方を続ければ、本当に一生安泰でしょうか。

ある魚を捕る方法は、他の魚では通用しないかもしれません。また、水温などの環境条件が変われば、昨日まで捕れていた魚が捕れなくなることもあるでしょう。一度教わった方法にしがみつき、それを改良したり、他の方法を学んだりすることを怠れば、環境変化に適応して生き延びることは難しいのではないでしょうか。

経営学についても、同じことがいえると思います。私たちが教科書を通じて教える内容は、確かに先達の知恵の蓄積であり、結晶です。しかし、これらはすべて過去の知識であり、今後も通用し続けるとは限りません。特に、地球環境の激変、日本経済の停滞とグローバル化、少子高齢化、人工知能や量子コンピュータなどの技術進歩は、これまでの常識が通用しない、予測のつかない新たな時代の到来を予感させます。そのような時代の中では、教科書どおりのやり方はもはや有効ではないかもしれません。

それでは、この教科書で読者のみなさんに伝えたいことは何でしょうか。伝えたいことは２つあります。１つは、経営学をこれから学ぼうとするみなさんに対し、より深くて専門的な学びに結びつけるための基本的な知識を伝えることです。この本は、大学で経営学をこれから学ぼうとしている初学者を念頭に置いていますが、大学では学年が上がるにつれ、より専門的で高度な講義が待っています。そのような難しい内容を理解するためには、基本的な知識をしっかり理解していることが不可欠です。また、基礎がしっかりしているからこそ、応用が生まれます。

この目的に近づくために、私たちがこの教科書を執筆する際に気を付けたことは、「わかりやすくすること」です。このために、各章の冒頭には、2ページにわたるイラストを描き、章全体の内容をイメージでとらえやすいようにしました。また、「この章のねらい」には、各章で主に学んでほしいことを端的に要約してあります。さらに、各章では現実に存在する（した）組織の事例（ケース）をあげ、それぞれの組織がどのような工夫をして問題に対処していったのか、成功に結びつけていったのかを描いています。こうすることで、各章で紹介されている抽象的な概念を、具体的な事実に結びつけて考えることができるようになることを期待しています。少し専門的ですが知っておいてほしいことについては、「コラム」として掲載しました。全体的な内容も、これからの専門的な学びと関連が深いトピックを中心にしています。

伝えたいことの２つ目は、能動的・主体的に学ぶための方法を伝えることです。自己調整学習の研究者であるリンダ・B・ニルソン博士は、大学などの高等教育の主要な目的は、生涯にわたって自ら学び続ける人を育てることにあると述べています。ちなみに、自己調整学習とは、学習のプロセスを主体的に管理し、学習の方法や意欲の出し方を自ら工夫し、効果的に学習目標を達成するような学びのことです。そのような学びをする人は、自ら新しい知識を獲得、保持、検索できる、意図的で自立的で自己主導的な学習者です。そうした学習者だけが、職業生活の中で拡大する知識とスキルに習熟し続け、万一仕事がなくなってしまった後も新しい仕事に適応できると博士は主張します。つまり、魚の捕り方をただ学ぶだけでなく、自ら魚の捕り方を工夫し、環境変化にも適応できる人は、自ら主体的に学び続ける人だといえそうです。

このような能動的・主体的な学びの方法を伝えるために私たちが気を付けたことは、「質問をすること」です。初学者に学んでほしい内容をただわかりやすく伝えるだけでは、能動的で主体的な学習を促すことは難しいと思います。読者に対し問いかけることで、自ら問いをもって学習することが、自己調整学習につながる第一歩となることを伝えたいのです。まず、各章の冒頭には「はじめに考えてみよう」を設けてあります。これは、章を読む前にまず考えてほしい質問をあげています。実際に自分が思う答えを書いてから、各章を読み進めることをお勧めします。

各章の途中には、「立ち止まって考えよう」があります。これは、学習の途中で自らの学びを振り返る質問や、この先を読み進めるうえで考えてほしい質問です。ゼミなどでこの教科書を用いる場合、グループ・ディスカッションのための問いかけとしても使えると思います。

そして各章の最後には、「振り返って考えよう」と、「話し合ってみよう／調べてみよう」を掲載しました。「振り返って考えよう」では、「はじめに考えてみよう」の質問の答えを改めて求めています。学習前と学習後の答えを比べることで、自分の学びを可視化することができます。さらに、この章で新たに学んだことを質問しています。「話し合ってみよう／調べてみよう」では、各章の内容をさらに応用・発展させた質問を掲げています。集団で議論することで、同じ教科書で学んでいても多様な考え方があることを実感し、視野を広げることを意図しています。さらに、各章で学んだことに基づいて、講義外の時間で取り組むのに適した課題をあげています。講義だったらレポート課題にするのもいいし、ゼミならばグループ課題にしたり、各人が取り組んだ内容をプレゼンテーションしてもらうのもいいかもしれません。

自己調整学習を促進する方法は数多くありますが、この本では、学習前、学習途中、学習後に問いかけることで、能動的で主体的な学習を促していくことを企図しています。学ぶ内容だけでなく、学ぶ方法も伝えることで、読者がこれから「学びのプロ」となる手助けをしたいと考えています。

2020年4月

著者を代表して　北居　明

目　　次

1章 経営学とはどんな学問か

●この章のねらい
これから学ぶ経営学とはいったいどのような特徴を持った学問なのだろう。さらにいえば、経営とはいったいどのようなことを指すのだろうか。この章では、経営や経営学について理解した後、経営学を学ぶことの意義について学ぶ。

経営とは

「経営」は語源からみると、荒地に線を引き、何を植えるか、どんな家畜をどのくらい飼うかを決めるように、目的を定め、その実現のために要所や規模を定めることからきている。現在の企業でいえば、事業目的のもとに戦略を構想し、組織を整えることを経営と呼ぶ。経営学はこれを上手によりよく行うことに資する学問だといえる。

経営学の２つの特徴

応用学問　実践学問

企業における付加価値

企業においては、製品やサービスに対し消費者が払う対価から、その製品やサービスを提供するためにかかったコストを引いたものが利益となる。この利益がその企業が付加した価値になり、企業はこの価値をより大きくするために経営を考えることになる。

その助けとなる経営学は、実践に役立つものとしての学問と、さまざまな基礎学問をもとにした応用としての学問という２つの特徴を持っている。

●はじめに考えてみよう

▶ 経営学とはどのような学問で、どのような特徴を持つ学問でしょうか？

▶ 経営学を学ぶことにどのような意義があるでしょうか？

リアルな世界

経営学で見る世界

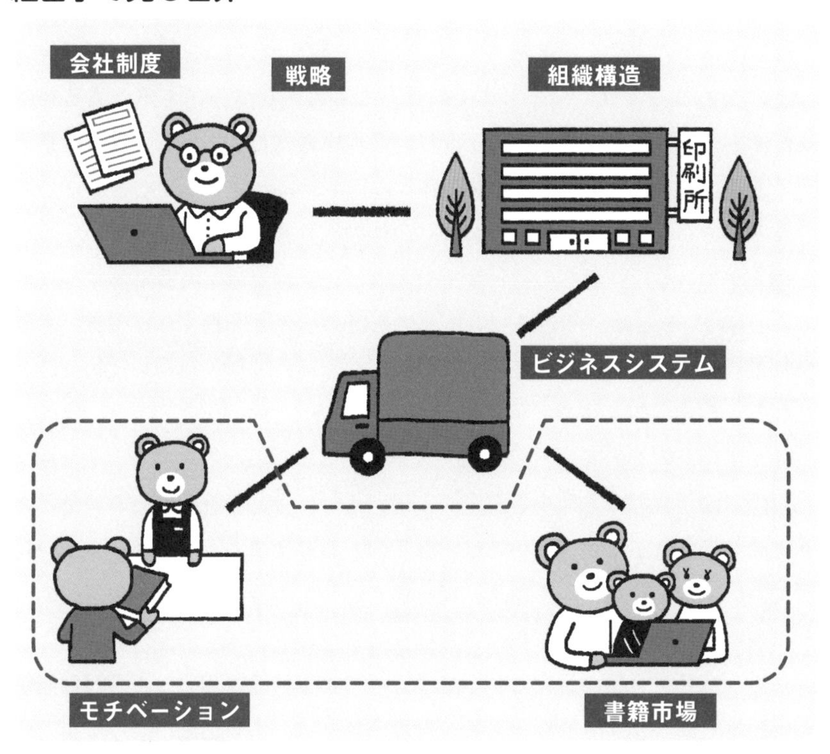

経営学を学ぶことで、リアルな世界の現象が異なった観点から見ることができるようになる。例えば、リアルな世界では本の企画と出版は、まず本の企画を行い、その原稿が出来上がり、編集者が確認をした後、印刷所に回される。印刷所では印刷・製本が行われ、店舗へ送られるかインターネットで購入された場合には自宅へ配送される。一方、経営学で見ると、本の出版や企画は、どのような消費者に価値を提供するかという観点から考えられ、そのための社内あるいは社外との役割分担は組織構造の点から考えられる。また、それぞれの職場では社員や店員のモチベーションを増すための仕組みが考えられている。さらに、インターネットで本を販売するための配送システムとの連携はビジネスシステムとしてとらえることができる。

経営学について学ぶにあたり、最初に経営とは何か、さらには経営学とは何かについて考えていく。そのうえで、経営学を学ぶことはどのような意義があるのかについて考えていく。

1 経営とは何か

経営とはどのようなことだろうか。経営の「経」という字は、経線や経過などに使われるように、まっすぐに通ったものを指す字である。あるいは、経書や四書五経などに使われるように、時代を縦に貫いて伝わる道理を指す字である。一方、「営」は営舎や兵営というように、建物を中心とした外側の外郭を含んだエリアを指す。つまり全体の大きさや規模を決めていくことを指す字である。これらのことから考えれば、経営とは、あるまっすぐに貫く線（目的）を定め、その外側のエリアを定めることを指すといえる。もう少し平易にいえば、目的を定め、その実現のために要所や規模を定めることとなる。荒地に線を引き、何を植えるかを決めていくようなことを「経営」と呼んでいたのである。

現代では、経営はもう少し限定的に用いられ、主に会社や企業の経営という文脈で使われることが多いのはご存じのとおりであろう。会社や企業の経営においては、荒地に線を引き、何を植えるかということは、事業目的のもとに戦略を構想し、組織を整えるということになる。

また、会社や企業の経営においては、その事業目的は何かしらの**付加価値**を生むことにつながる必要がある。付加価値とは、事業活動によって新たに付加される価値のことを指す。であるから、事業の結果得られた**アウトプット**から事業を行うにあたって必要な資源を引いたものが付加価値になる。例えば、街の書店は、店を構えて本を仕入れ陳列（**インプット**）し、顧客に本を購入（アウトプット）してもらうことで利益を上げることになる。本そのものに価値が足されているわけではないため、書店では、たくさんの本を手にとって見ることができる、あるいは買い物のついでに本を買いに行ける、といった便利さのような付加価値を提供していることになる。

付加価値＝アウトプット－インプット

顧客は製品（例えば本）あるいはサービスに対してお金を払うが、その利益は製品あるいはサービスを提供するためにかかった費用（本を仕入れる費用や店を借りる費用など）を差し引いたものになる。そのため、一般的に企業や会社の経営においては、利益がその個人や組織が経営によって生んだ付加価値の金額的な価値になることが普通である。ただし、付加価値は常に一定ではない。インターネットで本を購入できるようになった現在では、このような付加価値に価値を感じてくれる人が減り、実店舗の書店、特に小さな書店はなかなか利益を上げることが難しくなっていることも事実である。利益つまり付加価値を上げられなければ、事業を存続することができない。たとえ社会的に素晴らしい事業目的であっても、付加価値を社会の人が誰も認めてくれなければ、利益は得られなくなる。逆にいうと、市場が発達した現代では、利益が上がらないものは、その事業における付加価値が小さいと考えられるのである。それゆえ、会社や企業の経営においては、その事業は付加価値を生むこと（あるいは大きくすること）につながる必要があるのである。

もちろん、漠然と経営を行っていても付加価値は大きくはなっていかない。そのためにさまざまなことを考え、実行していく、目的を決め、その実現のために策をうっていく必要があり、これが経営ということになるのである。

2 経営学とは何か

経営学とは単純にいえば経営についての学問である。では経営についての学問とはどのような学問をいうのであろうか。経営学は経済学などと同じく社会科学の１つの学問分野である。つまりは社会についての学問であり、その中でも社会で起こる経営現象を理解しようとする学問であるといえる。経済学が社会全体の経済活動を理解しようとする学問であるのに対し、経営学では特定の企業や企業群の経営活動や経営現象が学問の対象になる。経営とは目的を決め、その実現のために策をうち、付加価値を上げるものである、という経営の考え方をもとにすれば、付加価値を生む方法に関する学問であるということができよう。このような経営学は学問としてどのような特徴を持っているだろうか。以下では、経営学の学問としての２つの特徴から「経営学」について考えていくことにしよう。

1 応用の学問としての経営学

経営学の学問としての特徴の１つは、経営現象といった特定の領域に関する**応用学問**であることである。応用学問であることから、特定の基礎学問の基盤に立って議論がなされているわけではない。社会の中で起こる経営現象を理解するために、経営学では経済学や社会学、社会心理学、心理学、工学、数学などさまざまな学問の知見を生かして経営を理解しようとしている。この点から考えると、経営学とは「経営」という現象をさまざまな基礎学問から理解しようとするという意味で、経営にかかわる諸学であるということができるであろう。

例えば、経営学の初期においては、工場での生産性を上げるためにどのような機械を設計すればよいか、また生産設備はどのように配置されればよいかということが丹念に研究された。そこでは人間工学や機械工学の知見のもとに経営が論じられている。例えば、コンビニエンスストアの経営において、地域内にある店舗をどのようにトラックが巡回して商品を配送すればよいかということに関しては、一筆書きなどについて研究する数学のグラフ理論を用いて考えられている。他にも、近年、職場でのうつの問題では臨床心理学やカウンセリング心理学の立場から研究がなされているし、生産現場では人間工学や生理学の観点からも研究がされている。もちろんもともと人間や人間集団の行動を理解する学問である経済学や社会学、社会心理学は経営学の多くの理論の基盤となっている。

2 実践学問としての経営学

経営学のもう１つの特徴は、**実践的な学問**だということである。この観点からいえば、経営学においては、理論や学問の成果が使われ、企業や会社がよりよくなることが学問の１つの目的であるということができる。もちろんどの学問もその知見を日常の活動において活用することは可能である。物理学であれ数学であれ、私たちは実践的にその知見を使うことがある。特に、医学や工学などより応用に近い学問は、実践的な活動にきわめて直結した学問領域であり、治療法のない病気に対する治療や、薬の開発や、ロボットの開発などは、その発見や知識、開発された成果をすぐに使うことができる。経営学も医学や工学と同様に、日々の経営をよりよくするために使うことができる学問という特徴を持っている。ただし、その使われ方はやや異なる。医学や工学ではそこでの新しい知見は薬や医療技術、あるいは新しい機械やデバイスといった形に変換され、社会に貢献していく。しかしながら経営学の新しい知見から何か具体的な物質としてのモノが生まれてくることはほとんどない。経営学においては、その知見は、経営組織における実際の戦略や経営施策を考えるうえで使われることになる。料理でたとえると、料理人に新食材を提供するというよりは、新しい調理法や（実体はないが）調理器具を提供することに近い。そのことを踏まえれば、経営学は**道具としての学問**であるともいえる。

実践的な学問であることのもう１つの側面は、経営学自体が、私たちが今生きている社会に埋め込まれているということである。それは、経営学のさまざまな知見が実際の社会で用いられることで社会そのものが変わり、その結果、次に起こる経営現象も変わってくることがあるということである。文学や歴史学の知見は、多くの人にさまざまな示唆を与えてくれるが、基本的には、私たちが持つ日常的で実践的な課題が学問の課題になることはほとんどない。一方、経営学は常に実践が身近にあることから、実践的な課題が学問上の課題にきわめて密接に結びついている。それゆえ経営学は社会を新しい方向へ進めていくことに寄与しているといえるし、社会が変われば経営学の取り組む課題も変わってくるのである。つまり経営学の発展そのものが社会を変え、社会の変化がまた新しい経営学の知見を生み出すという構図にもなっているのである。

3 経営学を学ぶこと

最後に経営学を学ぶことの意義について考えてみたいと思う。実践的な学問である経営学の意義は、何より実際にうまく経営ができるようになることであろう。経営学を学んだのに経営がうまくできないのであれば、学んだ意義はほとんどない。そうであるから、経営学の理論や知識を覚えたということだけでは、十分に経営学を学んだとはいえない。道具としての側面を考えれば、ノコギリの役割や形状、種類を知っていてもノコギリをうまく使えるわけではないように、経営学の理論や知識を覚えたからといって経営がうまくできるようにならないからである。うまく使えるためには、理論や知識をただ覚えるだけでなく、経営学的な観点から経営現象を考えることができるようになることが重要になる。医師は、人体について熟知しているからこそ、さまざまな症状に対して適切な治療をすることができる。骨や内臓の位置や機能など人体の構造やその機能に基づいて、医師は薬の作用や手術の意味を考え、診断し、治療を行っている。経営学も同様に、経営現象がどのように起こるかということを経営学的に理解することを通して、よき経営ができると考えている。これが経営学を学ぶ意義である。

経営学的な考え方で経営現象を理解できるようになるためには、経営学の理論や知識を覚えるだけでなく、それを使って考えていくことが大事になる。まさに道具として使ってみることで、はじめて経営学的な考え方を理解できるようになるのである。そのため、経営学では理論や知識それだけを説明するのではなく、実際の会社の事例などを通して理解するという方法がとられることになる。つまり、抽象的な理論や概念の説明と、実際の経営現象を結びつけながら学んでいくことが重要になる。実際の経営現象は１つひとつ、すべて事情や背景が異なる。部下のモティベーションが上がらないという事象であっても、その仕事や部下の能力や性格など１つひとつは異なる。しかしそのエッセンスは理論や概念で説明できる部分がある。実際の経営現象で

コラム　日常の謎解き

経営現象は、働く人の前にだけ現れる現象ではない。今、私たちの社会にはビジネスの産物があふれている。スマホやアプリ、コンビニやスーパーとそこで売られている商品、鉄道や自動車、家電や住宅設備、塾にスポーツジム、カフェやファミリーレストラン、あらゆるものがビジネスの産物である。そのことを考えれば、私たちの日常は経営現象によって彩られているのである。そしてその日常にはさまざまな謎が潜んでいる。なぜペットボトルはこのような形と大きさをしているのか、なぜピザ屋さんは１枚買うと２枚目がタダになるようなサービスをするのか、なぜアルバイトは月給ではなく時給なのか、なぜ同じチームでやる気のある人とやる気のない人がいるのか、すぐに答えが思いつくものもあれば、そうでないものもあるであろう。経営学を学ぶことで、このような日常の謎を少しずつ解くことができるのである。別の言い方をすれば、経営学を学ぶこと、つまり経営学的なものの見方で社会を見ることができるようになることで、日々暮らす日常がどのようにできあがってきているのかがわかるようになるのである。実践で生かすという機会がなくとも、このような日常の謎解きができることは大変楽しいものでもある。経営学を生かして社会で活躍するという意識が持てなくても、経営学を学ぶ楽しさはあるのである。

は、１人ひとり、１つひとつが異なるため、理論や概念をそのまま当てはめるように単純に理解するわけにはいかないが、その理論や概念をもとに理解することはできる。また部分的には理論や概念を通して理解することもできる。理論や概念で理解できる部分を理解し、同時にそれでは理解できない部分を理論や概念を足がかりにして個別に理解すること、それが経営学的な考え方で経営現象を理解するということであり、そのようなものの見方・考え方ができるようになることが経営学を学んだということになるのである。

経営とは、いかに付加価値を生むかということである。ゆえに経営学とはいかに付加価値を生むかということに貢献する学問といえ、実践的な学問であることが１つの特徴である。もう１つの特徴は経営現象を理解するためにさまざまな基礎学問を用いる応用学問であるという点である。このような経営学を学ぶことによって、うまく経営することができることはもちろんであるが、さまざまな経営現象を経営学的に理解することができることも経営学を学ぶ意義である。

●振り返って考えよう

▶「はじめに考えてみよう」の２つの問いに、自分の言葉で答えて下さい。

▶ あなたがこの章で学んだことを、２つ答えて下さい。

●話し合ってみよう／調べてみよう

1 自分の身の回りにある製品やサービスをとりあげ、それらがどのような価値を生んでいるか考えてみましょう。

2 身近な製品やサービスを１つとりあげ、その製品やサービスにいくつの会社や人々がそれぞれどのような価値を付加されてきたのか調べてみましょう。

世界の最も古い会社

Business Financing.co.uk の調べによる世界各国に現存する最も古い会社のヨーロッパとアジアのマップです。世界で最も古い会社は日本の金剛組となっています。聖徳太子の時代、百済からの宮大工によってつくられた会社です。ヨーロッパ最古の会社はオーストリアのレストランです。

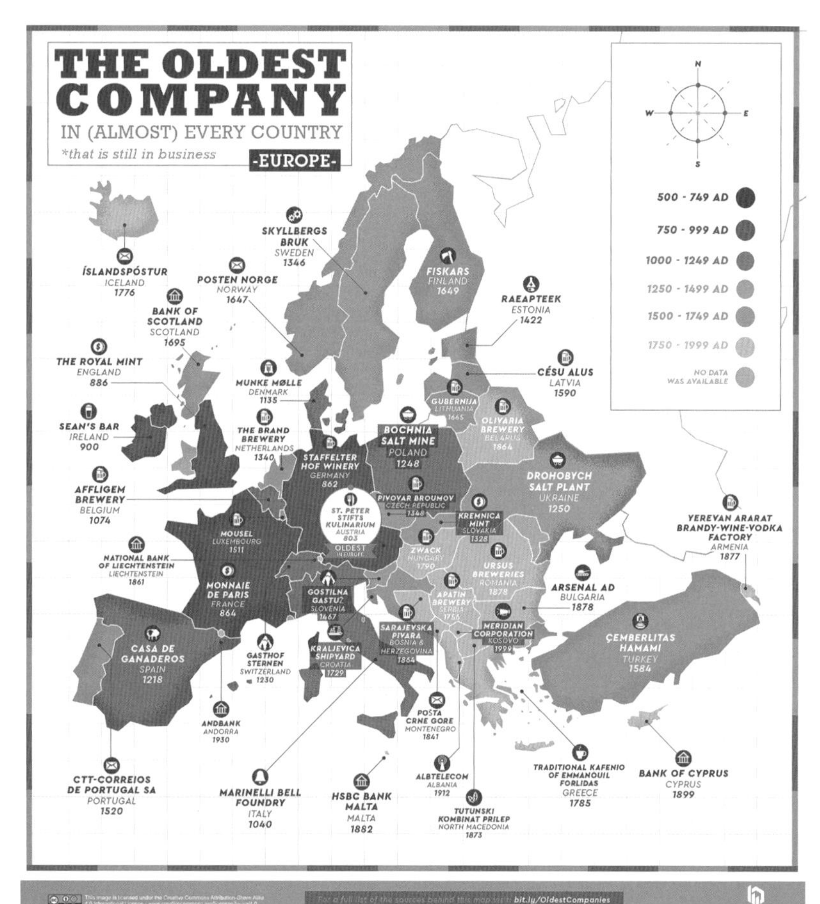

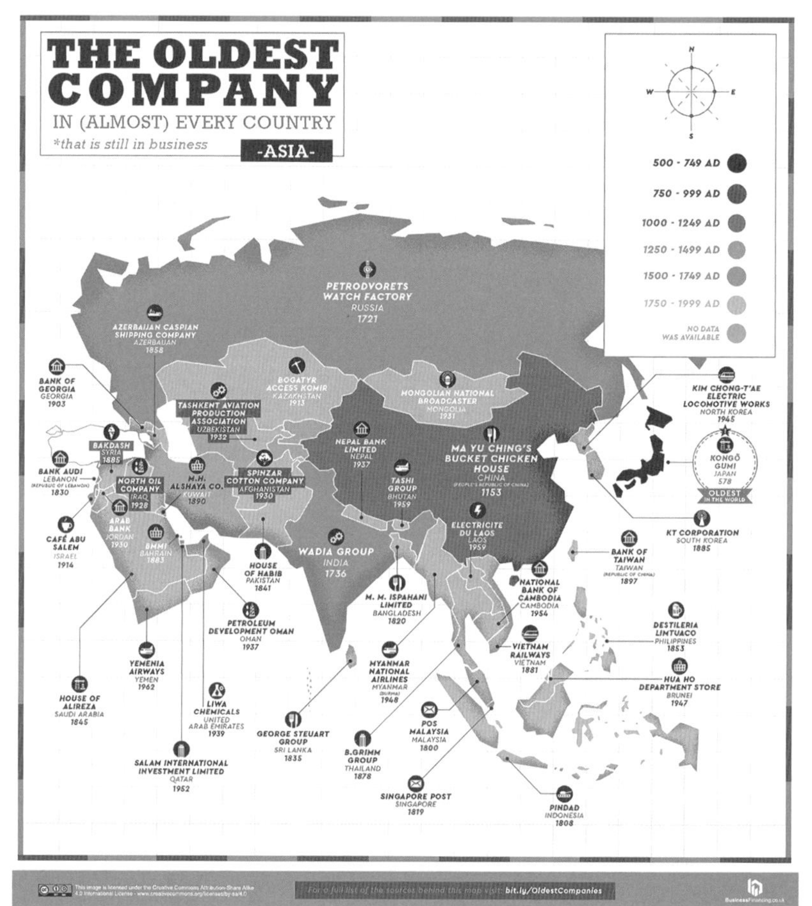

Ⅰ部

制度のマネジメント

2章 会社とは何か 会社制度

●この章のねらい

現代社会において「会社」はなくてはならない組織である。社会のさまざまな場面で目にする「会社」とは一体どのようなものなのであろうか。この章では「会社」とは何かということについて、会社の仕組み、会社の分類、会社をめぐる環境などについて考えていく。

株式会社の仕組みとコーポレートガバナンス

株式会社は、事業の目的に対して、法人としての会社に株主が出資し、事業を行う経営者がその出資金をもとに人を雇い、必要な資源を購入することで、事業を行う。その結果得られた利益の一部が株主に分配（配当）されることになる。株主は、事業がきちんと進んでいるかを監視し、場合によっては経営者を交代させることができる。また、企業は社会の中で活動するため、地域社会や行政機関などの意向を無視しての活動はできない。これが株式会社における企業統治（コーポレートガバナンス）の仕組みとなる。

会社は誰のものか

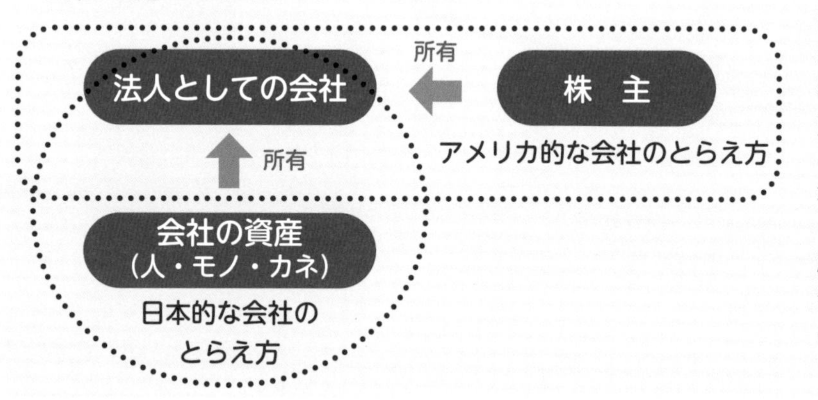

法人としての会社にはモノの側面とヒトの側面がある。アメリカなどでは、モノとしての側面が重視されることから、会社は会社を所有している株主のものとしてとらえられることが多い。一方、日本ではヒトの側面が重視され、ヒトとしての会社が所有している資産を含めて会社だと考えることが多い。このような社会文化などによる会社観の違いは会社経営のあり方の違いにつながっていく。

●はじめに考えてみよう
▶ 株式会社が優れた発明品であるのはなぜでしょうか？
▶ 会社が健全に経営されるためには何が重要でしょうか？
▶ 会社は誰のものでしょうか。その考え方の違いにはどのような違いがあるでしょうか？

企業の外部環境

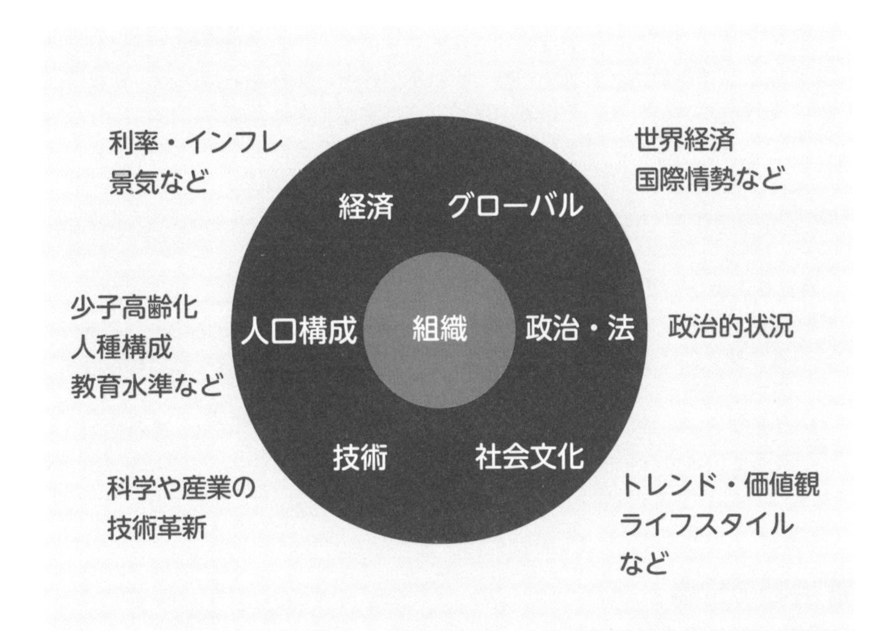

企業のステークホルダー

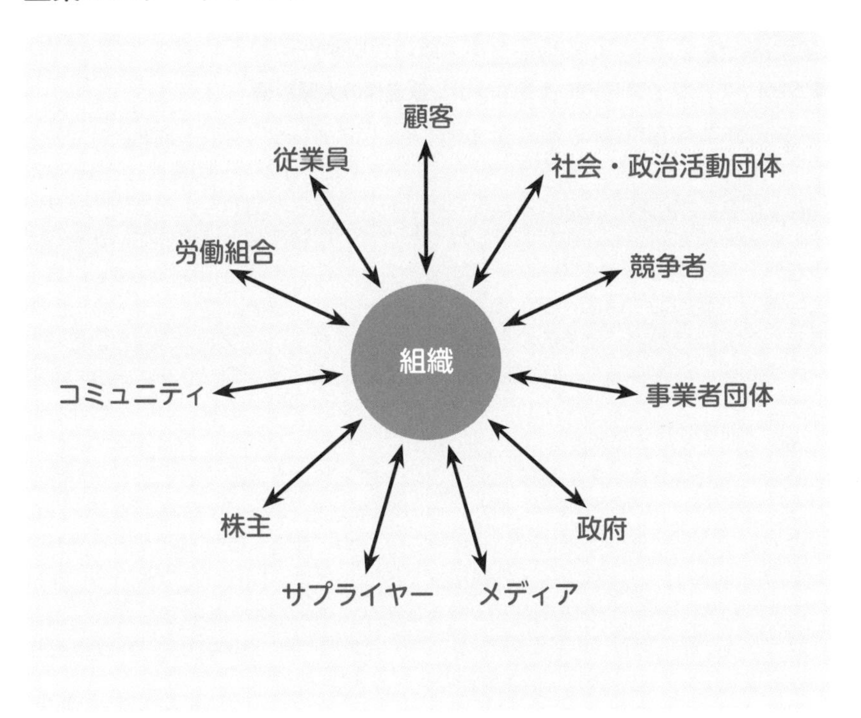

企業の周りには環境があり、その環境を無視して企業が価値を生み続けていくことは難しい。このような企業の外部環境には、経済、グローバル、政治・法、社会文化、技術、人口構成がある。これらは企業経営に追い風になることもあれば、逆風になることもある。その意味では、常に環境の動向を気にしながら企業経営を行う必要がある。一方、企業はさまざまな外部者（ステークホルダー）からも直接・間接的に影響を受ける。これらの外部者とよい関係を構築していくことも企業経営がうまくいくために欠かせないことになる。

この章では、会社について学んでいく。現代において会社の多くは株式会社である。この章では株式会社の発生と特徴について他の会社形態との比較を通じて学んだ後、株式会社におけるコーポレートガバナンスと、会社は誰のものかという会社観について考えていく。最後に会社の環境について説明する。

ケース　ライブドアによるニッポン放送買収事件

◆ Story 1．ライブドアによるニッポン放送株の大量取得

2005年2月8日早朝、堀江貴文社長が率いるインターネット事業会社であるライブドアが、主にラジオ番組を制作、放送するニッポン放送の株式の35%を取得し、同社の筆頭株主になったことを報じるニュースが流れた。すでにインターネットの時代が始まっており、テレビでもなく、斜陽産業と見られていたラジオ放送局を買収するニュースは、一見すると大きいことのようには思えない。堀江氏は買収の目的について「ラジオを含めたメディアと協議してインターネット事業をやっていきたい」とそのねらいを述べていたが、ライブドアのねらいは、ラジオを制作、放送するニッポン放送ではなく、映像・音楽のソフトメーカーであるポニーキャニオンやフジテレビなどが持つコンテンツであり、このことが世間を大きく揺るがせる問題となった。

では、なぜラジオを中心に事業を行うニッポン放送を買収することが、世間を大きく揺るがせる問題となったのか。その背景には、ニッポン放送がフジテレビの大株主であり、その傘下にポニーキャニオンや、産経新聞社などがあったからである。つまり、ニッポン放送の経営権を持つことは、間接的にフジテレビをはじめとするフジサンケイグループのさまざまな会社の経営に影響を与えることが可能になるからであり、小さい会社（ニッポン放送）が大きい会社（フジテレビ）の経営権を握っているという資本構造のゆがみをついた買収であった。

突然に起こったこのライブドアによるニッポン放送株の大量取得の問題は、証券市場のみならず耳目を集めた。社会に影響を与えるマスメディアの経営権の問題は、報道するマスメディア自身にもかかわる問題でもあり、また堀江氏のキャラクターもあり、連日ニュース番組でその経営権の行く末がとりあげられた。その中では、公共性を持つ必要があるマスメディアをお金で買おうとすることに対する懸念、市場内時間外取引と呼ばれる通常とは異なる方法でいわば闇討ちのように買収をしかけたことに対する批判、それに対して、すべてルールに沿ってやったのだから問題はないとする反論など、さまざまな意見がとりあげられた。ライブドアを率いる堀江氏は、「（株式取得のために）800億円もの資金を出すのは命がけ、人生をかけてやっている」「会社を乗っ取ろうと思ってやっている。会社の支配が目的」などと述べ、ニッポン放送の経営権を握る意欲を明確にしていった。

これに対し、買収される側になったニッポン放送は、従業員の意見として、ニッポン放送社員一同がフジサンケイグループに残るという現経営陣の意志に賛同し、ライブドアの経営参画に反対する声明を出した。そこでは、堀江氏に対し、リスナーに対する愛情がまったく感じられないこと、責任ある放送や正確な報道に対する理解がないこと、そして、ライブドア傘下になった場合には、自分たちが大事にしてきた価値観が失われる危険があることなどが述べられ、ライブドアが経営に参画することを拒否することが記されていたのである。

●立ち止まって考えよう

▶ なぜニッポン放送の株式を保有し、経営権を握ることが、別の会社であるフジテレビやフジサンケイグループの経営に影響を与えることになるのでしょうか？

▶ ライブドアを率いる堀江氏とニッポン放送の従業員の間には、会社に対するどのような考え方の違いがあるのでしょうか？

1 会社の定義

1 会社はなぜ生まれたか

私たちが生活する社会において、会社は大きな意義を果たしている。私たちが日常的に接する製品やサービスの多くは、会社という組織を通じて提供されている。私たちの社会において今や必要不可欠な存在である。これらの会社の多くは株式会社と呼ばれる会社の形態である。

株式会社の原型は、17世紀のオランダの東インド会社にある。当時の世界はヨーロッパ大航海時代の真っ只中であった。オランダ東インド会社は、

1602年にオランダの国内6都市にあった貿易会社を統合して設立された会社であり、当時のヨーロッパでは、コショウをはじめとする香辛料を求め、アジアとの航海貿易を行っていた。大量の物資をヨーロッパからアジアに向けて積み込み、それをアジアの都市で売り、その売ったお金でコショウなどの香辛料を買い、それを持ち帰れば莫大なリターンが待っていた。しかし、それらを可能にするためには、荷物を積み込む大型船、乗組員への報酬、商品を買い付ける資金といった莫大な資金が航海前に必要になる。従来は航海ごとに出資者を募り、無事帰ってくることができれば、その利益を出資者に分配するという形で貿易を行っていた。つまり航海ごとに出資者を募り、航海ごとにすべての利益を分配し、航海ごとに解散していたのである（**当座企業**）。ただし航海にはリスクが伴う。途中で積荷とともに船が遭難してしまえば、その出資金はすべて無駄になってしまう。無事に帰ってくれば多くの利益が手に入り、途中で遭難すればその責任をすべて負う（**無限責任**）という賭博のような側面を持っていたのである。

このような当時の状況において、オランダ東インド会社は設立された。この会社と従来の制度との主な違いは、次の点にある。

①株式を発行し、当座の航海ごとに資金を出資してもらう形ではなく、会社の資本として出資してもらう点（**永続的企業**）

②1回の航海ごとにすべての利益が分配されるのではなく、資本を除く収益分が定期的に分配されるようになった点（**配当制**）

③航海の失敗などで損害が発生した際には、出資者の責任は有限である点（**有限責任**）

④乗組員も当座の航海ごとに雇われるのではなく、会社として雇い入れ、航海が成功した際には成功報酬が支払われた点（**従業員の存在**）

これにより、出資に対するリスクが大きく減ることになり、出資者を広く多く集めることが可能になった。つまり、多くの出資金を得ることが可能になり、従業員の雇用をはじめとして安定した航海貿易が可能になったのである。航海貿易のような大きな資金とリスクが伴う事業のため、つまりは事業のリスクの分散と出資を広く多く集めるという2つの目的のために、株式会社が生まれたのである。

2 株式会社制度の特徴

株式会社は、出資者のリスクを分散させ、それによって広く多くの出資者から出資を募ることを可能にしている。その基本的枠組みは、成果の配分、権限の配分、そしてリスクの配分の3つの点から示される。

まず**成果の配分**とは、企業活動で得られた成果について何を基準にどのように分配を行うかの取り決めである。株式会社では、株主が出資した資金をもとに事業を行い、その利益を株主で分配する。ただし、その前に債権者（融資）、経営者、従業員に成果に貢献した分の報酬を支払う必要がある。債権者には金利、経営者には給与、従業員には賃金といったそれぞれへの報酬を支払った後に株主に利益が分配されることになる。ゆえに、債権者、経営者、従業員にそれぞれ報酬を支払った後に何も利益が残らないのであれば、株主に分配される成果はなくなることになる。また、一部の株主に分配される成果は次の活動の資金として回される場合もある（**内部留保**）。次に**権限の配分**とは、企業の資源を分配する権限を誰が持つかということである。株式会社においてはさまざまな経営資源の分配の決定は経営者によってなされる。しかし、経営者の選任は株主によってなされるため、資源の最終的な支配権は株主にあるということもできる。最後に**リスクの配分**は、事業運営におけるリスクを事業に参画する人の中でそれぞれどの程度分配するかという点である。株式会社においては、すでに述べたように、株主以外のステークホルダー（利害関係者）に分配がまずなされ、その残りはすべて株主のものとなる。ゆえに、リスクも当然株主で負担・分配される必要があるが、その責任は有限である。

これに加えて株式会社の特徴として、株式の譲渡が自由であること、経営を担う人物が株主である必要がないことがあげられる。株式の譲渡が自由であることは、出資者が出資金をいつでも換金できることを意味する。これによって、会社は会社の永続性を維持しながらも、出資者はいつでも出資金を引き上げることができるようになった。これらの特徴によって、株式会社は多くの人から広く出資を募り、大きな資本を集めることが可能になった。つまりは、大きな元手で大規模な事業を手がけることが可能になったのである。

3 企業と会社の種類

会社の形態は株式会社だけではない。社会にある会社の多くは株式会社の形態をとっているが、先に示した株式会社以外にも、合名会社、合資会社などがある。また、企業の形態としても、会社だけではなく、組合企業、匿名組合、信託などもある。ここではまず企業形態の分類から考えることにしよう。

企業はまず公企業と私企業に分かれる。**公企業**とは資本の出し手が政府や自治体といった公的なもので、私人が出し手である場合には**私企業**になる。近年よく出てくる第3セクターは、公私合同で資本を出す企業体である。公企業は主に公共性の高い事業分野や私企業では取り組みにくい事業分野においてとられる企業体であり、公共交通の分野や水道事業、病院などに見ることができる。

図表 2-1　企業の分類

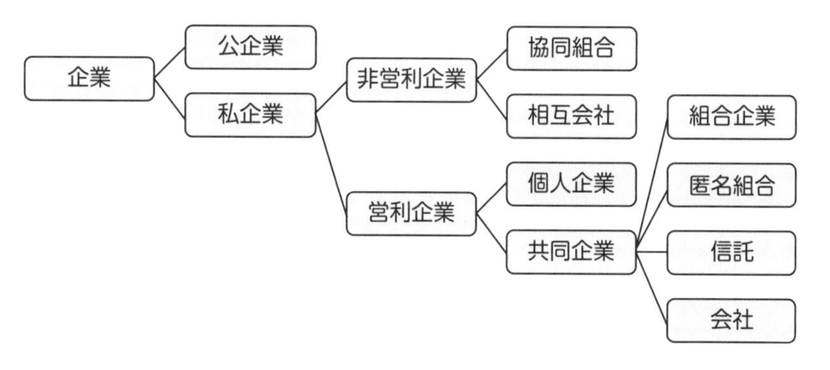

私企業のうち、営利を目的とするものは**営利企業**と呼ばれ、営利を主たる目的としない企業を**非営利企業**と呼ぶ。この非営利企業には、協同組合や相互会社がある。**協同組合**としては生協や農協、漁協などがあり、**相互会社**には生命保険会社がある。協同組合は、消費者や中小企業などが組合員となり、相互扶助を目的として組織されるものである。農協であれば、農業従事者が組合員となり、組合は組合費を資本として、農機具の購入の補助や大手企業との交渉など組合員のための活動を行う。一方、営利を目的とする企業は、出資者が個人の場合には**個人企業**、複数人での場合は**共同企業**に分類される。

営利の共同企業は、組合企業、匿名組合、信託、そして会社に分類される。このうち、会社には株式会社以外に、合名会社、合資会社、合同会社がある。また株式会社を除く、合名会社、合資会社、合同会社は**持分会社**と呼ばれる。持分会社は、相互に信頼できる関係の中、日常的に会議ができるくらいの少人数の人々が出資して、共同で事業を営むことを目的とした会社類型であり、そのため会社を所有する株主と会社の業務を執行する取締役や社員が分離していない。つまり所有と経営が一致していること（次節参照）が株式会社との違いである。

合名会社とは、株式会社と同様に複数人が出資するという点では同じであるが、出資者の責任は有限でなく無限である。また出資者が経営を担う必要がある。つまり、社員が出資をし、事業が失敗し損失が出た場合には、社員はそれをすべて引き受け、個人的な資産を用いても限度なしの責任を負う義務がある。一方、**合資会社**は無限責任の社員と有限責任の社員で構成される会社を呼ぶ。そのため、合名会社や合資会社においては事業を拡大するのが非常に難しい。ただし、株式会社と比較して、資本金などを準備する必要がないため設立が難しくない点や決算公告を行う必要がない点などが株式会社に比べての利点となる。

図表 2-2　合名会社、合資会社、合同会社、株式会社

	持分会社			株式会社
	合名会社	合資会社	合同会社	
所有と経営の関係	一致	一致	一致	分離
出資者の責任	出資者は無限責任	出資者の一部は有限責任	出資者は有限責任	出資者は有限責任

合名会社は、歴史的には古くからある会社制度であるが、現在では会社の規模を大きくするための資本が集まりにくいことから、ほとんど見られることはない会社形態である。合資会社は有限責任の社員を認めていることから、合名会社よりは出資が集まりやすく、規模を拡大しやすい形態であるが、株式会社に比較すれば、その制限はまだ多い。

合同会社は近年制定された会社類型である。合同会社において、すべての社員は株式会社の株主と同様に、会社の責務に対して有限の責任を負っている。出資と経営を担う人が一致し、社員すべての責任が有限であることや意思決定の手続きなどが株式会社に比較してシンプルであり、小規模の信頼できる仲間と事業運営する小規模事業においては望ましい会社形態であるといえる。

合同会社に比べて資金を広く集めやすい株式会社も、近年は関連の法制度の改正もあり、設立へのハードルが低くなっている。しかし、設立そのもののコストが小さいことから、合同会社の利点も多い。

2 コーポレートガバナンス

1 所有と経営の分離

合名会社や合資会社と比べて、株式会社の特徴の１つは、出資した人と経営する人が別になることが可能になっていることにある。お金を出す人（出資者）と経営する人（経営者）が別になることで、広く出資を集めることが可能になり、有能な経営者に舵取りを任せることができるようになる。しかしその結果、株式会社はいくつかの問題が起こることになった。１つは、事業の運営には関心をも持たず、配当と株価にだけ関心を持つようになる株主が現れたことである。また大きな会社においては、株式は特定の人たちが持つのではなく、多数の株主に分散して所有されることになる。このような出資の規模が小さい小口の株主は、自身の株主としての力が弱いことから株式を所有している会社への関心が小さくなる。結果として、株式を持たない経営者が強大な権力のもと勝手な事業運営を行い、株主の意向を離れた経営を行う危険性が生まれた。

２つ目に、自身も出資者であり、無限（あるいは有限）の責任を負う合名会社や合資会社の経営者は、事業を運営するうえでは全身全霊をもって経営にあたると考えられるが、株主でなくとも経営者になれる株式会社においては、経営者は時に事業運営の舵取りにおいて熱心さを失うことが考えられる。自分の財産を賭けてギャンブルをする場合と、人の代理として人のお金を賭けてギャンブルする場合では、当然ながら前者の方がその勝負に対して熱意を増すのは自然なことである。所有と経営が分離する中では、経営者が会社の経営を我がことのように考えにくいという問題が起こるのである。

2 株主による監視

経営者が出資者の利得をあまり考えずに、経営をないがしろにしてしまうリスクを回避するために、株式会社制度ではさまざまな仕組みや慣行がつくられてきた。その１つとして株主による間接民主主義の制度が確立したことがあげられる。具体的には取締役や監査役といった役員も株主が選任し、彼らが経営者の人選や解任を含めた監視をするような仕組みをつくったことである。すでに述べたように、株式会社制度において、株主は自分たちの出資

した資金を経営者に任せて事業運営を行わせる。そこでは経営者は会社が持つ資源を事業目的のために配分する権限を持つ。その代わりに、株主は経営者を任免する権限を持つことで、経営者が株主の意向とは異なる方向で経営を行うことを牽制する。しかし、多数の小口の株主が多くなった場合、出資した会社の経営に関心を持たない多数の株主も増えてくる。このような経営に関心を持たない多数の株主が増えた結果、十分な監視が行き届かず、株主の意見を反映させるための株主総会が形骸化してしまい、衆愚政治のようになることが危惧される。そのために、株式会社では株主総会で取締役を任命し、株主らに経営者の人選と監視を任せるという間接的な民主主義の制度をつくり、この危惧を軽減させている。

また、経営者を監視するだけでなく、経営者を適切な経営へと誘導し牽制していくための制度もつくられた。それらは会社の経営状態や経営者の経営実績を示す会計情報の開示制度（**ディスクロージャー制度**）や、公認会計士などによる公的な監査制度、ストックオプションなどの経営者と株主の利益を一致させる制度などである。このうち**ストックオプション**とは、自社株式を一定の株価で購入する権利を与える制度である。購入する価格は決まっているので、この価格を上回る株価が市場でついていれば、経営者は決められた価格で購入してそれをすぐに売却することでその差額の利益を得ることができる。例えば、10万株まで100円で買える権利（ストックオプション）を得ている人が、株価が500円のときにストックオプション制度を利用し購入して、すぐに売却するケースを考えるとする。10万株の株を購入するためには1000万円必要であるが、すぐにその株は5000万円で売れるため、差し引き4000万円の利益が生まれることとなる。購入金額は最初に決めた額で変わらないため、経営者としては、会社の価値が上がり株価が上がれば上がるほど自分の潜在的な利益が増えることになる。株価が上がることは株主の利益に通じることでもあるため、ストックオプション制度を用いることで、株主と経営者の目的が一致することになるのである。

3 会社は誰のものか

1 2つの会社観

合名会社や合資会社においては、出資した人が経営を行い、責任も負う。この点では会社は出資者（＝経営者＝社員）のものである。例えば、家業を興し、家族で経営しているのであれば、会社は名実ともにこの家族のものであるといえよう。しかし出資者と経営を担う経営者と社員が分かれる株式会社において、会社とは誰のものと考えることができるだろうか。このような会社は誰のものかということにまつわる問いは、会社とは何かという会社観にかかわる問いである。

会社観はまず会社を制度と考えるのか、用具と考えるのかに分かれる。前者を会社制度観と呼び、後者を会社用具観と呼ぶ。**会社制度観**では、会社は社会の制度であり、社会の公器と考える。そのため、会社は誰のものでもなく、みんなのものであると考える。一方、**会社用具観**では、会社を株主のものと見る株主用具観、従業員のものと見る従業員用具観、経営者のものと見る経営者用具観、また、労使双方のものあるいは多様なステークホルダー（ステークホルダーについては4節2項で詳しく説明する）のものと見る多元的用具観がある。これらの会社観の違いは、会社の目的の違いに影響を与える。**株主用具観**では、株主の利益のために企業価値の最大化が会社の目的となり、**従業員用具観**では、従業員所得の最大化が会社の目的となる。一方、**経営者用具観**においては、企業成長や規模の拡大による経営者所得の最大化が目的となる。**多元的用具観**における会社の目的は、労使間のものと考えるのであれば付加価値を高めて生産を分配することが目的となる。また多様なステークホルダーのものと考えれば、交渉によって目的を形成することになる。

日本においては、会社は誰のものでもなく社会のものだという会社制度観

図表 2-3　会社観の多様性

<table>
<tr><th colspan="2">基本的な会社観</th><th>会社は誰のものか</th><th>会社の目的</th></tr>
<tr><td rowspan="7">会社用具観</td><td>(一元的用具観)
株主用具観</td><td>株主のもの</td><td>利益の最大化：
企業価値の最大化</td></tr>
<tr><td>(一元的用具観)
従業員用具観</td><td>従業員のもの</td><td>従業員所得の最大化</td></tr>
<tr><td rowspan="3">(一元的用具観)
経営者用具観</td><td rowspan="3">経営者のもの</td><td>企業成長：規模の最大化</td></tr>
<tr><td>自由裁量利益の最大化</td></tr>
<tr><td>経営者所得の最大化</td></tr>
<tr><td rowspan="2">(多元的用具観)</td><td>労使共同のもの</td><td>共同利益の最大化：
付加価値の生産の分配</td></tr>
<tr><td>多様なステークホルダーのもの</td><td>交渉による目的の形成</td></tr>
<tr><td>会社制度観</td><td></td><td>会社は公器：
誰のものでもない</td><td>会社の存続と成長</td></tr>
</table>

(加護野ほか 2010)

あるいは会社用具観のうちの従業員用具観で考えることが多い。例えば、経営者の中には、「地域社会に貢献できる企業になる」というようなポリシーをあげる経営者もいるが、会社は社会のものであるという会社制度観からの視点であるといえよう。

また、日本の会社においては従業員用具観に立つ会社も少なくない。日本は労働の流動性が低く、欧米や他のアジアの国々の人々と比べて、会社を移ることが少ない。つまり、特定の会社で自分の仕事生活を長く過ごすことが多く、多くの従業員が長くその会社に所属することになる。それも反映して外部から経営者を招くよりも、会社の中から生え抜きの経営者がなることも多い。また株式の持ち合いや銀行からの間接金融による資金の調達が多く、株主の発言も日本では少なかった。このことから、従業員（あるいは従業員からなった経営者）が自分たちの会社であると考える傾向が強くなった。そのため従業員を大事にする考えを持つ会社が多く、従業員用具観が強い会社が多く、経営者や従業員が会社の経営を我がことのように考える傾向にあるのも日本の特徴といえる。

2 法人としての株式会社

会社は法人という独特の制度のもとに成立している。つまり、法の上で人ということである。法の上では人であるために、会社は他者と契約を結ぶことができ、訴訟を起こされ、刑罰の対象にもなる。ゆえに法人としての株式会社は、会社の資産を所有することもできる。例えば、会社の中にある PC などのさまざまな備品は会社のものである。この観点でいえば、会社はヒトとして考えることができる。しかし一方で、会社は人間ではない。法人としての会社は、そこで働く労働者や会社にお金を貸し付けた債権者、さまざまな資源を会社に供給するサプライヤー、会社の製品を購入する顧客などの多くのステークホルダーとの関係を結んでいるが、その関係の束からなるモノとしても存在している。そのため、それらを売買したり、清算、分割したりすることができる。株主にとっての会社とはこのモノとしての会社であり、アメリカ的な考え方の株主用具観はこのモノとしての会社の考え方に立っているといえる。一方で、会社の資産を所有するヒトとしての会社を考えることもできる。日本的な従業員用具観や会社制度観は、このヒトとしての会社の考え方に立っているということができる。

4 会社と環境

1 会社における環境

会社は社会の中で存在する以上、環境の中に身を置いている。そのため、自分の社内のことばかりに気を配るだけでなく、社外にも気を配る必要がある（冒頭図「企業の外部環境」参照）。組織を取り巻く環境の要素には、経

I 部 制度のマネジメント

済、グローバル、政治・法、社会文化、技術、人口構成がある。**経済**とは株式市場や景気の動向などマクロの経済状況を指す。バブル景気の頃と低成長の時代では、同じ事業をしていても当然ながら会社の戦略目標は異なってくる。**グローバル**の要素とは世界経済や他国の状況にかかわる要素である。政情が不安定な国で事業を展開する際には、戦争やクーデターなどにも気を配って事業を行う必要がある。**政治や法**も会社の活動に当然影響を与える。近年、環境保護の観点などからさまざまな規制がかかることが多くなり、これらに対応し市場に受け入れられる製品やサービスを提供することは、会社にとっても大きな課題である。それら新しい製品やサービスにおいて**技術**の変化も会社に影響を与える。自社の製品の主要な技術がより高度な新しい技術に取って代われば、会社にとっては存続そのものにかかわる変化である。近年であれば、AI 技術の進展は会社の活動に大きな影響を与えるだろう。また、**社会文化**や人口構成などそこで暮らす人々の動向も会社活動に影響を与える。社会のトレンドやブーム、ライフスタイルは消費に影響を与える。また少子化や高齢化といった**人口構成**の問題は、消費だけでなく、人材の雇用にも影響を与えるであろう。

2 ステークホルダー

環境の中でもより会社活動に影響を与えるのが**ステークホルダー**である（冒頭図「企業のステークホルダー」参照）。ここでいうステークホルダーは「会社と直接的かつ強度に依存しあっている他者」を指す。強度に依存しあっていることから、ステークホルダーは自身の利害に会社の活動が影響を与えるために、より会社活動に影響を与える存在となる。これらステークホルダーと会社は主に市場という場においてかかわりを持つことになる。会社がかかわる市場には、金融市場、労働市場、原材料市場、製品市場がある。**金融市場**とは、会社が自分たちの事業を行うための資金を調達する市場である。会社は、金融市場において資金を持つ株主や銀行などの金融機関とかかわることになる。**労働市場**において、会社は労働力を確保する。労働市場におけるステークホルダーには、学生に代表される潜在的被雇用者、人材派遣会社などがある。製品やサービスを提供するうえでは、付加価値を生むための原材料が必要になる。また、できあがった製品やサービスを提供し、財と交換する必要がある。それぞれ**原材料市場**、**製品市場**においてステークホルダーと関係を持つ。原材料市場のステークホルダーにはサプライヤーや商社、流通業者があり、製品市場のステークホルダーには顧客や同じく流通業者があげられる。

◆ Story 2．フジサンケイグループにおけるねじれ現象

ニッポン放送をめぐる資本構造のねじれ現象はなぜ起こったのか。それはラジオからテレビへという時代の流れにかかわる。ニッポン放送は 1954 年に開局されたラジオ局である。このとき設立の中心となったのが鹿内信隆氏である。最後発の放送局であったことから、ニッポン放送はさまざまな新しい試みを行い、先を行く他の放送局を追いかけていった。結果として、ニッポン放送は開業の翌年には黒字転換をし、業績と聴取率において在京の放送局のトップに躍り出ることになった。その後、テレビ免許の申請を取得し、テレビ局を開局することになる。これが後のフジテレビである。ニッポン放送は、その後も人材や資本をフジテレビに送り込んでいく。またこの時期、経営が悪化していた産業経済新聞社に鹿内氏が経営者として乗り込み、立て直しをする。その際にフジテレビが産経新聞社に対して増資を行い、傘下に収める。さらには子会社としてポニーキャニオンや

図　ニッポン放送をめぐる当時の資本関係

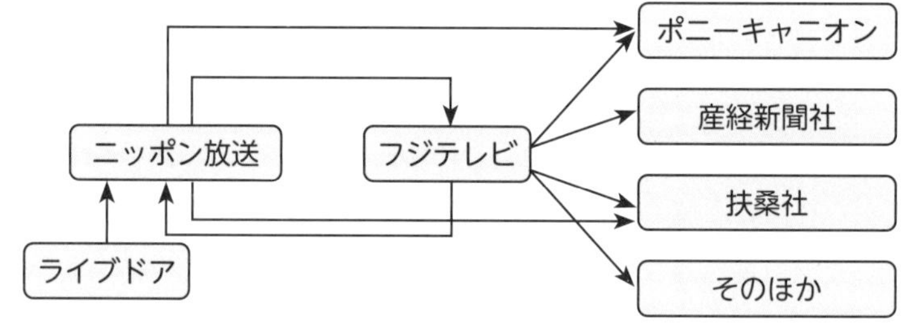

和解のとき

ディノスなどを設立し、ニッポン放送グループをつくり上げていった。ニッポン放送は、テレビ時代にもさまざまな企画を行い、順調に成長していったのである。

鹿内氏が退任し、義理の息子である鹿内宏明氏が経営を引き継ぐ時期から、鹿内家の支配に対して反対が起こり始め、ニッポン放送を中心としたフジサンケイグループは、株式上場などを通して鹿内家の持ち株比率を下げ、その影響力を小さくさせていった。

その後、フジサンケイグループは、テレビ時代に躍進を遂げたフジテレビを中心として運営されることになっていったが、フジテレビの筆頭株主が資本規模の格段に小さいニッポン放送であるという構造は残ったままであった。つまり、フジサンケイグループをフジテレビが運営し、そのフジテレビの筆頭株主がニッポン放送という構造が残っていた。そこで、当時の経営陣は、この状況を是正すべく、持株会社を設立する準備をし、フジテレビの株式をその会社に持たせる準備をしていた。その矢先にライブドアによるニッポン放送株取得のニュースがもたらされたのである。

◆ Story 3．ニッポン放送株をめぐる争奪戦

ライブドアによるニッポン放送株をめぐる問題は、予想もつかない展開をしていく。ライブドアによってニッポン放送株が取得されたことを受け、フジテレビがニッポン放送の株を取得すべく、株式の公開買付けを行うことを発表する。公開買付けとは、ニッポン放送株を特定の価格で買うことを公開し、株式を広く集める手法である。また、あわせてニッポン放送はフジテレビに対して新株予約権を発行すると発表した。つまり新株を発行し、ライブドアが持つニッポン放送株を上回る株式を自分たちで保有し、経営権を維持しようと考えたのである。ライブドアも株のさらなる買い増しに乗り出し、ニッポン放送株をめぐる激しい争奪戦が行われた。さらに、3月に入り、ニッポン放送は子会社で映像や音楽を手がけるポニーキャニオンの株式の売却を検討していることを発表するなど、泥沼化する様相も見せたが、両者の間に和解が成立し、業務提携をするとともに、ライブドアグループが所有するニッポン放送株すべてがフジテレビに譲渡され、さらにはフジテレビがライブドアに出資することが発表された。

●立ち止まって考えよう

▶ このケースからわかる株式会社の危うさとは何でしょうか？

▶ 近年、ホールディングスと呼ばれる持株会社が増えています。なぜグループ会社を多く持つ企業は持株会社を設けるのでしょうか？

3 地域や行政とのかかわり

法律や社会制度などさまざまな社会の仕組みや、その背後にある少子高齢化などの社会の状況、国の文化や国民性も間接的に会社に影響を与える。会社は会社がある地域や行政とのかかわりも欠かせない。

地域や行政にとって、会社は税金を納める存在である。会社が多くの利益を上げれば行政機関に多くの税金が支払われることになる。また、それだけではなく、地域の雇用が安定したり、多くの労働者がその地域に居住したり

図表 2-6　企業組織と地域とのかかわり

することになれば、人口が増えその地域は活況を呈するようになる。そのために、多くの市町村はさまざまな優遇措置を設け、積極的に会社の誘致を行っている。

一方で、会社にとっても地域は労働者の確保や顧客として重要であり、地域が活性化することで会社にとってもよい影響をもたらす。そのために、自社の企業環境がよりよくなるために会社は行政に働きかけることもある。

一方で、行政は社会において健全な会社経営が行われるよう法律や制度を整える必要がある。市場において健全な競争が行われなければ、社会そのものが停滞してしまうことになる。例えば、独占禁止法では少数の会社が市場を独占することを禁止している。もし生活に必要な商品を特定の会社だけが市場で販売でき、さらに新規参入を妨げるようなことを行えば、適正でない価格を付けられたとしても私たち消費者はその商品を買わざるを得ない。そのような不健全な市場にならないようにさまざまな法律が制定されている。また反対に、膨大な投資を行い開発した製品がすぐに真似され類似品が市場に出るようでは、投資と開発を行う会社がなくなってしまう。そのため、製法や新規な技術に対しては特許を定め、一定期間はその使用を制限することも定められている。近年では、環境への意識が高まり、環境に負荷をかけるような製品や生産方法に対しては行政より厳しい規制がかけられ、企業はそれらの規制のもとで開発を行っていく必要がある。

また地域や社会と企業とのつながりについてもより積極的に考えられるようになってきている。社会とのつながりにおいては、例えば環境に対し単に法律を遵守するだけでなく、負荷を減らし、よりよく環境を保全するための活動を行うなどの社会問題解決に向けた活動や、文化や芸術に企業が資金を提供したりホールや美術館などを設立したりするメセナ活動が行われている。またスポーツ事業への協賛などもその1つである。地域とのつながりにおいても、地域の祭りに企業レベルで協賛・参加、ボランティア活動へも参加するなど、コミュニティを活性化させるような取り組みも規模にかかわらず多くの企業が行っている。これらの活動は、企業利益の社会への還元や企業の社会貢献であると同時に、社会における企業の好意的な認識につながり、企業活動をよりスムースに行ううえでの基盤となっている。

株式会社はより多くの資本を集めることができるという特徴を持つ一方で、株主と経営者の関係が重要になる。株主によって経営者の暴走は牽制される

コラム

株式上場をしない会社

ウイスキーやビール等のお酒などを製造販売するサントリー、家具や雑貨の製造販売をするスウェーデン発祥のイケア、レゴブロックを製造販売するデンマークの玩具会社レゴ、宅配便大手の佐川急便、農機具などを主に製造販売するヤンマー、いずれの会社もよく知られた大企業である。一見、関係のないこれらの会社の共通点は、いずれの会社も株式上場をしていないということである。これらの会社の株式はいずれも創業者あるいは創業者一族や創業者につながる基金やホールディングスが保有している。株式を上場することで、会社は多額の資本を市場から集めることができ、会社を大きくすることができるが、これらの会社は非上場にもかかわらず、会社を大きくしてきたのである。むしろ非上場であることが会社を大きく成功させた要因であるかもしれない。

石油を手がける出光興産も創業者である出光佐三の意向もあり、長らく株式を上場していなかった。しかし、創業者一族トップに意思決定が集中する体制や金融機関からの借入れに依存する体制を見直すために、出光興産の前身である出光商会設立（1911 年）から 97 年経った 2006 年に株式を上場している。また上場を機にガバナンスの改革も行っている。結果として、上場以降、出光はコンスタントに負債を減らしている。時代とともにガバナンスのあり方を変えていくことも重要であるし、時代が変わっても創業の体制を守ることも重要である。その判断こそが経営の要諦であるといえる。

が、一方で経営者が株主の意向ばかり聞くことで経営が危うくなることもある。また、国や文化の違いによって、会社の所有に対する考え方もさまざまあり、日本では歴史的に会社が株主のものであるという意識はこれまで低かった。また、会社は株主以外にも多くのステークホルダーに囲まれている。その点では常に社会の一員であることを意識して活動することが求められる。

ステップアップのための本

吉村典久・田中一弘・伊藤博之・稲葉祐之『ベーシック＋企業統治』中央経済社、2017年
　会社について、制度だけでなく、実態やあるべき姿としての規範についても触れているコーポレート・ガバナンスの教科書。

岩井克人『会社はこれからどうなるのか』平凡社、2009年
　経済学者による会社論。資本主義の成り立ちから会社のあり方まで骨太に議論している。

●振り返って考えよう

▶「はじめに考えてみよう」の３つの問いに、自分の言葉で答えて下さい。
▶ あなたがこの章で学んだことを、３つ答えて下さい。

●話し合ってみよう／調べてみよう

1 大規模な会社にもかかわらず株式を上場しない会社は、なぜ株式を上場しないのでしょうか、会社が上場する理由としない理由について考えてみましょう。
2 会社を設立するためにはどのような手続きと準備が必要でしょうか、調べてみましょう。
3 新規の株主を集めるために現在の会社はどのような情報を提供しているでしょうか、会社のHPなどを見て、株主のためにどのような情報を提供しているか調べ、その理由を考えてみましょう。

3章 よりよく働くために 人事管理制度

●この章のねらい
人的資源管理論の施策と制度について理解する。あわせてそれらが従業員の働き方にどのように影響をするかについて理解する。

採用・配置
誰を仲間にし、どこで働いてもらうか
- ◆ 人件費に見合った募集と選抜
- ◆ 3つの適材適所：部分最適・全体最適・未来最適

労使関係管理
企業と従業員の関係をいかによくするか
- ◆ 労働組合の役割
- ◆ 団体交渉と労使協議制

評価と処遇
何を評価し、どのように報いるか
- ◆ インプットとアウトプットの評価
- ◆ 人事考課の3つの評価：能力評価・情意評価・業績評価
- ◆ 職務給と職能給、属人給
- ◆ 昇進と昇格

本章では企業の人材をどのように管理するかについて学んでいく。みなさんが企業で働くうえで、主に右の図のような管理がなされている。それらについて理解することはとても重要である。

人材育成
従業員の能力をいかに伸ばすか
- ◆ 育成のジレンマ
- ◆ 職場内教育、研修、自己啓発

福利厚生
従業員の生活をいかに支えるか
- ◆ 福利厚生の意義
- ◆ 支援の方向性の変化
- ◆ カフェテリア・プランの意義

左の図は雇用管理システムの全体像を示している。従業員は仕事への配置、評価と処遇、人材育成の循環を通じて仕事をしていき、それを労使関係管理と福利厚生が支えるという構図になっている。

●はじめに考えてみよう
▶ 人的資源管理の主な活動とその意義とは何でしょうか？
▶ A 型（アメリカ型）の組織管理と J 型（日本型）の組織管理の違いとは、どのようなものでしょうか？

A型組織モード

J型組織モード

◆垂直的コーディネーション	コーディネーション	◆水平的コーディネーション
◆機能的エキスパート技能	人材の技能タイプ	◆企業特殊総合技能
◆ファンクショナル・キャリア	キャリア開発	◆クロス・ファンクショナル・キャリア
◆職務主義	インセンティブ・システム	◆能力主義
◆外部労働市場から	人材調達	◆内部労働市場から
◆ライン分権	人事権	◆人事部集中

左の図は、人的資源管理全般の類型を示している。A型組織モードは欧米型の企業、J型組織モードは日本型の企業をイメージしてみよう。

A型は上司のトップダウン型指令系統で職務によって評価され、外部から人材調達を行う。

J型はボトムアップで意思決定が行われ、能力によって評価され、内部昇進で人材調達を行う。

企業において、人は、価値を生み出すうえで最も重要な存在である。活動しているのに、人が1人もいない企業は考えにくい。人が企業活動を行い、価値を生み出し、社会に製品やサービスを提供することで、社会は動いていくといえる。しかし人は、やる気を持って他の従業員と協力して働き、多くの価値を企業や社会にもたらすか、あるいは低いやる気で従業員同士協力せず、結果的に多くの価値を生み出せないか、その管理の良し悪しによって左右される。そのような価値を生み出す人の管理はどのように行われているのか、また行うべきなのかを知ることは、企業側にとっても従業員側にとっても、重要なテーマであると考えられる。

ケース 『マネー・ボール』に見る野球選手の評価

◆ Story 1.『マネー・ボール』とは

『マネー・ボール』(Lewis 2004=2013) は、アメリカ・メジャーリーグ (MLB) の1チーム、オークランド・アスレチックス (以下 OAK) のゼネラル・マネジャー (GM)、ビリー・ビーンのチーム強化策について詳細に語った著作である。OAK は MLB の球団の中でも資金力に限りがあり、MLB で実績を上げた有名選手をフリーエージェント (FA) で獲得することが困難である。そのため OAK はドラフトで獲得した若手選手を自チームで育成することが補強の中心となり、FA で獲得する選手は資金量に見合ったものにならざるを得ない。しかしビリー・ビーンが GM になってからの OAK は、他球団が見向きもしなかった選手を安く獲得し、その選手が活躍することで、好成績につなげてきた。『マネー・ボール』はその秘訣について詳細な取材に基づいて述べられている。そして本作は、企業における評価制度を考えるうえでの、格好の事例としてとらえることもできるのである。

◆ Story 2. 以前の OAK の補強策

MLB に限らずアメリカプロスポーツにおいて、選手の移籍は盛んに行われる。『マネー・ボール』でとりあげられている時代には、資金量によるチームの戦力差が大きな問題になっていた。ドラフトで指名した新人は数年にわたって安い給料で保有できるものの、選手はその期間が過ぎると高い年俸の契約をすることができるため、その選手を放出せざるを得なくなる。そのためドラフトはとても重要であり、それを含めて OAK は他球団に比べて小さい資金量でチームを強くしなければならなかったのである。

ビリー・ビーンが辣腕を振るい、補強戦略を改革する前の OAK がどのようにドラフト指名選手・補強選手を決めていたかというと、ベテランスカウトが集めてきた経験的な情報をもとに判断していた。このような属人的なスカウティングによって OAK の補強は行われてきたのである。

◆ Story 3. ビリー・ビーンによる OAK のドラフト指名戦略

しかし、新しい GM となったビリー・ビーンは考え方を大きく変える、新しいやり方を導入したのである。具体的にはデータ重視の姿勢であった。「安くて有望な選手」を見つけ出すという方針自体は変わらない。しかし問題となるのはその評価方法である。ビリー・ビーンが有望と見る選手は、ベテランスカウトが有望と見る選手とは、まったく異なっていたのである。

まずは隠れた有望選手の存在である。新たにデータ分析担当となったポール・デポデスタは、データをもとに、先入観なく優秀な成績を上げていて、なおかつ見過ごされている選手を見つけ出して提案する。次に客観的データの重視、裏を返せば主観的な判断の排除である。そうすると、デポデスタの推薦する選手は、不自然な投球フォームをしていたり、太り過ぎていたりすることもある。そして特定の指標の重視である。たとえデータを重視していても、どのデータ指標を重視するかによって戦略は大きく異なる。打者であればこれまでのスカウトは打率や本塁打数を重視していた。しかしビーンとデポデスタの重視した指標は「出塁率」である。出塁率は打席数に対してどれだけの割合で塁に出ているかの数値であり、打率は打席数に対する安打の割合であるのに対し、出塁率は安打はもちろん、四球も含まれる。出塁率を上げる打者は安打が多いのはもちろん、四球を選べる打者であり、四球数も大きな影響を与える。しかしベテランスカウトたちは「ヒットが打てないから、四球を選んでいる」と考えていた。

これによって見出される選手が、作中にはあげられている。例えばチームプレーとして出塁を重視していた選手は他チームではまったく評価されなかったにもかかわらず、OAKに入ってからはのびのびとプレーしている。他方で評価指標が独特なことから、評価されない選手も出てくるのは仕方ないことである。例えばビリー・ビーンの評価指標では、盗塁はあまり得点に寄与しないということになっており、足の速い選手が盗塁しても評価されなかったりするのである。

◆ **Story 4．ビリー・ビーンによるOAKのトレード補強策**

ビリー・ビーンによるOAKの補強は、ドラフト指名にとどまらない。メジャーで勝利を重ね、プレーオフに進出するためには、それ以外の強化策が必要となる。それがトレードによる補強である。先述のとおりOAKは資金量が潤沢ではなく、キャリア最盛期の大物選手をどんどん獲得することはできない。ここでもビリー・ビーンの戦略が威力を発揮する。基本的な戦略として、OAKで育てた、あるいは実績を上げた選手を高い値段で他チームに売る、あるいはその見返りに選手を獲得するということである。それが最もよく表れているのがクローザー（守護神、最終イニングに投げてゲームを終わらせる投手）に対する考え方である。「守護神は買うより育てる方が効率がいい」というのがビリー・ビーンの持論であり、育てたクローザーを高く売り付けることで、資金力を補うのである。クローザーを他チームに売り払うことで、見返りとしての、および補償としてのドラフト指名権（中心選手をFAで失った場合に補償としてMLBからドラフト指名権を与えられる）や有望な選手、金銭などを受け取ることができるのである。

もう1つの基本的戦略は、放出した大物選手の穴埋めである。自チームで育てた選手が大きく成長した場合、OAKではその実力に見合った年俸を払い続けることはできないため、他チームに売り払うことになるが、問題はその穴をどう埋めるかである。OAKは、例えば強打の一塁手を放出した場合、攻撃と守備に分けて他選手で代替できるかを考える。そして守備の方が貢献度が高いといった結論を出し、守備のうまい一塁手を代替として内部から起用し、攻撃面は他の打者全員でカバーするという考えに至るのである。

このように『マネー・ボール』は資金力のないチームがMLBで生き残っていくために、データを活用し評価の方法を変えることで有望な選手を次々と見つけ出していくという物語である。

●立ち止まって考えよう

- ▶ ビリー・ビーンGMのアスレチックスにもたらした改革で、得をする人、損をする人はどんな人でしょうか？
- ▶ ビリー・ビーンGMのアスレチックスにもたらした改革で、球団にはどういうメリット・デメリットがあるでしょうか？
- ▶ もしあなたのサークル、アルバイト先、各種団体、部活等にビリー・ビーンがやってきたら、何が起こると思いますか？

1 人的資源管理とは何か

本章では**人的資源管理**（Human Resource Management：HRM）について説明していく。企業における**経営資源**（企業活動において価値を生み出す源泉となる資源）は、ヒト、モノ、カネ、情報の4つがあるが、人的資源管理はこのうちの「ヒト」を管理する諸活動である。企業はヒトでできているのであり、その資源としての価値を最大限に発揮することが重要である。

それでは人的資源管理はどのような活動を行うのであろうか。上林（2012）および奥林・上林・平野（2010）によれば、その諸活動は通常、人事制度の形で制定され、その目的達成のために運用される。人的資源管理の活動は大きく以下のようなものがあげられる。本章ではこれらの制度について後の節で詳しく見ていく。

1 雇用管理

人材の募集・採用、部署への配置や異動、および退職にかかわる諸活動である。いわゆる会社における人材の入口と出口の管理は企業の継続性と活性化において重要な役割を占める。

2 人材育成とキャリア開発（7章・12章において説明）

教育訓練とキャリア開発にかかわる諸活動である。人材育成は人的資源管理の根幹にかかわる重要な側面であり、また従業員の望むキャリア（仕事生活）の実現に資するものでなければならないという考え方である。

3 評価と処遇

評価とは、人事考課に代表される、人材の企業への貢献を評価する諸活動である。評価制度は公平さ・透明性も求められる。評価の結果は賃金などの報酬だけでなく、昇進・昇格、配置と異動、人材育成などの諸活動に役立てられる。

処遇とは、人事考課に基づいて、労働者に賃金、賞与などの形でどのように対価を与えるかに関する諸活動である。報酬は従業員の生活の基盤となり、また動機づけや企業への引き留め（リテンション）にもつながるため重要である。

4 福利厚生

金銭的報酬以外で、労働者の生活の質を向上させるための諸制度であり、年金制度、雇用保険・健康保険制度、社宅・寮や保養所などの施設、貸付制度などが含まれる。

5 労使関係管理

人的資源管理の諸制度の運用について、経営側と組合側の交渉や合意を生み出すための諸制度である。安定した労使関係は企業経営や成果にとって重要な要件である。

2 雇用管理

雇用管理とは人と仕事の結びつきを調整する仕組みのことであり（佐藤ほか 2015）、人材を採用し、その人材を配置し、異動させ、退職させるという活動が含まれる。いずれも企業の労働力を最大限活用し、社内を活性化するために重要な管理活動である。

1 企業の採用

企業における**採用**活動は、社内で発生した人材需要を満たすために、社外から人材を調達するための管理活動である。もし企業が採用活動をしなければ、新しい人材を確保することができず、企業は消滅してしまうであろう。しかし同時に企業は無秩序に人材を採用してはならないため、募集においてはどのような人材をどの程度採用するかについての計画、採用計画を策定する必要がある。具体的な活動は企業ごと、雇用区分ごとに異なる。

次に選考過程においては、募集により集まってきた人数が少ない場合や、非正社員の選考については、社員による面談のみといった簡便な方法が用いられるのに対し、集まってきた人数が多い場合や正社員の場合は、多くの段階に分けられた慎重な選考が必要となる。現在において大企業が行う新規学卒者の選考過程は、会社説明会、エントリーシート、筆記試験、複数回の面接試験などを経て内定に至るのが一般的である。また日本の企業では文系職種では特に、特定の専門能力を持っていない新卒者を中心に採用する傾向がある。これは入社後の企業内教育による潜在的な成長可能性を重視するからである。

新卒採用に対して中途採用や転職の場合は選考過程も異なる。すでに仕事経験がある求職者の場合は、それまでの仕事経験やキャリアを重視し即戦力としての選考が行われる。

2 配置と異動

配置とは一定の職務に従業員を割り当てることであり、職務に割り当てることは組織的には、その職務を担当する部署に従業員を振り向けることと同義である。**異動**は従業員が企業内で異なる職務に移動することである。

配置においてはいわゆる**適材適所**が求められるが、これについて稲葉ほか（2010）では、「部分最適」「全体最適」「未来最適」の３つの適材適所のパターンがあるとしている。それぞれの適材適所パターンは一定の合理性があるものの、同時に他の観点から見ると課題も含まれている。

配置と異動には日本企業によく見られる特徴がある。まず１点目は、日

図表 3-1　3つの適材適所

	タスクとの適合度	会社全体との適合度	未来との適合度	最適な関係
部分最適	最適	必ずしも適切ではない	必ずしも適切ではない	個人とタスク
全体最適	必ずしも適切ではない	最適	必ずしも適切ではない	個人と会社全体
未来最適	適切ではない	適切ではない	最適	未来の個人とタスクまたは会社全体

（稲葉ほか 2010）

本企業では配置と異動は企業・人事部によって集権的に行われる。所属部署の事情を超えた全社的・機動的な配置と異動をすることで、後述する配置と異動のメリットを享受することができる。2点目は定期的な人事異動が行われるということである。日本企業ではしばしば定期的人事異動が行われるが、それもまた配置と異動のメリットを得るためである。

3 退職管理

採用管理を企業の「入口」の管理とすれば、「出口」の管理にあたるのが**退職管理**である。日本においては**定年制**が一般的な制度となっている。定年制は、従業員が一定年齢に到達したときに自動的かつ無差別的に雇用関係を終了させる仕組みである（佐藤ほか 2015）。しかし少子高齢化の進展とともに、退職管理の重要性は高まってきている（津田 1995）。企業の活力の維持・向上に加え、退職後の従業員の生活（セカンド・キャリア）の充実のためにも、退職をどのように実施するかを考えなければならない。

余剰人員を削減する人員整理は、希望退職制度を用いて実施することが多い。日本においても終身雇用は保障されなくなり、人員整理も珍しくなくなった。しかし人員整理は悪という風潮は未だ日本では強く、社会に対する企業イメージの悪化といった負の側面を企業にもたらす。したがって企業側は従業員の個々の意向を尊重し、従業員のセカンド・キャリアを充実したものにすることを考えながら、慎重かつていねいなコミュニケーションを図って進めることが求められる。

3 評価と処遇

1 評価のうえの原則

評価は報酬の決定だけではなく、モティベーションとモラールの改善などさまざまな目的のために用いられる。そして日本企業では、評価は**人事考課**という形で行われる。

人事考課を行ううえでの原則として、今野（2008）は4点をあげている。1点目は公平性である。人事考課は合理性のある手段で、被評価者にとって納得できる公平性を実現できるように行われなければならない。2点目は客観性である。客観的な基準に基づいて評価は実施される必要がある。これに加えて近年は、3点目として加点主義という原則が重視されている。減点主義に基づいた評価は、従業員のチャレンジ精神を阻害してしまう。失敗を恐れず挑戦を評価するような加点主義の考え方が求められる。4点目の透明性も近年重視されてきている原則である。公平性・客観性を実現するだけでなく、どのような基準でどのように評価されているのかを被評価者に公開・説明することで納得性を高めるという考え方である。

2 人事考課

人事考課は仕事に対する**インプット**と**アウトプット**を評価することであるといえる（今野 2008）。これには、よいインプットを仕事に投入すれば、よいアウトプットが得られるという前提がある。

このフレームワークで重要なのは、まず仕事の評価をインプットとアウトプットの両方を見て行うということである。アウトプットのみを評価してしまうと、チームワークがおろそかになったり、結果のみを追求した仕事のやり方になったりといったデメリットが生じる。もう1点はインプットを能力と姿勢という、長期・短期のインプットで評価するということである。特に新人の頃は、能力はそれほど高くないし、そう簡単に向上させることもできない。その分を仕事に取り組む姿勢という短期のインプットでも評価することで、公平さを担保することができるのである。このような評価を人事考課

図表 3-2　人事考課におけるインプットとアウトプット

（今野 2008）

図表 3-3　目標管理の達成度評価における達成度と達成困難度

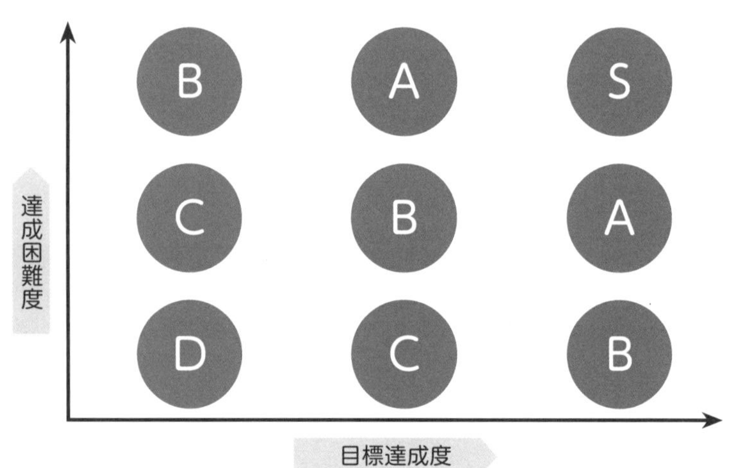

では、「能力評価」「情意評価（姿勢の評価）」「業績評価」という3つの領域で評価する。

業績を評価するうえで重要な考え方が**目標管理**である。これは評価期間（一般的には会計年度）のはじめに上司と部下との間で業績目標を決定し、評価期間の終わりの時点で、業績目標に対する達成度によって業績を評価するという評価方法である（今野 2008）。業績目標は上司と部下との間で双方向のコミュニケーションに基づいて、両者が納得して決定する。また目標達成を、目標の達成度とともに目標達成の困難度とあわせて判断することである。具体的には「達成が容易な目標を完全に達成した」ことと、「達成が困難な目標を達成できなかった」ことを同程度としてとらえることである（図表 3-3）。これにより挑戦的・意欲的な目標設定を促すことができる。

3 賃金管理

人事考課による仕事の評価が行われた後、その結果に報いる活動が**処遇**である。処遇は後に述べる昇進・昇格などの多様な形態があるが、その最も代表的なものが、賃金という形での処遇である。本項での**賃金管理**は、会社と従業員の交換関係において、従業員が提供する労働ないし貢献に対し、会社がその対価として従業員に支払う経済的報酬としての賃金（奥林ほか 2010）を管理する活動である。

賃金管理の特徴はその二面性である。従業員にとっては労働や貢献に対する対価であり報酬であるのに対し、企業にとっては従業員に支払う人件費であり、労働費用というコストであるということである。この点から賃金は適切に管理される必要があるのである。また**社会性**と**企業性**という2つの特性から考えることもできる（今野 2008）。社会性の観点からは、賃金水準は従業員の生活基盤となりうるレベルでなければならない。その水準が他社より著しく低いと従業員を社内に引き留められなくなるので、世間並みの水準を確保する必要がある。他方、企業性の観点からは、賃金水準は企業の競争力

を削がないレベルでなければならない。企業の支払う人件費はコストであり、過度の増大は企業の長期的な存続を妨げることになるので、適切な水準を維持する必要がある。この2つの観点から賃金管理は行われる。

賃金管理は2段階に分けて行われる。それは従業員の賃金の総額をいくらにするかという**総額賃金管理**と、その総額の中から従業員1人ひとりの賃金をいくらにするかという**個別賃金管理**の2つである（今野 2008）。

総額賃金管理もまた、社会性と企業性の2つの観点から行われる。社会性の観点からは賃金水準の社会的相場を考慮して行われるが、その相場（相場賃金）の決定に大きな影響を与えるのが**春闘**である。日本の代表的企業の賃金交渉によって相場が決まり（春闘相場）、それに基づいて他企業が賃金の総額を決定するもので、代表的企業の交渉を前面に押し出すことで相場賃金を少しでも引き上げようとするねらいがある。そして総額賃金管理は相場賃金を考慮しながら、自社の状況や社会状況などを踏まえて決定される。他方で企業性の観点からは、総額賃金管理はその時点での企業の付加価値のうち、どの程度賃金に用いるかを考慮して行われる。つまり企業の付加価値に合わせて賃金総額も決められるため、企業の競争力や成長性を阻害しない。実際には社会性と企業性の2つの観点から総額は決められる。

賃金総額が決まったら、今度は従業員1人ひとりの賃金を決める個別賃金管理が行われる。それは基本的に初任給と採用後の賃金の増額幅をあわせて決定される（今野 2008；上林 2012）。

図表 3-4　賃金管理のトレードオフ

4　3つの賃金類型と賃金体系

労働費用全体は大きく分けて現金給与とそれ以外の労働費用（退職金や福利費など）があり、現金給与は毎月支給される**給与**と**賞与**（ボーナス）に分けられる。そして毎月の給与は**基本給**と諸手当に分けられ、労働費用のうち最も大きな割合を占めるのは基本給である。基本給は最も重要な給与の構成要素である（今野 2008）。それは最も大きな割合を占めるという理由のほかに、企業の評価・格付けの金銭的指標となり、その意味で従業員の働く意欲や満足度に影響を与えること、生活の基礎になる最も安定的な給与部分であり、従業員の生活設計に影響を与えること、そして賞与、退職金、手当などの算定基礎になるということがある。

基本給は3つの類型があり、**賃金体系**を構成する。それぞれの類型を組み合わせて用いる**併存型体系**と、どれかを単独で用いる**単一型体系**がある。この賃金体系は日本独自の考え方になっている（奥林ほか 2010）。賃金体系を構成する3つの類型は、職務内容・職務価値に基づいて決められる**職務給**、職務遂行能力に基づいて決められる**職能給**、年齢や勤続年数等の属人的要素に基づいて決められる**属人給**がある。併存型の賃金体系が用いられる理由は、それぞれの類型にはメリットとデメリットが存在するからである。

職務内容に基づく職務給は、配置された職務を決めれば賃金も決まるため、

図表 3-5　基本給の3つのタイプ

職務給	職能給	属人給
○賃金管理がしやすい ○人件費のコントロールができる ×配置と異動を阻害 ×能力向上のインセンティブがない	○配置と異動が容易 ○能力向上のインセンティブを与える ×人件費のコントロールは難しい	○賃金管理が容易 ×能力向上のインセンティブがない ×人件費のコントロールは難しい

賃金管理がしやすいことと、それによる人件費のコントロールができることがメリットであるが、柔軟な配置と異動を阻害することがデメリットである。異動により賃金が低下することがあるからである。また能力向上と賃金上昇は関係が薄いため、従業員に能力向上のインセンティブを与えられないという弱点もある。これに対して職能給は従業員の職務遂行能力をもとに賃金が算定されるため、配置と異動に伴う賃金の変動は少ない。それは企業レベルの柔軟な配置と異動を促進し、それに伴う異動のメリットも享受できるが、人件費のコントロールは難しい。属人給は勤続年数などによってほぼ自動的に決定されるため、賃金管理が容易である反面、能力向上のインセンティブ付与や人件費のコントロールは難しい。これらの特性を理解してうまく組み合わせることで、デメリットを克服できるのである。

5 昇進と昇格

一般に上の職位に異動することを昇進というが、職能資格制度においては、職位が上がることを**昇進**、職能資格が上がることを**昇格**といって区別する。

企業内昇進には3つの側面が存在する（佐藤ほか 2015）。第1に育成の側面である。従業員は仕事経験を積みながら成長していくが、その仕事をより難しい仕事にすることで、より成長につながる経験や知識が得られる。昇進させることはさらに上の経験をさせることにつながる。第2に選抜の側面である。後述するようにすべての従業員を上の職位に昇進させることは困難である。そこから昇進管理は企業による従業員の選抜という意味合いを含んでいる。第3に動機づけの側面である。昇進することは権限の増加、賃金の上昇、ステータスの上昇といったことを含む。昇進は従業員の動機づけに強い影響を与えるのである。この点から、従業員を動機づける観点からは、より多くの従業員を昇進・昇格させた方がよいが、それは人件費の増大といった効率の低下をもたらす。このトレードオフがあるからこそ、昇進・昇格管理は重要なのである。

日本企業の昇進選抜には**長期の競争**（遅い昇進）と呼ばれる特徴があるとされる（小池 1991）。企業にとって優秀な人材は、早い時期に選抜した方がその従業員の動機づけによって満足をもたらし、企業内に引き留めることができると考えられるが、この理論は早期選抜がよいことだけではないことを指摘する。まず、選抜されなかった従業員は、選抜の期待が裏切られ仕事意欲を低下させてしまう。選抜される従業員の動機づけにはなるが、他方で選抜されない従業員はそれよりも数は多い。より多くの従業員の動機づけを重視すべきという考え方もあるであろう。もう1つは選抜した人が本当に優秀かどうかは短期間の情報だとわかりにくいということである。したがって、なるべく長期間にわたる多くの情報に基づいて選抜し、あわせて多くの従業員の働く意欲も維持できるという「長期の競争」が望ましい、という考え方である。もちろん能力の高い人の働く意欲を維持し、企業に引き留めるときは早く選抜する**短期の競争**（早い昇進）の方がよい場合もある。

6 日本型人的資源管理とアメリカ型人的資源管理

以上のような人的資源管理の諸活動の特徴を、日本型とアメリカ型という2類型に分類したのが平野（2006）である。彼は情報処理特性と人事管理特性を集中化－分権化の2軸で考えた場合、集中的情報処理－分権的人事管理であるアメリカ型と分権的情報処理－集中的人事管理である日本型に分類し、それに基づく人的資源管理の特徴を図表3-6のように整理している。

A型組織モード（アメリカ型）は、情報が集約された上部組織から垂直的に指示が降りてくる。人材はその職務のスペシャリストとしての技能を形成することが求められ、キャリアもその職務内で発達する。仕事に対するやる気をもたらすインセンティブはどの程度職務を全うしたかに基づいて決められる（**職務主義**）。人材は企業の外（外部労働市場）より調達され、人事権はその部門の長がそれぞれ保有している。

J型組織モード（日本型）は、事前計画に沿った形で職場間での水平的調

図表 3-6　2 つの組織モード

	A 型組織モード	J 型組織モード
コーディネーション	垂直的 コーディネーション	水平的 コーディネーション
人材の技能タイプ	機能的エキスパート技能	企業特殊総合技能
キャリア開発	ファンクショナル・ キャリア	クロス・ファンク ショナル・キャリア
インセンティブシステム	職務主義	能力主義
人材調達	外部労働市場から	内部労働市場から
人事権	ライン分権	人事部集中

（平野 2006）

整をもとに仕事をこなしていく。人材は複数の職場で通用する一般的技能と他部門との協働技能などゼネラリストとしての技能を形成することが求められ、それに応じてキャリアも複数の職務を経験しながら発達する。インセンティブは職務遂行能力に応じて決められる（**能力主義**）。人材は企業内の人材（内部労働市場）から昇進させて調達され、人事権は人事部に集約されている。

4 労使関係管理

これまでの採用・配置、評価と処遇、および 7 章、12 章で取り扱う育成とキャリア開発に対して、これからの労使関係管理と福利厚生は、人的資源管理や従業員をサポートする活動という位置づけになる。

1 労使関係

労使関係は労働者と使用者との関係、すなわち労働者の代表としての労働組合と企業の経営者を含めた経営陣との間の関係である。労使関係はしばしば対立的関係になり、その度合いによっては頻繁な労働争議という形で企業・労働者双方にとってマイナスの影響を与える。しかし健全な労使関係は企業にとって有益である（Bratton & Gold 2003）。労働組合が企業経営に対するチェック機能を果たすことで、経営活動に伴って起こる問題を事前に察知し、また解決することができるのである（今野 2008）。

労使関係は企業内の労使関係と、企業を超えた労使関係の 2 つに分けられ（奥林ほか 2010）、それは企業レベル（企業内）、産業レベル、全国レベル（企業外）と多層的な構造になっている。そしてこの 3 レベルに応じた労働組合の組織形態がある（今野 2008）。

①**企業別組合**　企業レベルでの労働組合は企業別組合である。日本では企業別組合が支配的な形態であり、次のような特徴がある（奥林ほか 2010）。第 1 に組合員を原則として当該企業の正社員に限定していることである。第 2 にブルーカラーとホワイトカラーを両方とも組合員に含む、工職混合組合であることである。第 3 に企業別組合はその意思決定や活動に対してほぼ完全な自治権を持っていることである。この企業別組合は、いわゆる日本的経営の三種の神器（終身雇用・年功制・企業別組合）の 1 つに数えられ、日本的経営の重要な要因であるとされている。

②**産業別組合**　他方で産業レベルでの労働組合は産業別組合であり、欧米

図表 3-7　労働組合の 3 つの組織形態

企業レベル：企業別組合

産業レベル：産業別組合

国 レ ベ ル ：ナショナル・センター

ではこの産業別組合が支配的形態である。同一の産業に属する全労働者を組合員とし、企業レベルの組織を統制し、企業との交渉を行う。企業別組合が支配的な日本においては、産業別組合は企業別組合の連合体として、産業レベルでの企画推進や情報センター機能、組織拡大や組合教育などのオルグ機能を担っているが、欧米と異なり統制機能はない。

③**全国中央団体**　国レベルの組織は全国中央団体（**ナショナル・センター**）である。これは国レベルでの政策や制度の要求を企画推進することを主な機能とし、積極的に政策提言を行う。また産業別組合と同じく全国の企業別組合の活動を支援する役割を担っている。

2 企業別組合と労使協調

日本においては1940年代から50年代にかけて労使関係は非常に厳しい状況に置かれていたが、そこから長い年月をかけて、労使の相互信頼と安定した労使関係を構築してきた（今野 2008）。欧米と比較しても日本の労働争議の発生率はとても低いが、そのような労使関係を実現できた背景には、企業別組合という形態も深くかかわっている。産業別組合を支配的形態とする欧米と異なり、企業別組合では労使とも同じ企業の従業員であり、その企業の発展のためという目的が共有しやすい。その結果として**労使協調**が実現しやすいのである。

労働組合が具体的に企業と種々の交渉を行う場が**団体交渉**である。個人に代わって労働者が団結して結成される労働組合が交渉することで、経営者側と対等な立場で交渉できる。労使間の対立が団体交渉などによって解決できない場合は**労働争議**（ストライキ）を起こすことができる。しかし日本の労働争議の発生率は主要先進国の中では低い（今野 2008）。企業別組合とそれに基づく労使協調を構築しようとする姿勢がそれを実現しているといってよい。

主要先進国と同様に、日本の労働組合の組織率も低下傾向にあるとされる。しかし非正規労働者の増大に伴う労働者保護の必要性、いわゆる**ブラック企業**といわれる労働環境の悪い企業だけでなく、大企業においても労働時間の増大や給料の未払いなどの労働者問題は後を絶たない。こうした現場の問題を解決することこそが労働組合の存在意義であり、またそれを示すことが重要である。

5 福利厚生制度

1 福利厚生制度

福利厚生制度とは、企業が労働者およびその家族を対象に、経済的・社会的状態や生活の改善を図ることで、労働力の確保や維持、労働能率の向上、労使関係の安定を促進するために、任意に、あるいは労働協約や法律の規制によって費用などを負担して実施する金銭・現物・施設およびサービス給付を含む施策あるいは活動（奥林ほか 2010）である。

福利厚生制度は大きく、「法定福利厚生制度」と「法定外福利厚生制度」に分けることができる。**法定福利厚生制度**は、実施することが法律等で定められているもので、各種保険の保険料などがそれにあたる。それに対して**法定外福利厚生制度**は、法律等で定められてはいないものの、企業が自らの経営の観点に基づいて任意に実施する施策である。つまり法定福利厚生制度は企業が実施しなくてはならないものであるから、企業ごとに大きな差はつかない。企業の特色が出るのは法定外福利厚生制度であるということができる。

社会環境や経済情勢の変化とともに、福利厚生制度もその施策に変化が生じている（奥林ほか 2010）。第1に、企業の福利厚生費、とりわけ法定福利厚生費が増大してきていることである。これは企業経営に大きな影響を与えており、そこから第2の変化、つまり実施する施策の変化が起きている。その特徴は施設面での支援（社宅、寮、体育施設など）を縮小・廃止し、仕事家庭生活等の支援（出産、育児、介護、メンタルヘルスケアなど）を増加させていることである。第3は、アウトソーシングの増加である。先ほどの施設面での支援を外部の企業に委託することなどで支出を減らしている。第４に、労働者への自律化の支援である。自律的なキャリアデザインへの志向の高まりとともに、資格取得や通信教育への支援などという形で、労働者の自律化の支援を行っている。そして第５に労働者のワーク・ライフ・バランスへの支援を増やしていることである。女性の社会進出を促進するため、出産や育児・介護への支援を行う企業は増えてきている。

2 カフェテリア・プラン

カフェテリア・プランは、企業によって提示された各種福利厚生施策の中から、選択できる範囲で従業員の好みに合わせて選択できるようにした施策である。具体的には、その施策は法定福利厚生制度に代表される一律に提示されるもの（コア・メニュー）と、自由に選択できる施策（選択メニュー）に分類される。そして従業員に給付されるポイントの範囲内で、ポイントと交換する形で各種の福利厚生施策を選択することになる。

カフェテリア・プランは福利厚生制度の見直しに有効な施策であり、企業の関心も高い。その目的は３つ存在する（奥林ほか 2010）。第１に、支給するポイントを管理することで、福利厚生費総額の抑制と管理が容易になることである。第２に、従業員の多様なニーズに対応して新しい施策を素早く導入でき、他方でニーズのない施策を淘汰できることである。その判断も

図表 3-8　カフェテリア・プランの考え方

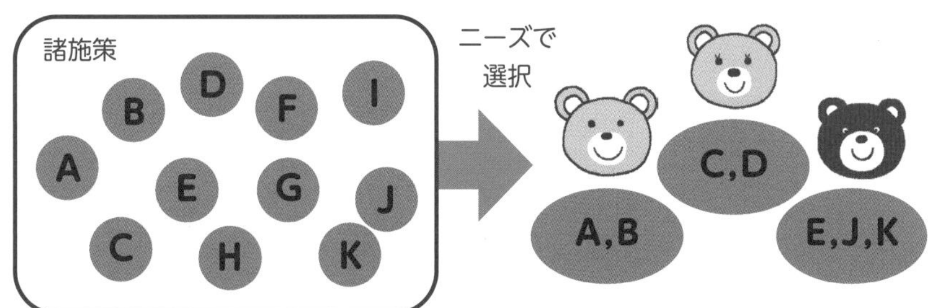

コラム　プロ野球におけるストライキ

先述のとおり現代では日本における労働争議（ストライキ）の発生率は低いものの、ストライキがまったく起きないわけではない。ここではその具体例として、2004 年 9 月 18 ～ 19 日に決行された、プロ野球のストライキをとりあげる。この日はプロ野球選手会（プロ野球における労働組合）によってストライキが決行され、予定されていた試合が行われなかったのである。

2004 年はプロ野球界にとって激動の 1 年であった。経営状況が困難であった近鉄バファローズが同じ関西球団であるオリックス・ブルーウェーブ（当時）と合併する意向を表明したのである。当時は現在と同じくセントラル・リーグ、パシフィック・リーグともに 6 球団ずつの 12 球団であったが、1 球団減ってしまうと 1 チームは試合を行うことができない。そのことを理由に一部の球団が 1 リーグ制を提案したり、他の球団も合併を模索したりする事態を誘発した。そしてそれが選手の意見、およびファンの希望をまったく聞かず、球団オーナーたちの意向だけで密室で進められることに、選手会は猛反発したのである。当時の選手会長（労働組合のトップ）、ヤクルトスワローズの古田敦也氏は粘り強く交渉を行ったものの事態はなかなか打開できなかった。他方で一部オーナーの選手を軽視する発言もあり、世論は選手に同情的であった。加えてライブドア（当時）や楽天といった企業が新球団設立の構想を表明するも、1 リーグ制を模索するオーナーたちの姿勢は変わらず、交渉にはのらりくらりと応じ、選手会の提案を取り入れることはなかった。

ストライキは労働者にとってもリスクが大きいばかりか、業界や企業に大きなダメージを与える可能性のある最後の手段であるが、このような情勢を変えるため、苦渋の決断として選手会は 2 日間のストライキを決断した。決行した 2 日間で選手会はファン交流イベントを開催したところ大勢のファンが集まり、選手会の姿勢を支持する声を届けた。それは当時の社会全体を巻き込み、世論を選手の味方に付けることにつながった。結局この問題は楽天が東北楽天ゴールデンイーグルスを設立し、2 リーグ制を維持することで決着したが、これ以降プロ野球の球団経営は球団の経営最優先の姿勢から、ファン重視・地域密着という現在まで続く主流の路線に転換することになる。

（参考：朝日新聞スポーツ部 2004）

ニーズを分析することで容易にできる。第3に、導入する施策の構成によって、福利厚生制度における企業独自のメッセージを打ち出しやすいことである。

本章では人的資源管理について、どのような活動が行われ、どのような制度をつくってどのように管理しているのか、またあるべき管理とはどのようなものかについて学んできた。人の管理が従業員のやる気や企業業績に影響を与えることは理解できたと思う。また働く側にとっても、自分がどのように管理されているのかを知ることは重要であり、そのための知識が手に入ったことを理解して、社会人生活を送る、またイメージすることが大切なのである。

ステップアップのための本

今野浩一郎『人事管理入門』日本経済新聞社、2008年
　人事管理の制度についての、コンパクトでわかりやすい本。
奥林康司・上林憲雄・平野光俊『入門人的資源管理（第2版）』中央経済社、2010年
　入門書だが深く学べる良書。社会人にもおすすめ。

●振り返って考えよう

▶ あなたがこの章で学んだことを、3つあげて下さい。
▶ この章にある人的資源管理活動の中で、あなたが最も重要だと思うものは何ですか？　また、なぜそのように思いますか？

●話し合ってみよう／調べてみよう

1 あなたがある企業の採用担当者となったとき、次のような人材を獲得するとすると、どのような方策で獲得しようとしますか？ 特定の業界を思い浮かべながら考えてみて下さい。
①業績はそこそこで、長く働き続けてくれる人材
②転職する危険性もあるが、高い業績を上げてくれそうな人材
③変わり者ではあるが、イノベーションを起こしそうな人材

2 あなたがある企業の福利厚生の担当者となったとき、「社内の健康増進」を施策の重点目標とすると、どのような施策を提案しますか。3つ考えてみて下さい。

部

戦略のマネジメント

4章 強みを生かして生き残る　競争戦略

●この章のねらい

競争戦略立案のための2つのアプローチを理解するとともに、商品・サービスの競争と仕組みの競争という2レベルの競争を理解する。

市場分析からの戦略立案

立案の流れ

自社の立ち位置を
どこに置くのか？

リーダー	ニッチャー
チャレンジャー	フォロワー

何を経由して顧客に
訴えるのか？

Product（製品）	Price（価格）
Place（流通）	Promotion（販売促進）

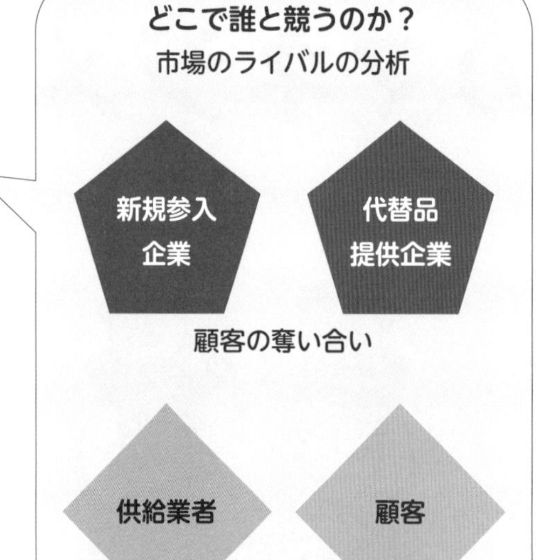

利益の奪い合い

誰に優位性を訴えるのか？
顧客の絞り込み

顧客からわかる優れた点（優位性）を見出してもらうための道筋を描くのが競争戦略である。競争戦略の1つのアプローチは、競争の場（市場）をどこに置くかをまず決めて、そこでの自社の立ち位置（ポジション）をどこにとるかという観点から、違いを訴える顧客を絞り込んでいくことである。

●**はじめに考えてみよう**

▶ 競争に目立って勝っているように思われる企業、目立っていないけれど勝っていると思われる企業には、どのような違いがあるでしょうか？

▶ 提供する商品やサービスが変わっても優位性を維持するためには、何が必要でしょうか。

立案の流れ

資源分析からの戦略立案

顧客へ

仕組みを動かす基本的な道筋は？

量的・質的資源とポジショニング

コスト・リーダーシップ
差別化
集中

商品・サービスの競争から仕組みの競争へ

何を強みと位置づけるのか？

強み　弱み
機会　脅威

経営資源

ヒト　モノ
カネ　情報

資源をどのように生かすのか？

顧客の利益につながる

中核能力

真似されにくい
複数の商品や市場に展開できる

もう１つは、優位性を生み出しうるものとして、企業の中にどのようなもの（資源）があるかを分析することで、それを築くためのヒントが得られるというアプローチである。

商品やサービスの提供を主な役割とする企業が生き残るためには、顧客からわかる優れた点を見出してもらわなければならない。そのような点を生み、生き残るための道筋を構想するのが競争戦略である。

本章では、競争戦略とは何かについて概説した後、その立案の2つの流れを紹介する。その1つは、その企業が競争する場をまず決めて、その場での自社の立ち位置をどこにとるのかという観点から戦略を立案し、顧客を絞り込んでいく流れである。もう1つは、優れた点を生み出しうるものとして、企業の中にどのようなもの（資源）があるかを分析することから始めて顧客に迫る流れである。

ケース 「小さいからこそ、いざというときには空高く舞い上がり、飛んでいくことができる」— スズキ —

◆ Story 1．アルト 47 万円

スズキ株式会社は 1909 年創業の日本の四輪車および二輪車メーカーであり、四輪車では軽自動車や小型自動車を主力としている。軽自動車の分野では長く販売台数日本一を誇り、他メーカーからの受託製造商品も提供してきた。近年はインドなどの海外市場でも強みを発揮している。

アルトはスズキにおいて 1979 年の発売以来、同社を代表する軽自動車モデルの1つである。しかしながら 1970 年代は日本の自動車市場全体が伸びを示しつつも、軽自動車の比率は低下していた時代であった。市場では高度経済成長が終盤を迎え国民が豊かになる中で、軽自動車の経済性への関心が薄れ、顧客はより大きく、高性能で贅沢な仕様のクルマを求める、という見方が強くなっていた。だからといってスズキが軽自動車や小型自動車から商品の大型化を進めても、技術力や販売力から考えてトヨタや日産に対抗することは困難であると考えられた。

アルトはそのような逆境の中で、緻密な顧客の絞り込みをもとに開発された製品であった。それは「乗用と商用の兼用車」を求める顧客である。アルトは軽乗用車フロンテの商用版姉妹車として発売された。商用車とすることで、当時の物品税を回避することができ、税制面で有利な商品とすることができた。開発以前の市場調査で、スズキは「軽自動車の基本乗車人数は 1 ～ 2 名」というデータを得ていたといわれている。アルトは前 2 席の居住性は乗用車並みとしながらも、後席から荷室にかけては商用車として徹底的に簡素な仕様とし、コストを抑えた。製造コストについては 35 万円という目標が掲げられ、コスト削減のため、例えば後部座席はベニア板でつくられ、ウィンドウォッシャーも電動ポンプを使用しない手押し式とされた。機能面で割り切りつつも乗用車と商用車双方の特徴を持つことで、多様な用途に耐えることがアピールされた。アルトの商品名の由来の1つは「あるときはレジャーに、あるときは通勤に、またあるときは買い物に使える、あると便利なクルマ」であった。

アルトは販売面でも当時の自動車業界の慣行にとらわれなかった。当時は製造工場からの距離を基準に、輸送費を反映させて地域別に価格が定められていた。これに対し、アルトは全国統一で 47 万円という価格を打ち出した。これにより、その驚異的な低価格をあらゆるコマーシャルで訴えることが可能になった。またアルトは当時の慣行であった複数グレード構成ではなく等級を一本化し、追加的装備をすべてオプション販売にするというラインナップにすることで、低価格感が顧客により明確に伝わったと考えられる。

アルトはほどなくバックオーダーを大量に抱える人気車種となり、一家の 2 台目のクルマ（セカンドカー）としての軽自動車需要を掘り起こし、その収益をもって新時代のエンジン開発および生産体制拡充の投資も可能になるなど、スズキのピンチをチャンスに変える主力商品となった。

スズキの低コストによる小型車開発・製造能力は国内外からの注目を集めることとなり、1981年にはエネルギー危機を背景に小型車開発の必要性に直面した世界最大の自動車メーカーの1つ、アメリカのゼネラル・モーターズ（GM）との業務提携に至った。「小さいからこそ、いざというときには空高く舞い上がり、飛んでいくことができる」とは、「スズキはGMに飲み込まれてしまうのではないか」という記者の質問に対して、当時社長の鈴木修氏が、GMを鯨に、スズキを蚊にたとえて答えたものである。

●立ち止まって考えよう

- ▶ スズキの競争地位はどこにあると考えられるでしょうか？
- ▶ アルトのマーケティング・ミックスはどのようなものであると分析できるでしょうか？

1 競争戦略とは

1 競争戦略の成り立ち

競争戦略とは**事業戦略**とも呼ばれ、企業における各事業がどのように競合他社と競争していくかに関する構想や指針、および計画を示すものである。1960年代以降のアメリカでは、持続的な企業の成長のためには、長期的な共通目標を設定し、その目標達成に向けた戦略を策定することが必要だという考え方が定着していくようになった。戦略策定への関心が高まると、それを精緻化させるため、以下のような問いが重視されるようになってきた。すなわち、①自社の業界、または参入予定の業界における競争の要因は何か、②競争相手はどのようなアクションをとってくるか、③競争相手のアクションに対するベストな対応策は何か、④自社がいる業界は今後どのように動くのか、⑤どうすれば、長期的にベストな競争上の地位を確保できるか、といったものである。これらの問いは、後述する「市場分析からの戦略立案」の重要な構成要素となった。

2 競争優位と優位性

競争戦略の内容を一言でいえば、**競争優位**の実現とその維持について考えていくことである、といえる。競争優位とは、他社との競争を有利に進め、標準を上回る経済的な利益を得ることと定義される。この定義に基づけば、どうすれば、企業が他社との競争を有利に進め、標準を上回る経済的な利益を獲得し、維持することができるのかについて考えていくことが必要となる。以下では、競争優位に結びつくような、商品やサービスに対して顧客が見出しうる優れた点を**優位性**と位置づけ、それを生み出すための2つの戦略立案の流れを見ていくことにしよう。

2 市場分析からの戦略立案

1 誰に優位性を訴えるのか

第1の戦略立案の流れは、「誰に優位性を訴えるのか？」を究極の問いとする。すなわち、その事業が最大限に優位性を生み出しうる顧客を絞り込むことを目指す流れである。そのために付随する問いとしては「どこで誰と競うのか」「自社の立ち位置をどこに置くのか」「何を経由して顧客に訴えるのか」といったものが生じうる。以下ではこれらの問いに答えるための枠組みを紹介していこう。

2 5つの競争要因

企業が競争する場を市場という。その市場に当該企業にとってのどのようなライバルがいるのかを分析する枠組みとして、M. ポーターによる**5要因モデル**が知られている。「どこ（市場）で誰（ライバル）と競うのか」の答えは、現在の業界内での競争相手だけではなく、もっと広くとらえないとわからない、ということがこのモデルから導かれる。

このモデルでは、現在の業界内の競争相手以外で当該企業のライバルとな

図表 4-1　5要因モデル

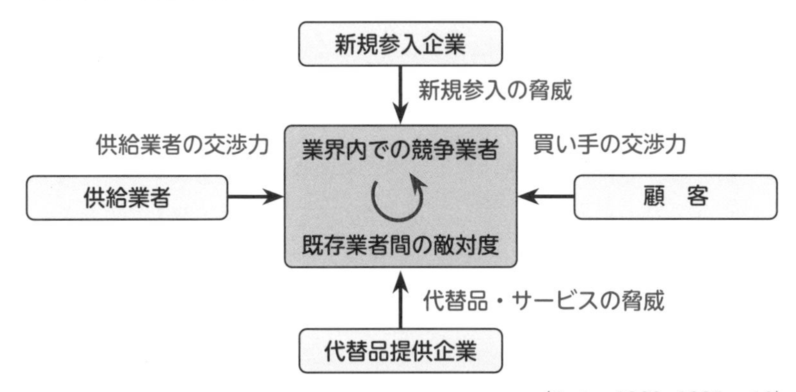

(Porter 1980=1995, p.18)

りうる存在が4つ示されている。その第1は、その業界に新しく参入してくる可能性がある企業の存在である。その市場がどのような企業でも参入できるような状況であれば、その可能性が高くなる。第2は、その業界で主として取引されている商品やサービスが、何らかの製品やサービスに取って代わられる可能性である。そのような製品やサービスを提供する企業もまた、見えないライバルである。第3に、供給業者があげられる。競争優位は利益に結びつくものであるが、供給業者からの仕入れが高くつくと、その利益が減ってしまう。供給業者の持つ交渉力によって、当該企業の確保できる利益が左右される。第4の顧客がライバルというのは一見奇妙に思えるかもしれないが、供給業者と同様に、その交渉力が高いと当該企業の利益が減ってしまうという意味では、ライバルであると位置づけることができる。

上記の4つの潜在的なライバルのうち、当該企業は、新規参入企業および代替品提供企業とは、顧客を確保するための競争をしていると考えられ、供給業者および顧客とは、利益を確保するための競争をしていると考えられる。

3 4つの競争地位

上記のようなさまざまなライバルが存在する中で、どのようなポジションで競争していくのかを**競争地位**といい、P. コトラーによる4類型が知られている。その第1は、業界トップの市場シェアを誇り、業界を牽引する主導的立場にあるリーダー企業である。第2には、業界でリーダーに次ぐ2番手のシェアを持ち、リーダーに挑戦しトップをねらうチャレンジャー企業である。第3は、業界内で3番手以下に位置する企業であるフォロワーである。第4は、リーダーやチャレンジャーが参入しない、あるいは参入しにくい隙間（ニッチ）市場をねらうニッチャー企業である。

リーダー企業は通常当該業界内で1社であり、自社のシェアを維持し、拡大するだけではなく、市場全体を成長させることも戦略的課題としている。チャレンジャー企業とフォロワー企業は通常グループを形成し、前者はリーダー企業にはない優位性を構築しシェアの拡大を目指す。後者はリーダー企業やチャレンジャー企業の模倣戦略を採用する。ニッチャー企業は、通常は小規模でありながらも、特定の市場で独自の地位を築き高収益の事業を確立することが課題となる。

リーダー企業は文字どおりその業界の「顔」となる存在であり、その成功は一般にも認知されやすい。しかしながら規模がそれほど大きくなく、一般顧客には身近ではない製品やサービスの市場であっても、そこで高収益の事業を確立している企業の存在に注意しなければならない。

4 マーケティング・ミックス

顧客に優位性を訴える経路はいくつかあり、それをどのように組み合わせるのかという問題を**マーケティング・ミックス**という。マーケティング・ミックスの構成要素としては**4P**が知られている。これはProduct（製品）、Price（価格）、Place（流通）およびPromotion（販売促進）という4つの経路の総称である。製品（サービスを含む）についてはどのような品質、デザイン、機能（価値）をもたらすものとして提供するかが問題となる。価格については安いばかりでなくあえて高くして顧客に訴求するという選択肢もあるし、価格そのもの以外に支払い手段や条件なども訴求要素となりうる。流通はどのような販売経路を組み合わせたり、絞り込んだりするのかという問題である。販売促進は顧客の認知度を高めるための広告宣伝活動全般を指す。

3 資源分析からの戦略立案

1 経営資源をどのように優位性につなげていくのか

戦略立案のもう1つの流れの究極の問いは「当該企業が持つヒト・モノ・カネ・情報といった経営資源を、どのように優位性につなげていくのか」というものである。それに付随する問いとして、「何を強みと位置づけるのか」「資源をどのように生かすのか」「仕組みを動かす基本的な道筋をどのように付けるか」といったものがあげられる。以下ではこれらの問いに答えるための枠組みを見ていくことにしよう。

2 SWOT 分析

SWOT 分析とは、自社の内部条件と外部条件とを考慮して競争優位を獲得するための戦略的な選択肢を考案する枠組みである。図表 4-2 に示すように、この分析では企業の内部条件としての「強み（Strengths）」および「弱み（Weaknesses）」、外部条件として競争市場での「機会（Opportunities）」および「脅威（Threats）」という 4 つの条件についての検討を行い、さらに内部条件と外部条件を組み合わせて戦略上の選択肢を策定するための指針を得ることができる。

内部条件から見ると、企業の「強み」とは、経済的価値を生み出す資源や能力を指す。ここには重要な人材や技術だけではなく、流通販売網といった事業の仕組みも含まれる。「弱み」とは、強みによる経済的価値の実現を困難にしたり、経済的価値を減少させたりするような資源や能力を指す。硬直的な組織構造や極度に保守的な風土などが含まれる。外部条件としての「機会」は、企業がその競争地位や売上げ、収益性を向上させるチャンスを意味する。他方で「脅威」とは、企業の外部にあり、企業の業績を下げる働きをする個人・集団・組織の存在を指す。前述の 5 要因モデルにおけるライバルたちのほか、政府や地域社会なども脅威となりうる存在である。

図表 4-2　SWOT 分析

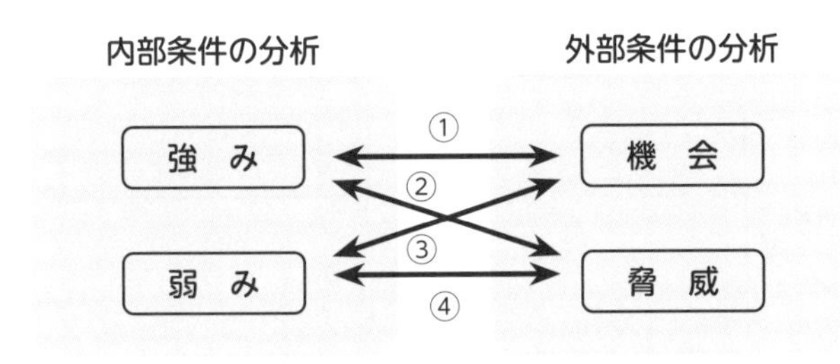

(Barney 2002=2003, p.47 に基づいて作成)

これらの 4 条件を具体的に明らかにすることで、内部条件と外部条件を組み合わせた戦略的な選択肢を導くことができる。それらは大別すると以下のパターンとなる。すなわち、①強み－機会：自社の強みを通じた機会を獲得・創出するための選択肢、②強み－脅威：自社の強みを通じて脅威を回避するための選択肢、③弱み－機会：自分の弱みのせいで機会を逃さないための選択肢、④弱み－脅威：自社の弱みと脅威のために最悪の事態に陥ることを回避するための選択肢、である。

3 コア・コンピタンス

経営資源と競争優位との関係についての研究が進むにつれて、持続的な競争優位を実現するためには、強みとなるような個々の資源を有するだけではなく、それを組織的に活用するような組織的な能力が必要であると考えられるようになった。**コア・コンピタンス**とは、「顧客に対して、他社には真似のできない自社ならではの価値を提供する、事業の中核的な能力」と定義される。ここでは経営資源や能力だけではなく、それをうまく活用して経営成果につなげる能力が含まれる。具体的には、製造技術や販売力だけではなく、それを組み合わせた業務プロセスや事業の仕組みを生み出す能力もコンピタンスとなる。

コア・コンピタンスとなりうる組織的な能力としては、以下の 3 つの条件を満たすものが考えられる。第 1 に、その能力が顧客の利益につながるかということである。第 2 に、その能力が他社に真似されにくいかということである。第 3 に、その能力をもととして、複数の商品や市場への事業展開が可能になるかということである。

4 競争地位と経営資源

前節では戦略立案のアプローチとして、競争の場（市場）を決め、そこでの自社の立ち位置を決めていくという流れについて述べた。ここではこのような流れと、経営資源をもとに強みをどのように構築していくのかというすり合わせについて説明していく。このすり合わせによって、優位性を発揮する土台となる基本的な道筋が導かれるという意味で、以下の枠組みは重要性を持っている。

その第1は、すでに触れた競争地位の類型と経営資源の量および質との関係についての枠組みである。

図表4-3に示すように、リーダー企業は経営資源が量的にも質的にも恵まれた地位にあり、引き続きその量と質を維持していくことが、リーダーであり続けるための戦略的行動の基礎となる。チャレンジャー企業は量的資源には恵まれているが、質的資源はリーダーの後塵を拝しているため、リーダーの座をうかがうには、商品やサービスの優位性やコア・コンピタンスの確立につながるよう、経営資源の質を高めていく必要がある。ニッチャー企業は、事業展開する市場を絞り込むことで必要な資源の量を抑えつつ、経営資源の質をより高めることでその地位を維持することができる。フォロワー企業は、量的にも質的にも経営資源を大きく、高めることをしなければ、模倣戦略に終始する地位にとどまるだろう。

図表4-3 3つの基本戦略

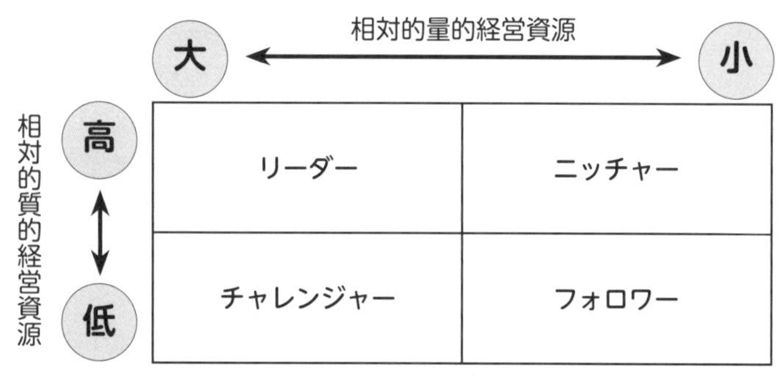

(Porter 1980=1995, p.61)

市場地位と類似した枠組みとしてM. ポーターによる3つの基本戦略がある（図表4-4）。基本戦略の第1は**コスト・リーダーシップ戦略**と呼ばれ、顧客による商品やサービスの価格面での優位性を確立しようとする戦略である。この戦略では規模の経済や**経験効果**（大量の製品やサービスを製造・販売するにつれて安くてよいものを提供することができるようになるという効果）を活かし、他社よりも低コストでモノやサービスをつくり、売るための仕組みづくりにつながる資源や能力の獲得や構築が必要となる。第2は、**差別化戦略**である。この戦略は製品やそれに付随する要因において、価格以外で顧客に認められる特異な優位性を確立しようとする戦略である。マーケティング・ミックスの4Pですでに見たように、製品の品質、機能やデザイン、販売経路、広告宣伝などに基づくブランドイメージなどさまざまな面から、より高いお金を払う価値があると顧客に認められるような資源や能力の獲得・構築が求められる。第3は、**集中戦略**である。コスト・リーダーシップ戦略や差別化戦略が業界全体をターゲットとするのに対し、集中戦略は顧客層を絞り込み、そこでの優位性を確立しようとする戦略である。顧客層の絞り込みには人口

図表4-4 3つの基本戦略

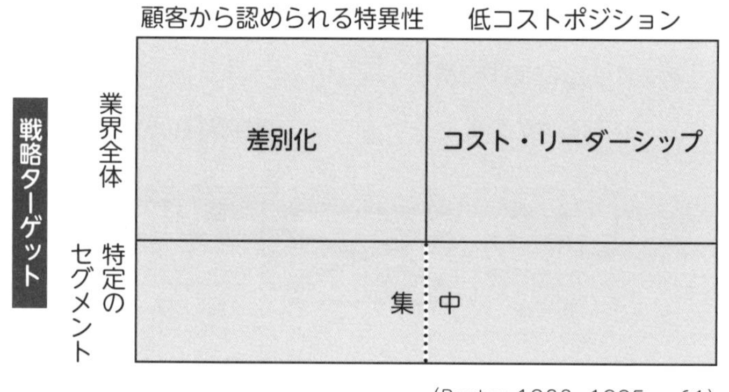

(Porter 1980=1995, p.61)

統計学的な属性や心理的・行動面での傾向特性、地域や販売チャネルなどさまざまな軸が存在しうる。どの軸に基づいて顧客を絞り、ターゲットとして収益につながる優位性を確立していくかにつながる経営資源や組織能力を獲得し構築するかが、この戦略をとる企業の生き残りを左右することになる。

◆ Story 2．創造的なコストダウン：スズキ・チョイノリ

2003年、スズキは1台5万9,800円という、国産二輪車でありながら従来車の半値近い低価格を実現した50ccスクーター「チョイノリ」を発売した。チョイノリの開発もアルトと同様に、鈴木修氏肝いりのプロジェクトであり、「1cc＝1,000円」すなわち5万円の50ccバイクを製造・販売するという目標を掲げるところからスタートした。しかしながらその開発はアルト以上に困難を極めた。当初はスクーターの基本的な構成から必要性のない機能関連部品を省いていく手法が採用された。しかしもう省くところがない、という限界に至ってもなお10万円程度の製品とすることがやっとであり、プロジェクトは暗礁に乗り上げた。

スズキ社内では鈴木修氏が「こだま」自由席の列に並び、社用車ではなくタクシーを使うなど、率先して並外れたコスト意識を風土として根づかせていた。また修氏の掲げた目標が、単なる思いつきやケチケチ精神に基づくものではないことを、開発メンバーは理解していた。それはスズキや他の製造企業が、欧米に追いつき追い越せの精神で長年築いてきた、日本におけるものづくりの文化を簡単に海外に移転することなく、知恵を絞ることで国産であっても価格競争力のある製品を生み出そうとするこだわりであった。

開発メンバーはその後コストダウンについての発想の大転換に至ることになる。それはすでにあるものから無駄を省いていく発想とは真逆に、ほぼ自転車同様の骨組みから必要な部品だけを付けていくという考え方である。スクーター利用者のうち毎日2kmほどの移動にとどまるのが半数近くを占めているという事実を開発者はつかんでおり、自転車より楽にこの距離を移動できるだけの性能があればよいという発想の切り替えが可能になった。

他方で要素技術の採用についても、従来からは逆転の発想が行われた。コストダウンのためには成熟しきった技術の採用が定石のところ、チョイノリのエンジンにはシリンダー内メッキ技術という、レーサーや大型二輪車、四輪車のための開発技術が採用された。この技術はエンジンの放熱性を高めるため、チョイノリでは冷却ファンが不要となるなどエンジンが軽量コンパクトに、かつ低コストでつくることが可能になった。

通常の開発過程では、同じ設計部門でも車体担当とエンジン担当との間で「せめぎ合い」が多く生じたところ、このプロジェクトでは試作車や参考車を前にしてお互いに提案しあうことが多かったという。またスタイルをよく見せるためいろいろな部品を付けたがるデザイナーも、このプロジェクトではコスト意識を極限までデザインに反映させ、設計部門と一枚岩になって機能美を追求した。このように「1cc=1,000円」という数値目標が、製品自体のみならず、開発基本方針の転換、前例にとらわれない技術の採用やチームのまとまりといった組織的成果を生んだチョイノリは、2007年7月までに10万台以上が生産された。

●立ち止まって考えよう

- ▶ アルトとチョイノリそれぞれの開発過程の共通点と相違点はそれぞれどのようなものでしょうか？
- ▶ スズキのコア・コンピタンスは顧客への価値、模倣の困難さ、複数事業への展開といったそれぞれの視点からどのように分析できるでしょうか？

4 商品・サービスの競争から仕組みの競争へ

例えば私たちにとって身近な情報機器の主要製品は、ここ数十年でビジネスコンピュータからパソコンを経由し、スマートフォンやタブレットに取って代わられてきた。また自動車や二輪車など個人的な移動のための機器も、内燃機関からハイブリッド、さらには電気モーターを動力源とするものに展開してきている。このように製品・サービス自体やその要素技術が変化していく中で、継続的に競争優位を実現するために必要な能力としてコア・コンピタンスをすでにとりあげた。それ以外の枠組みとしてはどのようなものがあるだろうか。

実は企業は２つのレベルでの競争をしていると考えられる。その１つは、**製品やサービス面での競争**である。例えば３つの競争戦略の枠組みで考えれば、当該製品・サービスにおいてどのようにコスト面で違いをつくるか、それとも品質や機能、その他の付随要因で違いをつくるか、さらには他社が参入していないどのセグメントを攻めるか、といったことが問題となる。しかしながら顧客ニーズが変化し技術が進展しても継続する競争はそのレベルではなく、その背後にある**仕組み面での競争**である。そこではどのような仕組みを構築して製品やサービスを通じた顧客への機能・価値の提供を実現するのかが競われている。

製品やサービス面での競争では、その違いや優位性が目立つし、顧客にもわかりやすい一方で、真似がされやすく、優位の持続が短期に終わるという特徴を持っている。他方で仕組み面での競争は、多くは目立たず、顧客にはとらえにくい面での競い合いが展開されている。目立たずとらえにくい分、真似もされにくいので、一度優位を確立すればそれが長期的に持続するという特徴がある。持続的な競争優位を生み出すために確立すべき仕組みの枠組みが、次章でとりあげる**ビジネスシステム**である。

競争戦略は長期的な視点から、製品やサービスをめぐる競争優位を確立するための構想およびその実現のためのアクションであり、個々の製品の開発過程のみに還元されるものではない。長年開発されてきたいくつもの製品やサービスが、どのような顧客をターゲットとし、企業のどのような資源や能力を生かして生み出されてきたのかなどの背景をたどることではじめて明らかになってくるのが競争戦略である。見える部分から見えない部分を探るというのは経営学全般において必要となるものの見方・考え方であるが、競争戦略においても、目立つところやわかりやすいところにとらわれず、その背後にある長期的な構想やアクションを読み取ることが必要である。

コラム

スタック・イン・ザ・ミドル

ポーターは３つの基本戦略を提示するにあたって、競争戦略が目指す競争優位を実現するために、基本戦略の１つだけを選択すべきであり、さもないとスタック・イン・ザ・ミドルに陥ってしまうと主張した。例えばコスト・リーダーシップ戦略と差別化戦略との「二兎を追う者は一兎をも得ず」ということである。それぞれの戦略が前提とする組織、管理の仕組みや市場への働きかけは大きく異なり、その転換にはコストを伴う（移動障壁という）ので、２戦略の両立を試みれば利益が減少するだろうというのが、ポーターの考えである。

これに対してガース・サローナーらは、２戦略のいいとこどりをした、あるいは中間的な「ハイブリッド戦略」も有効でありえるとした。現実に多くの市場では、コスト志向と差別化志向に製品や企業が二極化しているわけではなく、ポジションは細分化されている。下図はアメリカのホテル業界の例である。ほぼ差別化（サービスの品質）に振った戦略をとるのがリッツ・カールトン（A）、対照的にほぼ低コストに振った戦略をとるのがトラベルロッジ（C）である。これらに加えて、シェラトン（B）はリッツ・カールトンほど品質を求めず、トラベルロッジほどの低コストも求めない中間的な顧客への訴求の可能性のあることが示されている。サローナーらによれば､真のスタック・イン・ザ・ミドルは、図中のホテルＤである。Ｄはリッツ・カールトンと同等のコストを要しながら、その品質はリッツ・カールトンに遠く及ばないし、トラベルロッジと同等の品質でありながら、コストははるかに高い。まさに中途半端以外の何物でもないのである。

図 スタック・イン・ザ・ミドル

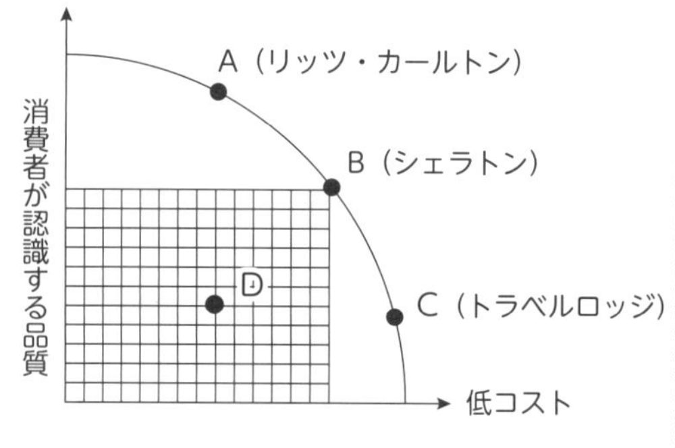

(Saloner et al. 2001=2002, p.78)

ステップアップのための本

加藤俊彦・青島矢一『競争戦略論（第2版）』東洋経済新報社、2012年
　競争戦略が4つのアプローチに整理され、それぞれの全体像がわかりやすく示されている。

嶋口充輝・内田和成・黒岩健一郎編著『1からの戦略論（第2版）』碩学社、2016年
　戦略論全般のわかりやすい入門書。事例も充実している。

●振り返って考えよう

▶「はじめに考えてみよう」の2つの問いに、自分の言葉で答えて下さい。

▶ あなたがこの章で学んだことを、2つ答えて下さい。

●話し合ってみよう／調べてみよう

1. 日本の自動車製造企業のうち複数をとりあげ、競争地位の分析、および SWOT 分析を議論しながら試みて下さい。
2. 自動車製造以外の業界で、スズキに似た競争戦略を採用していると考えられる企業として、どのようなものがあげられるでしょうか。
3. 最近の自動車製造企業のとった戦略的なアクションをとりあげ、その背後にある長期的な構想を読み取ってみましょう。

5章 仕組みを工夫して生き残る ビジネスシステム戦略

●この章のねらい

経営における戦略は、いかに価値ある製品やサービスをつくるかというだけにとどまらない。よりよい戦略とは、戦わないで勝つことにある。戦わずして勝つための1つの戦略の考え方として、この章では、ビジネスシステムという考え方を学んでいく。

価値を生む源泉の違い

事業コンセプトの要素
- 顧客（誰に）
- 価値（何を）
- 工夫（いかに）

↑

ビジネスシステム	製品やサービス
ユニークな事業コンセプト	ユニークな提供する製品やサービス
表：顧客に提供する価値 裏：事業の仕組みやシステム	
わかりにくい ↓ **真似されにくい**	わかりやすい ↓ **真似されやすい**

ビジネスシステムによる戦略と製品やサービスによる戦略の違いは、製品やサービスがそれ自体のユニークさのみによって価値を生むのに対し、ビジネスシステムでは、事業の仕組みやシステムによって顧客に価値を提供している点である。そのため、ビジネスシステムによる事業戦略は、その優位がわかりにくいが、その分、真似されにくい。

ビジネスシステム設計のための3つのステップ

仕組みによる価値は、1つの会社によって構築するのは難しい。そのため、価値を一緒に生み出すステークホルダーを決め、そのステークホルダーと価値の創造とその分配のパターンを決める必要がある。それぞれが十分な価値を生み出し、その果実を十分に受け取れるような関係性がなければ、ビジネスシステムは成立しない。

●はじめに考えてみよう
▶ ビジネスシステムによる競争優位はなぜ持続するのでしょうか？
▶ ビジネスシステムを設計するために、考えるべき点はどこにあるでしょうか？
▶ 優れたビジネスシステムはなぜ大きな価値を生み出すことができるのでしょうか？

ビジネスシステムの基本原理

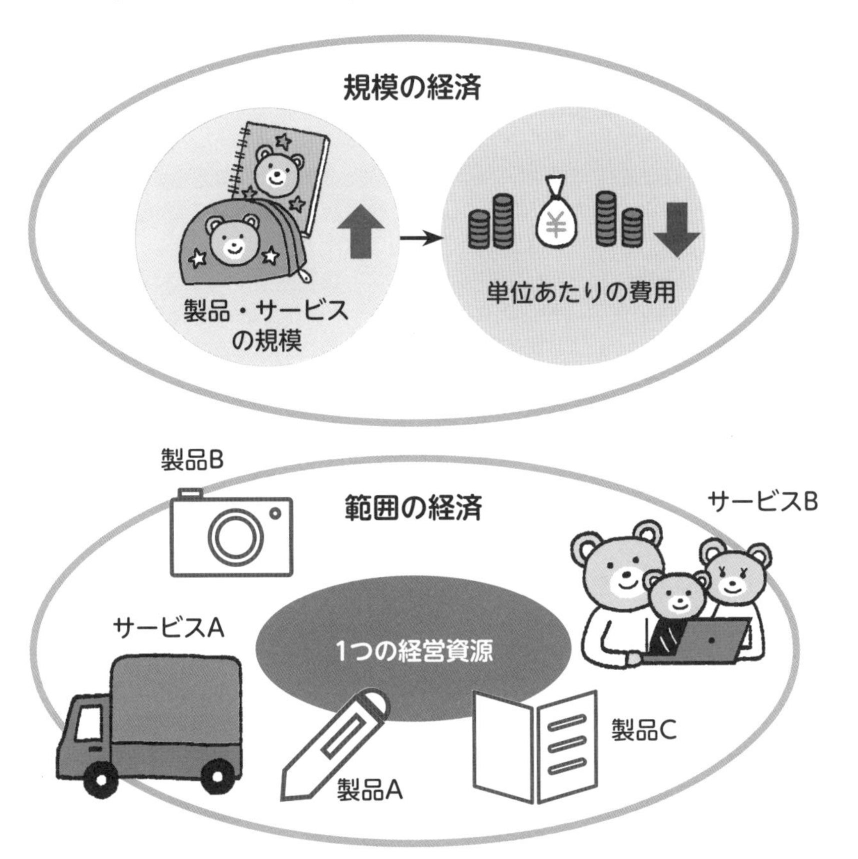

ビジネスシステムを支える基本原理には主として3つのものがある。「規模の経済」「範囲の経済」「速度の経済」である。優れたビジネスシステムはこれらの基本原理を上手に組み合わせて大きな価値を生み出している。

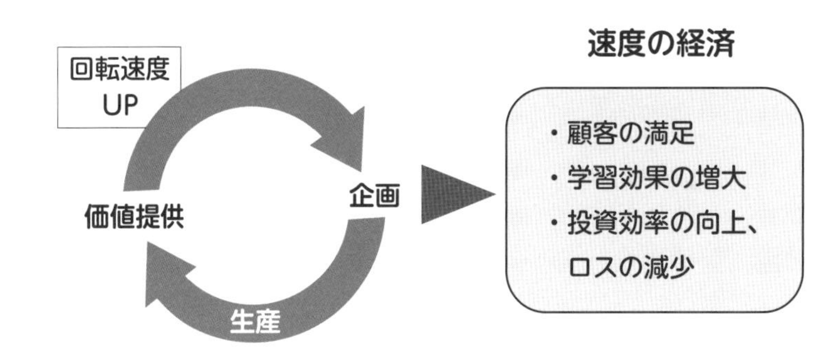

ビジネスシステムの背後には大きく3つの論理が働いている。規模の経済は、製品やサービスを提供する規模が大きくなるほど、単位あたりの費用が減ることになるメリットである。範囲の経済は、1つの有益な経営資源から多くのサービスや製品を生み出すことによるメリットである。速度の経済は、回転を上げることによって、ロスを減らしたり、資源の効率的な活用などを行えたりするメリットをいう。

この章では、ビジネスシステムについて学ぶ。ビジネスシステムとは、顧客に価値を提供するための仕組みを指し、ビジネスシステムによる差別化は製品やサービスの差別化とは異なる側面を持つ。この章では、ビジネスシステムの特徴とその設計、そしてビジネスシステムの背後にある論理について説明する。

ケース　コンビニエンスストア―セブンイレブンの創業とその仕組み―

◆Story 1．セブンイレブンが登場した頃の日本

多くの人が知るように、セブンイレブンはアメリカで誕生している。その生い立ちは1927年のテキサス州にあった氷小売販売店まで遡る。氷を扱っていたこの店で､お客からの「氷以外の卵や牛乳､パンなども扱ってくれるととても便利だ」という声から、デイリー食品の取り扱いも始め、ここに「コンビニエンスストア」が誕生した。当時、8時から10時が通常であった営業時間を朝7時から夜11時までに延長し、毎日営業することとした。その後、この営業時間がそのまま店名のセブンイレブンになる。まさに顧客にとって品揃えも営業時間も便利（コンビニエンス）な小売店の誕生である。

セブン-イレブン・ジャパンが創業を始めた1970年頃は、日本において小売業にさまざまな変化が起こっていた時期である。高度経済成長の中、日本では大量生産、大量販売の消費ブームが起こっていた。その中、スーパーマーケットに代表されるチェーンストアが出店を拡大し、家族経営が中心であった中小規模の小売業は苦しい経営を強いられていた。現在でも、大型店やショッピングモールが出店することによって、地元の小売業の経営が圧迫されることが度々あるが、この時期からこのような構図が見られるようになったのである。

◆Story 2．フランチャイズシステム

このような背景の中、セブンイレブンに目を着けたイトーヨーカドーは、イトーヨーカドーとして大規模店を出店する反面、小規模小売店の活性化のためにセブンイレブンのコンビニエンス業態を導入しようと考えた。しかし、当初セブンイレブンの導入に関しては、イトーヨーカドー社内にも反対論が根強く、また提携交渉の相手でもあるサウスランド社も当初交渉に後ろ向きであった。社内での反対論は、コンビニエンス業態は日本ではまだ早いというものであった。コンビニエンスストア業態は、大規模なショッピングセンターが成熟を遂げた後に成長機会が訪れるはずであり、チェーンストアが成長の途上であった日本において早過ぎるというのが流通業界の常識であった。これら反対論の中でセブン-イレブン・ジャパンは創業した。その際に最も力を注いだのは国内の実情を踏まえたフランチャイズ方式の確立である。その理由の1つは、当時の中小小売店の不振の原因が大規模店との競争によるものではなく、生産性が低いことによると考えていたからである。そのため、コンビニエンス業態を導入することで生産性を上げ、きめ細かく顧客のニーズに対応することで大型店と競合することなく経営ができると考えたのである。

フランチャイズ方式とは、独立開業したいと考えるオーナーが加盟金と月々ロイヤリティを本部に払うことで、開業のサポートや本部が扱う新商品を店舗におけるなど、店舗運営のサポートをもらう方式である。加盟店の役割は従業員の採用や教育などの人のマネジメント、発注や販売促進などの商品のマネジメント、そして売上げや経営管理などの経営数値のマネジメントになる。一方、本部の役割は加盟店のオーナーの経営相談サービス、商品開発や商品情報サービス、広告宣伝活動や販売宣伝活動などになる。オーナーが土地と建物を自分で用意するケースもあれば、土地と建物を借りて開業するケースもある。例えばセブンイレブンのオーナーになれば、自分の店の宣伝を行う必要はほとんどなくなる。またセブンイレブンが独自で取り扱う商品を店舗に置くことができ、経営ノウハウを教わることが可能になる。一方、本部にとっては、その対価としてロイヤリティが支払われるだけでなく、少ない資金で新規店舗を開業することが可能になる。

一般に、本部へのロイヤリティは、実際に売れた金額ではなく、店の卸した商品によって定まる。つまり、その商品が売れても売れなくとも、店舗が仕入れた商品に基づいて加盟店は本部にロイヤリティを払うことになる。それゆえ、多く商品を卸してもらう方が本部としては利益が上がることになる。一方で加盟店は、より多く仕入れて、それをより無駄なく売ることで利益が上がる。本部からすれば店舗数が増えることで、扱う商品量も増え、その分取引相手との価格交渉がやりやすくなる。セブンイレブンはこのフランチャイズ方式を用いて、全国に店舗を急速に広げていく。

> ●立ち止まって考えよう
> ▶ セブンイレブンのビジネスシステムはどのようなものでしょうか。ビジネスシステム設計の3つの点から考えてみましょう。

1 ビジネスシステム

1 ビジネスシステムとは何か

この章で紹介するビジネスシステムとは、**顧客**に**価値**を提供するための仕組みのことを指す。そのため、ビジネスシステムに基づく価値は、顧客に提供するための価値が優れているだけでなく、それを生み出す事業の仕組みやシステムが優れていること、つまり、特徴的な事業の仕組みやシステムによって顧客に価値を提供し、利益を生み出しているのである。

このように考えるビジネスシステムによる事業戦略は、経営戦略において2つの特徴を持つ。1つは、企業組織を1つの戦略主体としてとらえるのではなく、1つの事業を戦略主体としてとらえている点である。つまり事業単位で戦略を考えていく点に1つの特徴がある。もう1つの特徴は、1つの経営組織だけで完結する戦略ではないことである。ビジネスシステムはいくつかの他の組織との関係性の中から価値を生み出す。つまりビジネスシステムすべてを1つの会社でまかなうというわけではなく、複数の他の組織との関係を通して価値を生むと考える点にもう1つの特徴がある。

例えば、インターネットでのフリマ通販アプリであるメルカリは、利用者が自分でインターネット上に出品して、その売買が成立したときの手数料で利益を生んでいる。もちろんこのサービスも現在のモノあまりの時代にマッチしたゆえに利益を上げているサービスであるのは間違いない。しかし、このメルカリのサービスは自社だけで提供可能なわけではない。メルカリのサービスが価値を生んでいる背後には、宅配便などの販売するモノを配送する仕組みの確立や窓口となるコンビニエンスストアの存在、スマートフォンなどによる電子決済の仕組みがある。これらの仕組みがあってはじめてメルカリのサービスの提供が可能になっているのである。

2 仕組みによる差別化

このようなビジネスシステムによる価値創造は、製品やサービスそのものによる価値創造とは異なる側面を持つ。製品やサービスによる価値創造では、その価値の源泉はその製品やサービスに見える形で現れる。つまり、他の製品やサービスと差別化をすることによってその価値を生み出す。例えば、お湯を入れれば3分間でラーメンが食べられるカップラーメンは、お湯さえあれば3分で食事ができるという点で優れた価値を顧客に提供しているが、その製法や材料を手に入れることができれば、比較的簡単に真似をすることができる。もちろん、現実には特許を取得することによって、簡単に真似することはできないようにはなっているが、類似の価値を提供するサービスや製品（短時間でお湯だけで温かいラーメンを提供する商品）をつくることは可能になる。事実、現在スーパーマーケットやコンビニエンスストアには、多くの会社によるカップラーメンが販売されている。こうして、製品やサービスによる競争優位は、たとえ新しいものを生み出したとしてもすぐに模倣が行われ、その競争優位は常に脅かされることになる。

図表 5-1　ビジネスシステム戦略

	製品あるいはサービスの差別化	ビジネスシステムの差別化
方法	製品あるいはサービスの差別化（製品・サービスに違いを見出す）	ビジネスシステムの差別化（事業の仕組みを通じて違いを生み出す）
特徴	目立つ、わかりやすい 華々しい成功 模倣しやすい、持続期間が短い	目立たない、わかりにくい 目立たない成功 模倣しにくい、持続する

（加護野・井上 2004, p.5）

一方で、ビジネスシステムによる競争優位は比較的持続する競争優位である。その理由は、ビジネスシステムは仕組みによる差別化であるために、真似されにくいからである。真似されにくい理由はその差別化を生み出している点がわかりにくいこと、もう１つは差別化を構築することが時間的にも費用的にも簡単ではないことにある。このようにビジネスシステムによる競争優位は真似されにくいため、長期にわたり市場における競争優位を保つことができるのである。

パナソニックは、松下電器時代、「マネした電器」と揶揄されたように、徹底的な二番手戦略で利益を上げていた。この時代、ユニークな製品を生み出していたのはソニーであるが、ソニーが新製品を出すと松下電器はそれと同じような機能を持つ製品をすぐに追随して市場に投入し、利益を上げていた。しかし松下電器はただ似たような家電を開発していたから利益を上げていたわけではない。松下電器は当時、日本中にナショナルショップと呼ばれる販売網を張りめぐらせていた。現在のような大型家電やネット販売などがない時代、家電はいわゆる「街の電気屋さん」に注文し、購入するのが普通であった。つまり現在のアマゾンのような圧倒的な販売力という仕組みを持っていたのである。またそれまでに築かれたナショナルブランドの力、高い生産力を持つことも、同質の製品であればナショナル製品を買うというように、顧客に製品が選ばれていた理由である。それゆえにリスクをとって新しい製品をつくらずとも、他社が生み出した新しい機能や価値を持つ家電と同等のものを二番手として生産し、販売することで十分に利益を上げることができたのである。このような販売網を構築することやブランド力をつくることとは一朝一夕にできることではない。こうして松下電器は長い間、日本の家電市場で大きな位置を占めることができたのである。

2 ビジネスシステムの設計

1 ビジネスシステムの設計の３つのステップ

ではこのようなビジネスシステムはどのように設計することができるのだろうか。まずそのためにはビジネスシステムが何を誰にどのように価値を提供するのかについて明確にしなくてはいけない。これを**事業コンセプト**と呼ぶ。この事業コンセプトには表と裏の面がある。表の側面は、**顧客への価値**であり、私たちが外から見ることができる部分である。裏の側面はこの**価値を提供する仕組み**である。裏の側面は通常私たちは見ることができない。別の言い方をすれば、表の側面はどのような顧客に（誰に）どのような価値を（何を）提供するのか、そして裏の側面はそのために事業のオペレーションの工夫をいかに行うのかということである。これらがビジネスシステムの設計思想になる。このうち表の側面は、まさにビジネスの根幹になる部分である。しかし、たとえ表の側面（誰に何を売るのか）がうまく構想できたとしても、裏の側面が伴わなければ、その提供する価値は半減するか、あるいは他社に容易に真似されてしまう。ビジネスシステムがわかりにくく、真似されないことの理由はこの裏の側面にこそある。

このようなビジネスシステムをどのように設計していくのか。特に、裏の仕組みの側面をどのように考えて設計していけばよいのか。このビジネスシステムの設計のためには３つのステップがある。それらは、①誰と価値創造をするかを認識すること、②価値の創造と獲得、分配のパターンを決めること、③自社の担当範囲を決め、他社との関係性を築き上げること、である（加護野・井上 2004）。仕組みによる価値を１つの組織でまかなっていくことは難しい。特に新しいビジネスシステムを構築するうえでは、自社がこれまでに培ったもので構築できない可能性が高い。そのため、他の組織との連携が肝心になる。別の言い方をすれば、価値創造において自分の組織の事業の幅や深さとそれを補完してくれるステークホルダーを決めるということである。

2 誰と価値を創造するか

まず第1のステップは、どのようなステークホルダーとともに価値を創造するのがよいのかを考えることである。例えば、インターネット上で通販のショッピングモールを形成している楽天市場は、通販でものを購入したいと考えている消費者にさまざまな商品の通販の窓口を提供している。消費者はインターネット上にさまざまにある店舗を自分で探して購入する必要はなく、楽天市場に行き、検索をすれば楽天市場にあるその商品を取り扱っている店舗を見つけることができる。ただ楽天市場は自社ですべての商品を扱っているわけではない。楽天市場がまかなっているのは、ショッピングモールの部分、つまりは箱の部分だけである。そして、さまざまな業者が楽天の（インターネット上の）ショッピングモールに店を開き、商売を行う。楽天は商品の販売代金によって利益を上げているのではなく、その出店したい店から出店料をもらうことで利益を上げているのである。アマゾンが書籍をはじめ取り扱う商品の多くを自社で用意し、その売上げで利益を上げるのに対し、楽天市場は出店する店と連携することによって、通販のショッピングモールとして価値を創造し、通販で簡単に買い物がしたいという顧客に価値を提供しているのである。

3 価値の創造と獲得、分配のパターンは何か

第2のステップでは、そこで創造された価値によって得られた利益をいかに分配するか、ビジネスシステムを設計する側から考えれば、より多くその利益を得るにはどうしたらよいかということである。これには2つの考え方がある。1つはビジネスシステム内での自分の利益の取り分を多くすることである。もう1つの考え方は、ビジネスシステム全体で得られる利益そのものを大きくすることである。前者がパイの分け前を増やすことに対して、後者はパイそのものを大きくすることになる。楽天市場では、出店料で利益を上げることが自社の利益になることから、前者の立場からいえば、出店したい店から出店料そのものを多くとるということ、あるいは各店舗の売上げから一定のマージンをとることが考えられる。しかしそれでは出店する店が減少する可能性もある。そうなれば訪れる消費者も減り、それは出店する側にとっても出店のメリットがさらに減ってしまう。一方で、安易に出店する店舗を増やし、パイそのものを大きくし、ビジネスシステム全体で得られる利益を大きくすることは悪質な店舗が入居する可能性もあり、楽天市場全体の信頼性を損ねる可能性がある。楽天は、出店の審査をきっちり行ったうえで良質の店舗の出店数を増やすことでパイを大きくし、楽天市場そのものの価値を上げ、利益を上げている。

4 自社の担当範囲を決め、いかに他社との関係性を築き上げるか

最後のステップは、ビジネスシステムにおいていかに他社との関係性を築き上げるかである。その際には自社の担当範囲を定める必要がある。楽天でいえば、出店するのはあくまで提携する小売業者であり、楽天は出店しないという範囲を定めている。他社との関係性を構築できなければ、顧客にとって有意義な価値を創造・提供できたとしてもそれが長続きしないものになってしまう。ビジネスシステムに参加するメンバーすべてにとってよりよい形でなければ、長続きはしない。楽天市場では、出店者がより利益を上げられるように、出店のアドバイスやコンサルタントを行っている。これによって、インターネット上で出店した経験が少ない小売業者も悩む必要がなく楽天市場で出店しようと考えるようになり、また思ったように売上げが上がらないときにはアドバイスを得ることができる。また、楽天市場としても、悪質な業者や冴えない店舗を未然に防ぐことができ、楽天市場全体の価値向上を維持することができるようになる。このような方法をとりながら、出店者とよい関係を維持していることで、継続的な価値創造が可能になるのである。

3 ビジネスシステムの基本原理

事業コンセプトを考えるうえでは、ビジネスシステムによってどのように価値を生み出すのか、すなわち利益を生み出すのかという点について考える必要がある。ビジネスシステムによる価値創造はさまざまな形でなされるが、その基本原理は大きく3つある。それらは規模の経済、範囲の経済、そして速度の経済である。ビジネスシステムではこれらの基本原理を組み合わせて生かすことによって価値を創出している。

1 規模の経済

規模の経済とは、規模を拡大することによって価値を大きくするという考え方である。製品や商品をつくるには材料が必要であり、それを加工するための機械や道具が必要であり、それを置いておく工場や場所が必要になる。また製造・販売するには人件費や店舗も必要になる。これらはコストとして製品や商品に織り込まれ、製品や商品の売上げからこのコストを差し引いたものが利益となる。このようなコストは、必ずしも製品や商品の規模が拡大すればそれに比例して大きくなるわけではない。例えば、製品を加工する機械は、数十個つくる場合でも数千個つくる場合でも1つの機械でまかなえるかもしれない。1個あたりのコストを考えれば、数千個つくる場合は、数十個つくる場合のおよそ100分の1で済むのである。材料は、一見製品や商品の生産量と比例的に増加するように思われるが、大量に仕入れることによって1個あたりの価格を抑えることができるかもしれない。また店舗や工場であれば、そこで多く販売・製造しようと少なく販売・製造しようとかかるコストは同じであり、販売・製造量が多ければ多いほどその1個あたりにかかるコストは減少していく。これが規模の経済の考え方であり、製品やサービスの規模が大きくなれば大きくなるほど1単位あたりの利益が大きくなっていく。100円ショップでは「こんなものが100円で！」と驚くことがあるが、100円ショップでは、売れ筋商品といった品揃えなどをそれほど気にしなくてよいために、大量に購入することが可能である。そのうえで価格交渉を行うことによって、製造者とともに利益が出る形になるために、価値の高い100円の品物を販売することができるのである。ただし、規模を大きくすればそれでよいというわけではない。規模を大きくしても増産した商品が売れなければ売上げあるいは利益にはつながらない。十分な需要がある中で、はじめて規模の経済は利益を生むのである。

2 範囲の経済

範囲の経済は、1つの資源をより多くの範囲で活用することによって価値を大きくするという考え方である。つまりは自組織で持っている資源を使い回すことによる経済性のことである。ただし使うことでその資源がどんどん減っていってしまうものであれば、範囲の経済は働かない。製造業であれば共通部品をつくることや、応用できる技術、ノウハウなどが範囲の経済で用いられる資源である。また、これ以外にもブランドや顧客情報といったものも範囲の経済に使える資源である。

例えば、アマゾンは当初は書籍をネット販売するサービスを展開していたが、近年では書籍に限らず、食品や家電、日用品、衣料など広範囲にそのサービスを拡大している。ここで利用されるアマゾンの資源の1つは、ネット上で欲しいものを検索し、クリックだけで購入し配送されるウェブ上のシステムと、ロジスティックスの仕組みである。これは何も書籍だけしか活用できないわけではない。在庫を持つ場所や情報の処理能力さえあれば、さまざまな商品にそのまま使えるものである。同じサイトから書籍もそれ以外のものも注文できることは、購買者からすれば利点になる。また、アマゾンというブランドが確立され、信頼されているからこそ、書籍以外でも購入者はアマゾンを通じて購入をしようと試みる。このブランド力も使い回されている資源である。ただ範囲の経済の難しさは、自分たちのすでに持っている資源をどれくらいの範囲の製品やサービスに利用できるかを見極める必要があることである。また単純に利用すればよいだけでなく、利用するための工夫も必要になる。

3 速度の経済

速度の経済とは、スピードを上げることによって得られる経済的便益のことである。例えば、仕事のスピード、情報獲得のスピード、製品開発のスピード、商品回転のスピードなど、スピードを上げることによって得られる便益は少なくない。アマゾンや楽天などのネット通販においては、注文した商品が1日でも早く届くことが消費者に対して大きなセールスポイントになる。スターバックスコーヒーでも、本格的なエスプレッソコーヒーが手軽に早く買うことができるという点は大きな訴求ポイントである。たとえ本格的なエスプレッソであっても、購入するのに10分以上かかるようでは、朝、急いでいるときに駅などで購入する人はほとんどいないだろう。ハンバーガーなどのファストフードは、徹底したマニュアル化によって、すぐに料理を出すことを可能にし、客の回転率を上げている。昼どきなど、客が2回転するのか3回転するのかによって売上げが大きく異なるのは自明である。

製品開発においてもスピードは多くの便益をもたらす。アパレルなど環境の変化が早い産業においては、今流行っているものを製品にし、すぐに店頭に並べることが重要になる。流行が収束し始めたときに店頭に並べても売上げは上がらない。また、それによって在庫を抱えることになれば、さらなるコストがかかる。ただ、このようなスピードの後ろ側には質を維持しながら、ということが必要である。スピードがあっても、商品の不良率が高かったり、料理であれば質が低下するようなことがあったりすれば、スピードを上げた便益を上回る損失をもたらしてしまうことがあるかもしれない。優れたビジネスシステムにおいては、単にスピードを上げることだけではなく、質を落とさずにスピードを上げていくことを可能にし、それによって便益を得ることになる。

4 ビジネスシステムのダイナミクス

この章で紹介してきたいくつかのビジネスシステムも最初から現在のビジネスシステムがきちんとできあがっていたわけではない。むしろビジネスシステムは常に試行錯誤しながら変化していくものである。その理由は、実践しながらわかる知識やノウハウがあり、それがビジネスシステムに重要な点だからである。大まかなシステムの設計は事前にできたとしても、それを支える細かな部分は実践してはじめてわかってくることが少なくない。楽天市

コラム ゴールドラッシュ

19世紀の中頃、カリフォルニア州のサクラメントで金が見つかったと発表されたことを契機に一攫千金を求めて、カリフォルニアに多くの人が集まって金の争奪戦が始まった。当時2万人に満たなかったサクラメントの人口は、1860年には40万人近くへと膨れ上がっていく。ただ、金を掘り当てて大金持ちになった人はそれほどおらず、ほとんどの人は何も得られないか、損失を出して終わっていた。

実は、本当にゴールドラッシュで儲けた人は金を掘りに行った人ではなかった。まず儲けたのは採掘者にスコップを売った商人、あるいは宿を提供した人など採掘者をサポートした人たちであった。そしてその中からさらに儲け、現在まで名が知られる人も出てくる。1人はリーバイス・ストラウスである。彼は採掘者のためにキャンバス地で丈夫なワークパンツを生産・販売して大儲けをした。後に生地をデニムに変え、ジーンズを生産・販売し、今でもその名のついたジーンズが売られている。もう1人はリーランド・スタンフォード。彼は採掘者のための雑貨商を営み、そこで財をなした後、大陸横断鉄道の1つであるセントラル・パシフィック鉄道を設立し大成功を収める。彼は、44歳のときに息子を亡くし、一人息子の名前を残すために大学を設立する。それが現在のリーランド・ジュニア・スタンフォード大学、通称スタンフォード大学である。経営の成功の秘訣は数多くあるが、ゴールドラッシュのときに金の採掘でないところで儲けるという、ほんの少し人と違う視点を持つことも大事な秘訣であろう。

場であれば、各店舗にコンサルタントをするにしても、どのような店舗の見せ方が購買意欲を沸かせるのか、ポイント還元のタイミングはどの程度がよいのか、このような感覚的なことはやってみて経験からわかることであり、このような蓄積があるからこそ適切なアドバイスができ、そのことはなかなか同業他社に真似されにくいのである。

ただし、ビジネスシステムを変えていくということはそう簡単なことではない。始まった当初の試行錯誤の時期であれば別だが、ある程度ビジネスシステムが軌道に乗った後にビジネスシステムの変革やシステムの組み替えをすることは簡単なことではない。その難しさの理由は、業務を遂行しながら変革をしなくてはいけないこと、ビジネスシステムがシステムであること、ビジネスシステムを一緒に価値創造する仲間がいること、既存のビジネスシステムにも顧客がいること、人々のものの考え方や活動が固定化・惰性化してしまうこと、である。

まず、ある程度ビジネスシステムが軌道に乗った後であれば、突然そのビジネスシステムをやめるわけにはいかない。既存のビジネスシステムを動かしながら変革していくこと、修正していくことは制約が多く難しくなる。また、システムであるがゆえに、つまりシステムは全体として合理的に設計されているため、一部を変えたことで全体をおかしな方向にしてしまうことがある。さらには、既存のビジネスシステムを変更する際に、顧客や、一緒に価値を創造する仲間をも変更する必要が出てくるかもしれない。しかし、それら既存の顧客や同じシステムを動かしてきた仲間を新しいシステムから外すことは簡単なことではない。また、既存のビジネスシステムにも顧客がいることも変革を難しくさせる。企業とすれば、ビジネスシステムを変革する必要があっても、顧客がいれば簡単にサービスをやめることはできない。また安易にやめることは企業への信頼を低下させてしまうかもしれない。このような理由から、ビジネスシステムの変革は難しい。

◆ Story 3. ドミナント戦略

フランチャイズ方式を導入したコンビニエンスストア業界は、日本の中で急速に店舗数を増やしていく（図参照）。

その中でセブンイレブンはローソンやファミリーマートと異なる、**ドミナント戦略**という出店戦略を積極的に用いている。ドミナント戦略とは、特定地域に店舗を大量出店し、その地域において高いシェアをねらう出店戦略である。駅の北側にも南側にもセブンイレブンがあるというのを目にしたことがある人もいるだろう。このドミナント戦略もセブンイレブンのビジネスシステムの一翼を担っている。ドミナント戦略のメリットは、お店の認知度と来店頻度が向上することである。近いエリアにセブンイレブンが何軒もあることで、必要なときにセブンイレブンを思いつき、来店につながるのである。具体的にはある地域の店舗のシェアが３割から４割を超えると、各店の平均売上高が大幅に伸びることが経験からいわれている。

ドミナント戦略は、売上げだけに貢献するわけではない。本部にとっても、近隣に店舗があることは商品配送上の無駄が省ける点でメリットがある。コンビニエンスストアは店舗の面積が狭いため、在庫を保管しておくための設備を大きくすることができない。そのため、コンビニの商品配送は必然的に多頻度小口配送

図　コンビニエンスストア店舗数

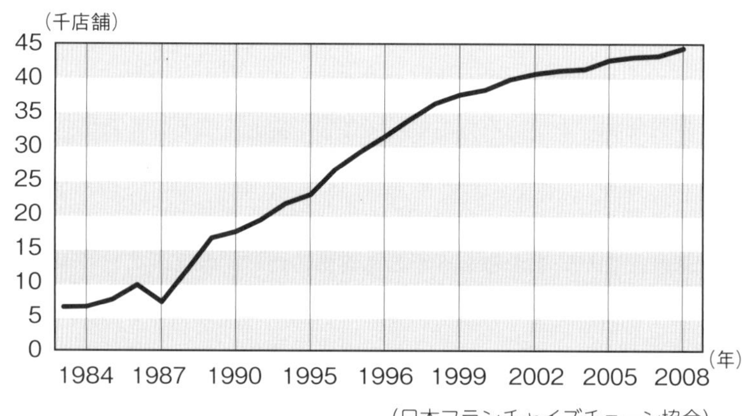

（日本フランチャイズチェーン協会）

になる。しかし多頻度小口配送は手間やコストがかかるため、できるだけ同じエリアに店舗があった方が、効率がよくなることは間違いない。店舗間が離れていれば、その分トラックなどの輸送コストもかかり、時間的なロスが多くなるからである。結果として、セブンイレブンは特定の地域にはあるが、ある地域には1店舗もないということが起こっていたのである。

◆ Story 4．変革に直面するセブンイレブン

フランチャイズ方式やドミナント戦略といったビジネスシステムで成功を収めてきたセブンイレブンであるが、このビジネスシステムも環境の変化によって変革を求められている。そしてその理由もこのビジネスシステムにある。フランチャイズ方式において、本部であるセブン - イレブン・ジャパンは各加盟店からのロイヤリティを得ることで利益を得ている。また、フランチャイズ店であるために、このロイヤリティとともに多くの制約を加盟店に課している。その典型的な制約が24時間営業を行うことであった。近年の働き手不足は、コンビニ業界にも顕著に影響を与えている。特に肉体的にきつい深夜勤務を担当するアルバイトを見つけることは決して楽ではない。そのため深夜勤務のアルバイトには高額のアルバイト料を出すことになり、そのことが加盟店に人件費の影響を与えている。またアルバイトを雇うことができなければ、オーナー自らが働かなければならず、オーナーは肉体的に大きな負担を背負うことになる。

そのため、オーナーたちは24時間営業そのものを制約から外すことを求め始めている。加盟店の利益は、仕入れた商品量に基づくロイヤリティを支払った後に、商品の売上げから人件費や光熱費などの経費を差し引いたものである。地域によっては深夜に訪れる客は少なく、日中よりも高い人件費や光熱費を差し引くと赤字が出ることも少なくない。そうであれば営業をしない方が店舗としては利益を生むことができる。しかし、そのために商品を卸す量が減れば、本部のロイヤリティは減ってしまう。ロイヤリティが卸した商品量に基づくために、本部には、加盟店により多く商品を仕入れさせようと加盟店の売上げ目標を高めに設定させる誘引が働くのである。このことは、本部と加盟店の間のフランチャイズ方式のあり方に影響を与えるであろう。また、日本各地にコンビニエンスストアが置かれてきたことから、ドミナント戦略を引き続きとっていくことも難しくなってきている。セブンイレブンをはじめコンビニ業界のビジネスシステムも変革が求められつつある。

●立ち止まって考えよう

- ▶ セブンイレブンのビジネスシステムの強みはどこにあるでしょうか？
- ▶ あなたがセブンイレブンの出店をするとしたら、どのように出店計画を立て、コンビニエンス事業を拡大させていくでしょうか？

他社にはない価値を提供するビジネスシステムを創造することは、企業にとって大きな強みとなる。しかし、その設計のためには他の組織などとの連携が必要であり、自分たちだけ利益を享受できるような仕組みは長続きしない。しかしうまく設計ができればビジネスシステムによる差別化は他社に真似しづらく、製品やサービスの差別化に比べて永続的な利益をもたらすことになる。また、このようなビジネスシステムの背後には主に規模の経済、範囲の経済、速度の経済の３つの論理が働いている。もちろんビジネスシステムもいつかは変革が求められる。ただしその変革はシステムであるがゆえに難しい側面も多い。

ステップアップのための本

加護野忠男・井上達彦『事業システム戦略―事業の仕組みと競争優位』有斐閣、2004年

ビジネスシステムについて、その考え方だけでなく、どのようにビジネスシステムを考えていくべきかなども書かれたビジネスシステムに関する実践的な教科書。

●振り返って考えよう

- ▶「はじめに考えてみよう」の３つの問いに、自分の言葉で答えて下さい。
- ▶ あなたがこの章で学んだことを、３つ答えて下さい。

●話し合ってみよう／調べてみよう

1 経営戦略としてのビジネスシステムの長所は、戦わずして勝つことができることです。戦わずして勝つことはなぜ企業組織にとって意味があるのでしょうか？議論してみましょう。

2 ビジネスシステムで成功している事例を１つ探し、そのビジネスシステムを、事業コンセプトの３つの要素から分析して下さい。

日本の有名企業の創業当初の写真を探してみよう、ゆかりの地を訪れてみよう ❶

どんなに大きくなった企業も、そのほとんどはごく小さな規模から始まった。ここに紹介する企業以外についても、創業当初の写真をウェブ上で探してみたり、ゆかりの地（聖地？）を訪れたりしてみよう。

●本田技研工業

（写真提供：本田技研工業株式会社）

従業員 34 人、資本金 100 万円。浜松の小さな町工場で自転車用補助エンジンの製造からスタートした。

●トヨタ自動車

（写真提供：トヨタ自動車）

豊田自動織機製作所が本格的な自動車量産のために、1936 年に自動車組立工場を建設した（刈谷組立工場）。

●パナソニック

（https://www.panasonic.com/jp/corporate/history/chronicle.html）

松下幸之助が、大阪市福島区大開町で松下電気器具製作所を創立した。第 2 次本店あとが公園（大開公園）となっており、記念碑が建てられている。

●ヤマトホールディングス

（https://www.yamato-hd.co.jp/100th-anniversary/history/）

1919 年、従業員 15 名、車両 4 台をもって大和運輸株式会社として東京・銀座に創業。まだ牛馬車と荷車が行き交っていた時代にトラック運送業に乗り出した。

6章 ビジネスを組み合わせる 全社戦略

●この章のねらい

多角化の動機および基準を理解し、複数の事業を分析しまとめる管理手法を理解する。さらに、既存の主要事業の成熟や衰退からの脱却のための戦略のあり方について理解する。

事業の関係の全社レベルでのとらえ方

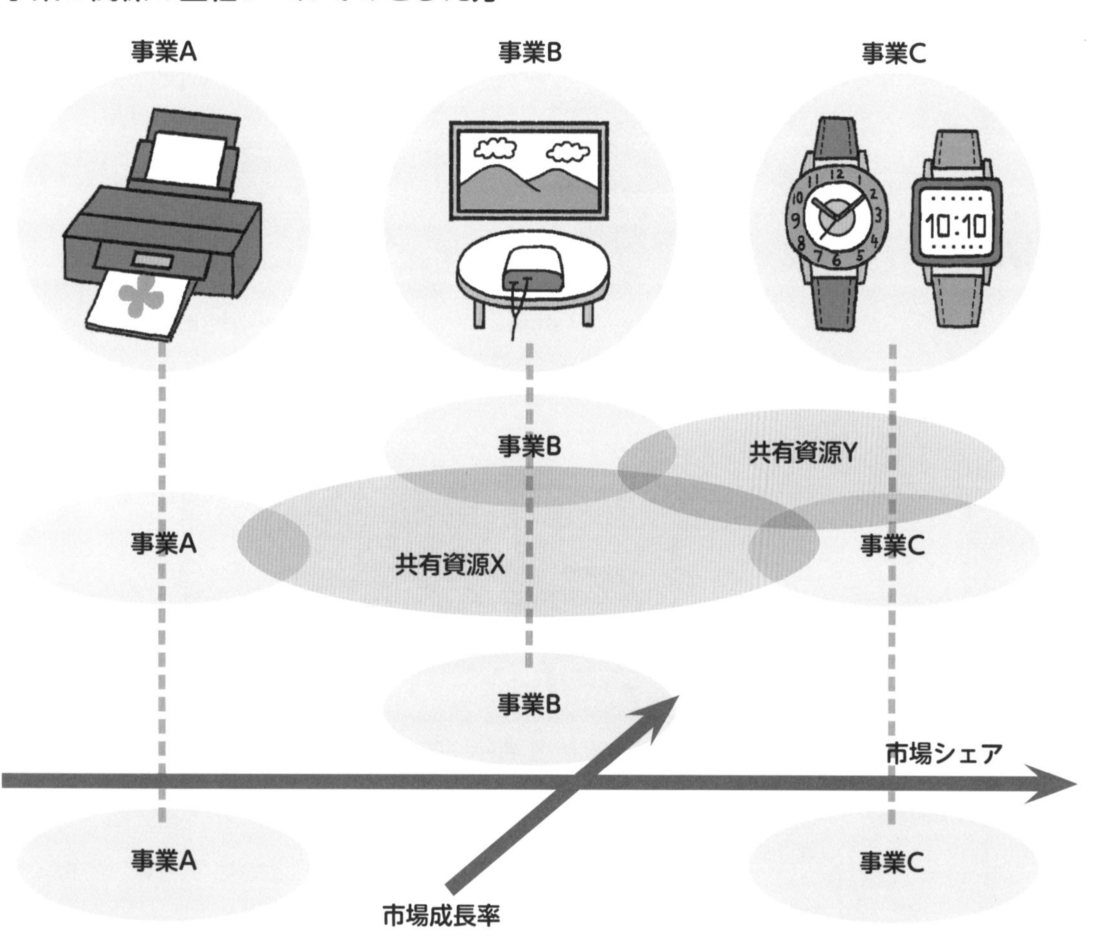

どのような事業を生き残るための土俵とし、事業を展開していくのか、事業の組み合わせをどのように行うのか、事業の獲得や配分をどのように行うのかといった指針を与える戦略を全社戦略という。事業や事業間の関係をさまざまにとらえることで、全社レベルの戦略策定が可能になる。

範囲の経済とシナジー

共有資源をどのように活用できるか

事業や事業間関係のさまざまなとらえ方

事業ポートフォリオ

事業をどのように組み合わせ、育てていくか

●はじめに考えてみよう

- ▶ 多くの企業は複数の事業を持っている。なぜでしょうか？
- ▶ １つの事業から複数の事業に展開するためには、何が重要でしょうか？
- ▶ 複数事業を寄せ集めにしないためには、何が必要でしょうか？

事業の関係の全社レベルでのとらえ方（つづき）

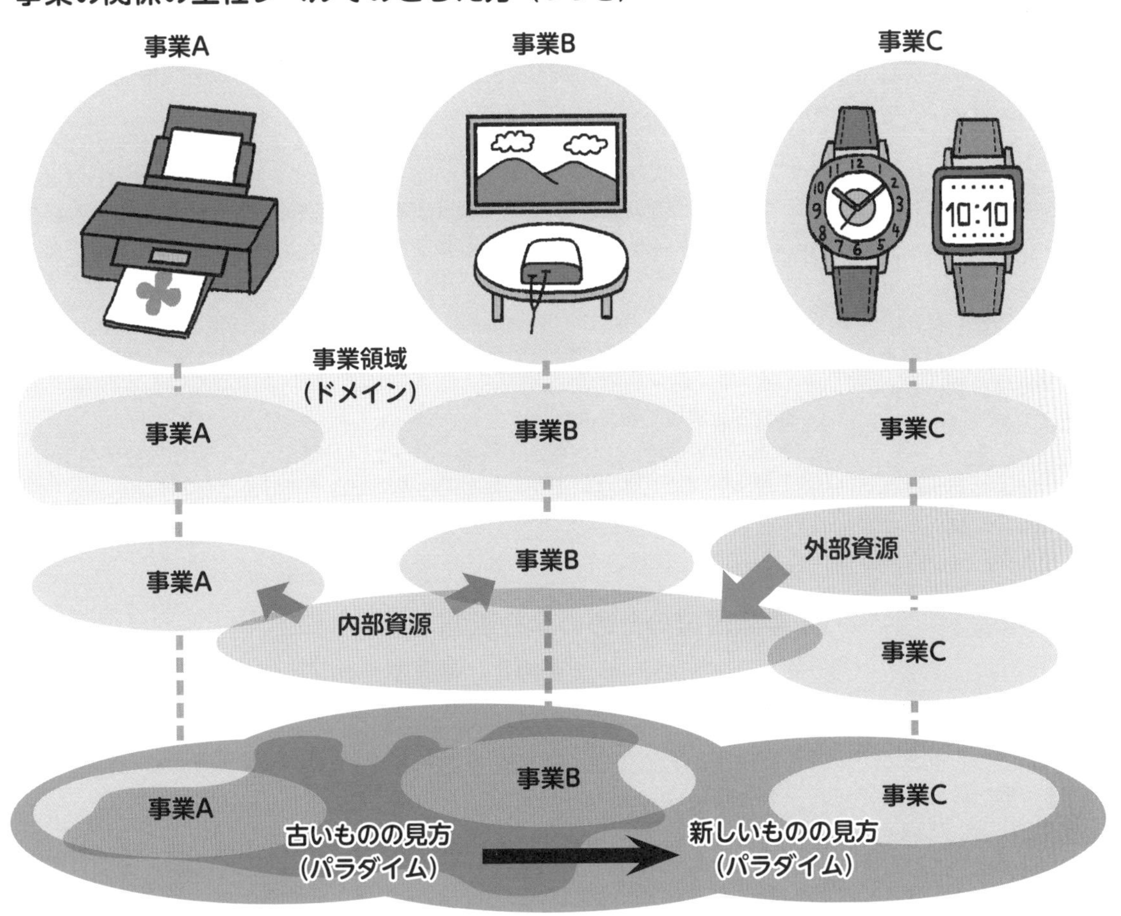

事業や事業間関係のさまざまなとらえ方

事業領域（ドメイン）

複数の事業をどうまとめ、
１つの領域として定義するか

資源調達

内部で育成するか、
外部から調達するか

パラダイムの変革

事業の展開に見合った
新しいものの見方や考え方を
どう確立するか

競争戦略やビジネスシステムは、その製品やサービス市場をどのように分析し、その中での立ち位置をどのように決め、どのような仕組みを構築して生き残るのかの指針を与えてくれる。しかしそもそもその市場で事業を継続すべきなのか、退出すべきなのか、あるいは他の事業にも進出すべきなのか、といった指針を示してくれるわけではない。

どのような事業を、生き残るための土俵とし、事業を展開していくのか、事業の組み合わせをどのように行うのか、事業の獲得や配分をどのように行うのかといった指針を与える戦略を全社戦略という。本章では全社戦略の要点について述べていく。

ケース　味の素の事業展開

◆ Story 1．うまみ調味料からの多角化

味の素株式会社の歴史は、1908（明治 41）年、池田菊苗東大教授が、昆布のうまみ成分の研究を通じて発明したグルタミン酸ソーダを、鈴木三郎助が翌年商業生産したことに始まる。このうまみ調味料製品が、「味の素」である。味の素の多角化は、グルタミンソーダ製造の技術革新がきっかけであった。当初「味の素」は、小麦粉や脱脂大豆を強酸によって加水分解することで製造していた。しかし、後発の協和発酵工業がでんぷんやサトウキビなどの糖分を醗酵させる製法を開発し、科学的な合成による製法とともに加水分解法に取って代わった。これにより、加水分解法を前提とした「味の素」とその関連製品（植物油、でんぷんなどの）加工・販売の各事業の結びつきが弱くなり、事業構成の見直しの必要性が出てきた。例えば油を絞ってできた脱脂大豆は味の素の原料としてではなく、家畜飼料としての製品化を目指すなどの取り組みが必要となったのである。

多角化の第 1 の方向性は、加工食品であった。1960 年代から 70 年代にかけて、粉末スープ、コーンフレーク、マヨネーズ、マーガリンおよびドレッシング、インスタントコーヒー、ヨーグルトなどの要冷蔵食品への進出が行われた。

第 2 の方向性として、合成法・醗酵法を基礎として、グルタミン酸以外のさまざまなアミノ酸の製造技術を活用し、化成品（工業原料となる化学合成品）、医薬品、飼料、甘味料などへの事業展開が行われた。

味の素の革新的な技術とそれを基礎とした製品としては以下のようなものがある。分娩直後で飼料の摂取が難しい乳牛に、不足しがちなアミノ酸（リジン）を確実に小腸で吸収させることのできる製剤（AjiPro-L）。コンソメのキューブ製造技術を生かしたもので、液体スープやボトル濃縮タイプに代わり、風味や後味までよく、さまざまな原料を 1 つにまとめて、すばやく均一に溶ける鍋の素（鍋キューブ）。アミノ酸の分析技術を生かし、血中のアミノ酸濃度のバランスを見ることで健康状態やがんを含めた病気のリスクを解析するサービスであるアミノインデックス。アミノ酸についてのノウハウを応用した樹脂についての基礎研究を半導体用の絶縁フィルムに展開し、全世界の主要なパソコンのほぼ 100%のシェアに達する味の素ビルドアップフィルム、などである。

現在の味の素グループは食品事業とアミノサイエンス事業（医薬品などのヘルスケア事業と、家畜用飼料・製剤や化成品などのライフサポート事業からなる）の 2 つを柱としている。2018 年の売上高ベースで見ると、食品事業の比率は 76%で、国内用製品が 33%、海外用製品はそれよりも多く 43%を占める。アミノサイエンス事業全体では 22%で、ヘルスケア事業が 12%、ライフサポート事業が 10%を占めている。

●立ち止まって考えよう

▶ 味の素の多角化は、個別の製品・サービス分野ごとに、範囲の経済やシナジーをどのように生かしたものと整理できるでしょうか？

1 事業展開のための全社戦略
——多角化、事業ポートフォリオ、およびドメイン

1 多角化の動機

企業が単一の事業から複数の事業へ、またはより多くの事業へ拡大していくことを**多角化**という。単一の製品やサービスで企業がいつまでも事業を継続できるのであれば、多角化は必要がないということになる。しかし、あらゆる製品やサービスには、生き物のように寿命がある。トイレット

ペーパーが最初に使われたのは6世紀の中国においてだという（Hiskey 2011）。すなわちモノとして1300年以上の寿命を有していることになるし、今後もまだかなりの間生き延びるだろう。他方で、1990年代に登場した音楽再生媒体であるコンパクトディスク（CD）は、1998年には3億300万枚程度を売るピークを示したものの、その後の20年間で売上げ枚数は約半分まで減少した。オンラインの音楽配信サービスの提供に取って代わられたCD販売は、遠くないうちにその使命をほぼ終えるだろう。

寿命の長短はあるものの、あらゆる製品やサービスは、新規市場が立ち上がった段階（**導入期**）から、それが成長する段階（**成長期**）、成熟する段階（**成熟期**）を経て、やがて衰退していく（**衰退期**）という過程を経る。このような過程を**プロダクト・ライフサイクル**という。事業の多角化の主要な動機の第1は、プロダクト・ライフサイクルにある。すなわち、既存事業で販売している製品やサービスが成熟や衰退を迎えたとき、その寿命を延ばす手立てが潰えたときのリスクに備えるために多角化するのである。第2に、多角化は企業成長の手段となるということである。私たちは学び、成長するので、企業で働く人も、企業全体としても、現状維持以上の目標を設定した方が活動にやりがいが生まれる。事業活動をより広く、大きくするということは個人にとっても組織にとってもわかりやすい目標となる。これまでとは異なる顧客に、これまでとは異なる製品やサービスを提供することが、企業の成長という目標達成のための有力な手段となるのである。

2 多角化の基準

それでは、どのような基準で多角化を行うべきなのであろうか。複数事業を営む会社全体として考えた場合の費用（コスト）と効果という視点からは、**範囲の経済とシナジー**と呼ばれる指標がある。範囲の経済とシナジーの見込める多角化ほど成功の可能性が高く、見込めない多角化ほど成功の可能性が低いと考えられる。

範囲の経済については5章でも触れたが、多角化の文脈では、2つ（以上）の会社がそれぞれ別々に事業を営むよりも、1つの会社が2つ（以上）の事業を営む方が、コストが抑えられるという現象を指す。これは主に、事業展開に必要な資源を複数事業で共用できればできるほど、機能の度合いが高くなる。資源としては、生産設備、流通・販売経路のほか、研究開発・生産・販売のノウハウ、ブランドといったものまで含まれる。5章でも例としてあげたアマゾンは、オンラインでの書籍販売を主要ビジネスとしていたが、書籍以外の衣類や家電製品の販売も手がける際、受注や流通の仕組み、販売促進のノウハウなどを基本的に共用できるので、事業立ち上げのコストを抑えることができた。

シナジーは範囲の経済のメカニズムについて、その効果という面を重視した概念ととらえられる。シナジーについても範囲の経済と同様に、生産についてのシナジー、流通・販売経路についてのシナジー、事業運営のノウハウについてのシナジー、ブランドについてのシナジーなどが考えられる。アマゾンがオンライン書籍販売からスタートして、その後衣類や家電製品、さらには生活用品にまで取り扱いを広げていけば、例えば裁縫の教本とミシン、カシミヤのセーターと繊細な衣類用の洗剤といったあわせ買い、ついで買いの組み合わせを飛躍的に増やすことができる。さらに、生活に必要なものはアマゾンで何でも買えるというイメージを与えることで、アマゾンへの顧客忠誠心（ロイヤルティ）を高めることができる。このようにコストよりも効果に目を向けるのがシナジーの考え方である。

3 事業の組み合わせの分析

事業の組み合わせを**事業ポートフォリオ**という。個々の事業を長期的にどのように育てていくのか、場合によっては撤退するのかを判断するための分析ツールとして、ボストン・コンサルティング・グループが開発した**PPM**（Product Portfolio Management）がある。

この枠組みでは、（ライバル会社と比較して）相対的な市場シェアと市場成長率という2つの軸のそれぞれの高低に応じて、事業群が図表6-1のように4分される。

ある企業がプロダクト・ライフサイクルにおける導入期から成長期段階にある市場に属する製品またはサービス事業に参入しようとしているとする。参入後相対的な市場シェアは低いところからスタートすることになるが、市場の今後の成長が見込める事業単位は、**問題児**と呼ばれるカテゴリーに属する。ここでは資金の流出が大きいが流入が小さいため、赤字になるだろう。ただ問題児事業であっても、今後の市場シェアの向上が見込め、市場の成長が継続するならば、資金流入が増大する。そのような事業単位（市場シェアも市場成長率も高い）は、**花形**と呼ばれる。しかし花形事業にも市場成長率が鈍る成熟の段階はやってくる。このカテゴリーの事業を、**金のなる木**という。成熟期事業は、資金の流入が高く見込め、かつ流出が抑えられる。最終的に、市場が成熟しきり衰退してしまうと、4章で述べたところのフォロワー企業が多数存在する状態になり、相対的な市場シェアが低くなる。資金の流出も流入も小さい、**負け犬**と呼ばれる状態になる。

図表6-1 PPMマトリックス

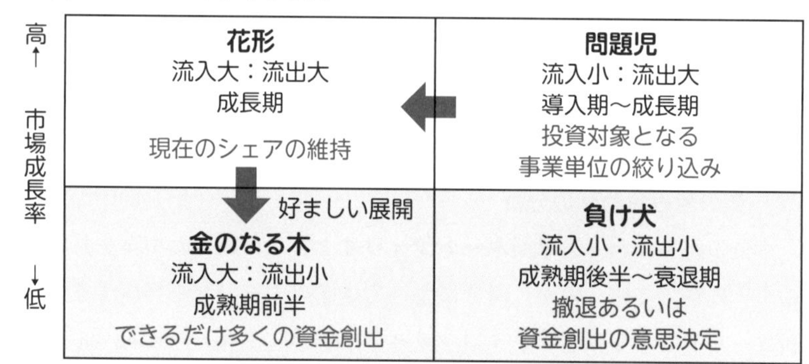

長期的な事業育成の視点としては、まず成長率の高い市場を見極め、問題児として参入することであるが、次に問題児のうちシェアを高められそうな事業単位を絞り込んで資源を投入していく必要がある。投資によって育てられた花形事業に対しては、できるだけ現在のシェアを維持することで、金のなる木事業にしていくことが求められる。金のなる木事業はなるべく資金を生み出し、問題児事業や花形事業への投資ができるようにしなければならない。負け犬事業については、撤退の決定をするか、さらに継続するのであればそのための資源をどのように確保するのかを考える必要がある。PPMを

コラム

成長ベクトル

イゴール・アンゾフは、成長ベクトルという枠組みを示し、そのうちの1つの形として多角化を位置づけた。この枠組みには、成長に活用するニーズ（市場・顧客）が既存のものか、新規に開拓されるものかという軸と、成長に活用する製品やサービスが既存のものか、新規に開発されるものかという軸の2つがある。下表のような4つの成長戦略が示される。ニーズも製品・サービスも既存のものを活用しつつ成長を図ることを市場浸透戦略という。既存の製品・サービスを活用して新たなニーズを開拓するのは市場開発戦略と呼ばれる。新しい製品やサービスを既存の市場や顧客に提供しようとする成長戦略が製品開発である。多角化戦略は、新しい製品やサービスによって新しいニーズに応えることを通じての成長と位置づけられる。

表　成長ベクトルと多角化

ニーズ＼製品	現在	新規
現在	市場浸透	製品開発
新規	市場開発	多角化

（Ansoff 1965=1977, p.137をもとに筆者作成）

もとに個別事業を評価しながら、事業間の投入資源（PPMでは、カネを基本に考える）のバランスを案出していくことが可能になる。

4 事業領域（ドメイン）の設定

PPMは、数値指標をもとに各事業を布置することで、全社的な事業構成を考えるためのツールである。しかし企業が1つの管理のもとにある組織体である以上、全社的にどのような領域で事業を展開しているのかを、数字ではなく言葉で表現する必要がある。このような表現を**事業領域（ドメイン）**という。ドメインがなければ、企業は単なる事業の寄せ集めでしかない。加護野忠男ら（1983）はドメインを、企業の独自の生存領域と定義している。

たとえばエプソンは、同社のウェブページによれば、大きく3つの事業を展開している。その第1は、インクジェットプリンター、スキャナー、オフィス製紙機などの開発、製造、販売を含むプリンティングソリューション事業である。第2には、プロジェクター、スマートグラスなどの開発、製造、販売を含むビジュアルコミュニケーション事業である。第3は、ウォッチ、産業用ロボット、マイクロデバイスなどの開発、製造、販売を含むウエアラブル・産業プロダクツ事業である。これらの事業をあわせて、「省力化、小型化、精密化というエプソンの基幹技術（省・小・精）をもとに価値を生み出し、イノベーションを起こすことで、人やモノと情報がつながる新しい時代を創造する」ことをドメインとしている。

ドメインの設定には、2つの手法がある。その第1は、企業が提供している製品やサービスをもとに設定する方法である。これを**物理的定義**という。第2は、顧客にどのような価値やメリット（機能）を提供するのかをもとに設定する方法である。これを**機能的定義**という。長期的な事業継続のための指針として耐えるのは、機能的定義の方である。すでに紹介したように、あらゆる製品やサービスには寿命があるので、物理的定義に基づくドメインは、主力となる製品やサービスが顧客に受け入れられなくなった時点で共倒れとなってしまい、指針としての用をなさない。たとえ事業が広がったり、入れ替わりがあったりしても、その理由を示すとともに、今後の方向性や指針ともなりうるのが、機能的定義であると考えられる。上に示したエプソンのドメインも、特定の製品やサービスにこだわらず、顧客にどのような価値や機能を提供していくのか、さらには社会をどのようなものにしていくのかまでを示しているという意味で、機能的定義と理解できる。

●立ち止まって考えよう

- ▶ あなたの身の回りにある（あった）製品やサービスで、この章であげているもの以外にプロダクト・ライフサイクルの非常に長い（長かった）もの、きわめて短い（短かった）ものとしてはどのようなものがあげられますか？
- ▶ PPMの枠組みでは、意味のある赤字とない赤字があるといわれる。それぞれどのような赤字でしょうか？

2 多角化のための資源調達

1 内部志向か外部志向か

多角化を行うためには、ヒト・モノ・カネ・情報といった経営資源が追加的に必要となる。この資源を内部で育てることで多角化するのか、外部から調達することで多角化するのかが、1つの戦略的にすべき問題となる。前者を**内部志向の戦略**、後者を**外部志向の戦略**という。

内部志向の経営戦略は、すでに企業内にある経営資源をベースに多角化にとりかかることができるので、その意思決定を円滑に行うことができる。多角化のための共有資源が大幅に活用できるので、一面ではコストを抑える範囲の経済を機能させられるという側面がある。他方で、内部志向の経営戦略のデメリットは、現事業の関連分野に事業領域が限定されやすいということである。また、自前の資源を多角化するに足る量や質となるまで育てるのに、時間がかかるという問題もある。

これに対して外部志向の戦略では、組織外ですでに育っている経営資源を活用できるので、すばやく、現事業からやや離れた事業領域に進出することも可能となるというメリットがある。外から資源を調達するには費用がかかるように見えるが、新規事業化に確実に資するという目が利けば、モノになるかどうかわからない試行錯誤のために内部資源を浪費するよりも、結果的にコストが抑えられる場合もある。

内部志向の戦略から外部志向の戦略に転換した例としては、アップルがあげられる。1995年頃まで、マッキントッシュというパーソナルコンピュータ（パソコン／PC）を中心に事業展開していた頃のアップルは、研究開発や生産設備など、主要な資源を会社内部で所有していた。自社技術、自社生産にこだわりを持っていたのである。そのため製品の独創性は評価されながらも、ウィンドウズPCがリーダーであったパソコン市場でのシェアがなかなか高められない状況で、そこから距離のある多角化がなかなか展開できなかったのである。研究開発のための投資や期間が膨大なものになりつつも、新世代の基本ソフトウェア（オペレーティングシステム）の開発に失敗したことが、一度は役員を追われた創業者スティーブ・ジョブズ復帰のきっかけであった。

ジョブズはかつて自分自身がこだわっていた自社生産をやめ、アジアの企業グループに生産は任せて、アップルが製品の企画と技術開発、設計に専念するようにさせた。生産と流通を外部化する代わりに、サプライチェーンという仕組みを構築し、製品の在庫日数を10分の1未満まで圧縮した。

さらに、自社技術へのこだわりを捨てた。複数の指で液晶画面を操作する技術、音声認識技術などは、ベンチャー段階の他社のものを活用した。そうすることで、2007年にはiPhoneを発売することができた。パソコンメーカーとしては他社に先駆けて多機能携帯電話（スマートフォン）分野に進出することができたのである。また、外部志向の戦略によって、結果的に研究開発のコストも抑えることができた。2000年代後半のアップルの研究開発費は売上高の2～4%程度で、同時期のマイクロソフトやグーグルが12～16%程度を示していたのと比較して顕著に低かった。このような戦略転換によりアップルは高コスト体質のコンピュータ企業から、高利益のIT総合企業へと変身を遂げたのである。

2 M&A

M&AはMerge（企業合併）とAcquisition（企業買収）を含む外部資源の獲得手法である。企業合併とは、2つ以上の企業が合同して新たな企業をつくることであり、企業買収とは、ある企業が別の企業を買収することである。M&Aによって、既存の自社資源に新たな資源を加えることが可能になる。しかも合併や買収前には単体の企業として成立していた、組織化された資源が獲得できるのである。範囲の経済やシナジーが確保されていれば、M&Aによる資源獲得によって思い切った多角化を素早く展開することが可能になる。

またM&Aは、同業種間で行われる事例もある。この場合、企業規模を拡大することによる効率化（規模の経済）や市場シェアを拡大し地位を確立できるなどのメリットがある。

M&Aのリスクは、それが行われるまでは別々の企業なので、相手について事前に入手できる情報が限られていることである。限られた情報をもとに一緒になるかどうかについて意思決定しなければならない。したがって期待された成果があげられないことがしばしば起こりうる。これは単純に情報の入手が困難なことが理由となることもあれば、相手に知られることが自社にとって都合の悪い情報はなかなか開示されないので、その種の情報がM&Aに悪影響を及ぼすということもある。

もう1つのリスクは、それぞれが独立に操業してきたという経緯があるので、互いに異なる組織文化（→9章）が確立しており、それらが円滑なM&Aを阻害する可能性があることである。両者の見えるルールは事前に調整することができるが、組織内には見えにくく、半ば当然視されているようなルールも数多くあり、それらの違いが事後に顕著になる事例がある。

3 戦略的提携

M&Aのリスクの原因は、両者が組織として1つになることに伴う問題にあるといえる。これを回避し、協力的な関係を特定の内容に絞り込むことが**戦略的提携**と呼ばれる。協力的関係の内容は製品やサービスの開発・製造・販売に含まれるさまざまなものがある。提携の形式としては、特定の業務内容について契約をベースに協力関係を結ぶ**業務提携**と、複数企業が共同で出資して事業を立ち上げる**ジョイント・ベンチャー**がある。

戦略的提携には、通常以下のような目的がある。第1に、規模の経済である。製造を例にとると、同じような製品を製造するのであれば1社よりも2社以上で一緒につくった方が、固定費が分散されてコストが下がる。第2には、相手の強みを互いに学ぶことができるということである。第3は、すぐには成果が出にくいが、必要と考えられるようなビジネスやプロジェクトを、リスクやコストを分担しつつ立ち上げることが可能になるということである。近年の自動車業界では、トヨタ自動車が精力的に戦略的提携を展開してきた。例えば、スバル自動車とは2005年に業務提携を結んでから、スバルのアメリカ工場でトヨタのセダンが生産されたり、トヨタからスバルに車両供給がなされたりしてきた。さらにはスポーツカーを共同で開発し、兄弟車として両社で販売している。スポーツカーには高性能を実現するための高度な技術が要求されるが、スバルが持つ水平対向エンジンや全輪駆動技術が生かされている。他方、北米市場で展開されているスバル車にはトヨタのハイブリッド技術が生かされており、それぞれが他方の技術を学び生かしたり、設備や製品を活用することでコストを抑えたりするなどの意図が見てとれる。

トヨタが主導したジョイント・ベンチャーの事例としては、オンデマンドの交通システムサービスや、移動にまつわるさまざまなデータの解析、自動運転車による移動サービス事業などを事業目的としたMONET Technologies社があげられる。同社はソフトバンクとトヨタが共同出資して設立されたが、現在はスバルを含む国内自動車大手8社が出資している。MONET社による事業の基盤技術は新奇性が高く、インフラ整備の側面も有するため、多くの企業の参加を募って互いの資源を活用するという意図があると考えられる。

◆ Story 2．味の素における戦略的提携とM&A

1960～70年代における味の素の加工食品への多角化には、外資系企業との提携あるいはジョイント・ベンチャーが活用された。1962年にはアメリカ穀類食品大手のケロッグ社との提携によってコーンフレーク類の製造・販売に進出した。1963年には、アメリカ・コーンプロダクツ社との合弁提携によって「クノールスープ」が発売された。商品開発にあたっては、コーンプロダクツ社のマーケティングのノウハウを吸収し、日本人の嗜好に合ったレシピの開発努力がなされた。1965年にはコーンプロダクツ社からの技術導入によってマヨネーズの製造・販売に進出し、さらにマーガリン、ドレッシングといった製品の製造・販売に展開していった。

1973年にはアメリカの大手食品会社ゼネラルフーヅと提携し、インスタントコーヒーの販売に乗り出した。1980年にはフランスの大手乳製品メーカーであるジェルベ・ダノン社との合弁で味の素ダノン社が設立され、チルド食品への進出が行われた。

それから約40年を経た2010年代後半の味の素も、戦略的提携やM&Aによる事業再編を活発に行っている。3カ年計画において2000億円程度の予算をM&Aのために準備し、また実際に投資がなされている。2014年には、味の素のアメリカ法人が同国のウィンザー・クオリティ・ホールディングス社と買収契約に合意した。ウィンザー社はアメリカの消費者に精通したマーケティング力、全米に広がる流通ネットワーク、営業力、生産拠点を有しており、味の素はこれらを獲得することで北米での冷凍食品事業規模を拡大するねらいがあると見られた。ヨーロッパでも、味の素は2017年にフランスの冷凍食品会社ラベリ・テレトル・

スージェレ（LTS）社を買収した。LTS社はフランス国内で主に家庭用冷凍食品を手がけており、味の素は同社の販路を活用して冷凍食品を販売するねらいがあると考えられた。

●立ち止まって考えよう

▶ 味の素社の戦略的提携やM&Aについて、1960～70年代の動きと2010年代の動きとでは、どのような共通点があり、どのような相違点があるでしょうか？

3 多角化と企業の変革

多角化の動機の1つとして、企業が主として提供している製品やサービスが成熟や衰退の段階に入ろうとしているとき、そのリスクを避けることをあげた。売上げのかなりの比率を占める主力事業の成長が鈍くなってしまったとき、その企業が再び成長軌道に乗るために、新しい事業に進出したり、既存事業を新しい発想で再活性化させたりすることを、脱成熟化と呼ぶ。脱成熟化は、事業を再編するだけでは達成できない。新しい事業に既存の発想や枠組みを持ち込むと、失敗することが多いからである。脱成熟化の過程では、主力事業の中で形成されてきた事業運営についての基本的な考え方の転換が必要なのである。このような基本的な考え方をパラダイムという。つまり、脱成熟化のための多角化は企業のパラダイムの変革と連動しなければならないといえる。パラダイムの変革がどのようになされるのかについては、リーダーシップが重要な役割を果たすが、この問題については10章で述べているので参照してほしい。

◆ Story 3．味の素における脱成熟化のための試み

味の素は1980年前後の第二次オイルショック以降成長の鈍化に直面していたが、1985年世界に貢献できる企業としての長期経営構想を打ち出した。それを具体化した1988年の長期経営目標「WE-21」で、21世紀までに世界の優良企業となるために、食品、ファインケミカル（アミノ酸、化成品、医薬）とソフト事業で売上高を2.5倍、輸出と海外法人の売上高を4.5倍にすることを目標に定めた。この数値目標の背後には、社内にショックを与え活性化するという目的があった。当時の社長は「WE-21は現状の延長路線で達成できるものではありません。我々全員が自己革新を図り、現状の枠や固定観念にとらわれずにチャレンジしない限り、その達成は望みえません。どうかこの点をよく認識していただき、1人ひとりがこの実現に執着し、果敢に精力的に行動していただきたいと思います」というメッセージを発している。

WE-21の具体的な作成にあたっては、全社員にアンケートを実施したり、20代の若手社員による「ヤング・ボード」というご意見番グループが結成されたりするなど、組織のあらゆる部署・階層からの意見が反映されるよう留意がなされたという。

食品については、国内ではカルピス食品工業との提携、海外では調味料でベトナム・ナイジェリア、冷凍食品で韓国・台湾への進出などを行った。ファインケミカルについては、高分子材料、バイオ高分子、エレクトロニクス素材などの新規分野への展開や、新包材の開発事業化に取り組んだ。サービス関連事業については、特に、食と食生活周辺のサービスビジネスの開拓、医療関連サービス分野への展開に力を入れた。野菜・種苗、食卓・調理器具、レストラン、給食・弁当などのビジネスへの展開が試みられた。これらの新規事業開発は、既存事業とのシナジーの追求をある程度図りつつも、既存事業で経験したことのない新分野にまで事業を展開することにこだわったものであった。

WE-21は1990年代前半のバブル崩壊とそれに続く構造不況によって、その実現を待たずに見直しが迫られることになった。しかしながら、前例にとらわれず、グローバル水準での優良企業として生き残るという目標は変わることなく、2000年前後から、他の日本企業に先駆けた経営改革に取り組んで成果を上げ、現在に至っている。

●立ち止まって考えよう

▶ 本章1節2項で述べたように、多角化の基準として、範囲の経済やシナジーが重要となります。しかし、脱成熟化のための多角化、組織活性化のための多角化においては、これらの要因がかえって目的の実現を妨げる場合があります。それはなぜだと考えられるでしょうか？

これまで見てきたように、全社戦略とは、複数の事業を有効に展開し、適切な資源を活用してそれぞれの事業を育てながら、それらをまとめて1つの領域として定義するという作業を含んでいる。しかしながら、長期的に企業が存続していくためには、事業の展開に見合った新しい物の見方や考え方を組織内に定着させていくことも同様に重要となる。つまり、企業が長い目で戦略的に生き残るためには、組織のマネジメントの問題に目を向けることも不可欠となるのである。

ステップアップのための本

網倉久永・新宅純二郎『マネジメント・テキスト 経営戦略入門』日本経済新聞出版社、2011年
　経営戦略の基礎概念から体系的な説明がなされている。
伊丹敬之・加護野忠男『ゼミナール経営学入門（第3版）』日本経済新聞出版社、2003年
　経営学全般の定評ある入門書。パラダイム変革の問題にも触れている。

●振り返って考えよう

▶「はじめに考えてみよう」の3つの問いに、自分の言葉で答えて下さい。
▶ あなたがこの章で学んだことを、2つ答えて下さい。

●話し合ってみよう／調べてみよう

1 企業を1つ選び、その企業が多角化をするとすれば、①成長の脱成熟化のいずれをねらいとして、①どのようなシナジーまたは範囲の経済を生かし、②どのような事業に進出する可能性があるか、考えてみましょう。
2 Story 1〜3をもとに、さらには自分でも独自にウェブページなどをあたってみて、味の素のドメインの変化をまとめてみましょう。

日本の有名企業の創業当初の写真を探してみよう、ゆかりの地を訪れてみよう ❷

●任天堂

（https://commons.wikimedia.org/wiki/File: 山内任天堂 .jpg）

山内房治郎が、1889 年京都市下京区にて花札の製造を開始した。旧本社社屋は 2021 年ホテルとして改装されたうえ開業予定である。

●ユニクロ

（https://ja.wikipedia.org/wiki/ ファイル :Ex_UNIQLO_hukuromachi.JPG）

ファーストリテイリングの柳井正会長兼社長が、広島市中区袋町にユニクロ 1 号店を開いたのは 1984 年であった。現在は別店舗となっている。

●楽　天

（https://rakuten.today/rakuten-innovation-ja/founding-story-j.html?lang=ja）

1997 年、従業員わずか 6 名で「楽天市場」をスタートさせた。三木谷浩史社長とほか創業メンバーは、100 以上のビジネスアイデアの中から、インターネットショッピングの可能性を信じて事業計画を立てたという。

（出典：楽天公式コーポレートブログ「Rakuten.Today」の“楽天の創業秘話”）

部

組織のマネジメント

7章 人々が共働する仕組み　組織構造

●この章のねらい
　組織における分業と調整・公式化、またどのような組織構造の類型があるかについて理解する。そのうえで組織設計の手順について理解する。

組織における分業と調整のあり方

分業

分業：仕事を複数人で分担して行うこと

メリット：未経験者の活用、早期の上達、コスト削減
デメリット：把握しづらい、満足感低下

調整

調整：分業した各職務間をうまく回るようにすること

コミュニケーション
小規模であれば有効だが、組織が一定以上の規模になると難しい

権限関係
指揮命令系統を決めること。
集権化—分権化
ピラミッド型—フラット型

公式化
一定の条件における行動をプログラム化
管理者の調整コストを大幅に削減できる

　仕事を効率よく進めるためには、分業と調整のあり方を考える必要がある。仕事を多くの人で分担する分業を行うことで多くのメリットがあるが、同時に分業がうまくいくように調整を行う必要がある。それはコミュニケーションをしっかりとる、権限関係を決める、公式化をする、の3つの手段がある。分業と調整は車の両輪であり、それが仕事を前に進めることにつながるのである。

●はじめに考えてみよう

▶ アルバイトや仕事などの身近な例を使って、分業と調整のあり方について考えてみましょう。
今やっている仕事がどのように改善できると思いますか？

アダム・スミスによる分業のメリット

18の工程に分業することで活躍できる！

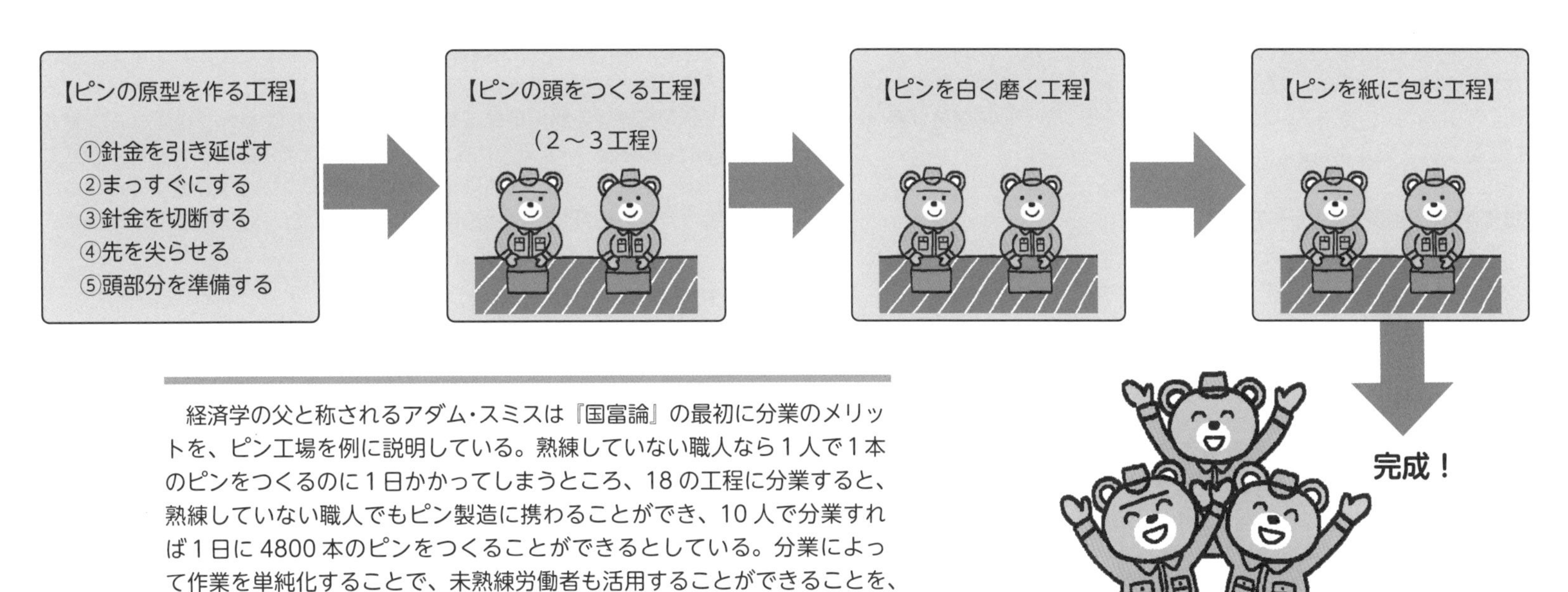

経済学の父と称されるアダム・スミスは『国富論』の最初に分業のメリットを、ピン工場を例に説明している。熟練していない職人なら1人で1本のピンをつくるのに1日かかってしまうところ、18の工程に分業すると、熟練していない職人でもピン製造に携わることができ、10人で分業すれば1日に4800本のピンをつくることができるとしている。分業によって作業を単純化することで、未熟練労働者も活用することができることを、アダム・スミスは示しているのである。

本章では組織構造について説明していく。企業で仕事をする場合、１人ですべての業務をこなすことは考えられず、たいていは複数の人々からなる組織（Organization）によって行っていく。その組織は分業と調整の結果として、特定の構造を形づくることが多い。それが組織構造である。それでは組織構造にはどういう種類があって、それぞれどのようなメリット・デメリットがあるのだろうか。以下ではまず組織における分業と調整について述べた後、代表的な組織構造である職能別組織と事業部制組織について見ていく。その後でその他の組織構造およびその選択の論理について説明する。

ケース　デュポン社の「組織は戦略に従う」

組織構造といえば、経営学では有名な命題がある。それが「組織は戦略に従う」である。その意味は後述するとして、これを提唱したのが経営史の研究者、アルフレッド・D・チャンドラーである。チャンドラーは多くの企業の資料を丹念に調べ、詳細な事例を記述することで分析した。その事例の１つが、1802 年創業のアメリカ企業、デュポン社のものである。こちらの事例をチャンドラーの著書『組織は戦略に従う』に基づいて紹介する。

◆ Story １．組織変革前〜組織改革 I（〜 1903 年）

1900 年当時、デュポンは火薬産業の企業であった。製品ラインは数種類の火薬のみで、経営も同族経営であった。チャンドラーのケースは、1902 年、突然当時の社長が死去したところから始まる。後を継いだ若き社長アルフレッド・デュポンは、共同経営者たちの他社への身売り案を拒否し、他社で経営に携わっていた親族のコールマン・デュポン、ピエール・デュポンの助力を得て経営権を獲得した。そして旧態依然としていたデュポン社と火薬産業の改革に乗り出す。まず既存のグループ各社や火薬メーカーの株式譲渡を求め、「1 社の名の下に、単一の販売組織、単一のマネジメント、単一の業務遂行体制の下で経営すること」が可能になったとしている（Chandler 1962＝2004, p.70）。そこから行った重要な改革の１つが、複数部門制の導入である。主力商品のダイナマイト、黒色火薬、無煙火薬をそれぞれ部門化してバイス・プレジデントを置き、部門の運営はバイス・

図　デュポン社の組織図（1911 年前後）

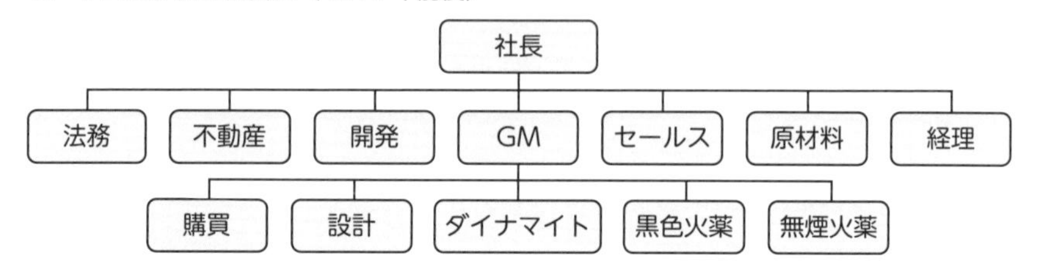

プレジデントに一任し、それをゼネラル・マネジャーが統括するという形である。しかし、その当時のデュポン社の組織は職能別組織であり、その下位部門にそれぞれの事業部門がぶら下がっているというものであった。

◆ Story ２．組織改編 II（1903 〜 1919 年）

デュポン社の変革は火薬業界も変革に導いたが、その過程で専門経営者の導入や同族支配の変更などの改革も行った。やがて第一次世界大戦が勃発し、火薬産業は特需で大きく成長することになるが、その過程でピエール・デュポンが社長に就任するとともに、経営陣の若返りを図るその過程でデュポン社はより集権的なマネジメントを推進する組織形態を構築していった。きっかけはデュポン社が反トラスト法違反を指摘され、分社化を強いられたことであるとしている。やがて、社長のピエール・デュポンは、職能別組織をより細部にわたり推進するとともに、それぞれの部門の中も細分化し、かつ階層化していった。経営の舵取りは社長の

図　デュポン社の組織図（1919 〜 21 年）

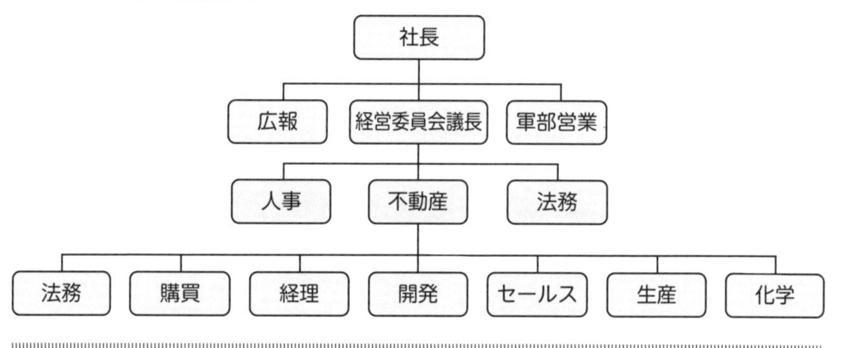

下位に属する経営委員会で議論されることとなった。
この時期にピエール・デュポンは、同族経営の伝統を捨て、専門経営者の導入を進めている。この功績についてチャンドラーは、「これこそが、デュポン社が産業上、そしてマネジメント上、ひときわ輝かしい革新性を発揮した理由にほかならない」(Chandler 1962=2004, p.81)として評価している。

◆ Story 3. 組織改編 III(1919年〜)

1919年からデュポン社は、それまでの単一製品ラインでの事業から、未経験の分野での多角化戦略を採用してきた。もちろん火薬産業の副産物としての溶剤、エーテル、樹脂などの事業は行ってきたが、第一次世界大戦による特需により、その促進は後回しにされてきた。第一次世界大戦が終結すると、設備余剰への懸念が出てきたため、ピエール・デュポンは経営陣を刷新する必要性を指摘、組織改革案を練る小委員会を設置し、ハリー・ハスケルを議長にした。ハスケルは報告書をまとめ、この中で関連性の高い事業をまとめること、その事業を預かるマネジャーに全幅の権限と責任を与えるという原則のもと、職能別組織を生産、セールス、開発、経理という大きな部門に再編するという内容であった。しかしこの組織改革案は、デュポンの経営上の難題が次々と降りかかり、また根本的に改められることになる。その難題とは、多角化戦略に従来の組織形態が不具合を起こしたことである。
デュポンは人工皮革、レーヨンといった化学事業に乗り出し、その後もさまざまな可能性を模索し、塗料部門でメーカーの買収などを進めてきたが、しかしここで噴出した問題は、それぞれの職能部門の意思疎通がうまくいかず、うまく利益を出せないというものであった。チャンドラーは「デュポンの経営陣は、経営資源を長期間にわたって有効活用するために多角化戦略を推進しながらも、戦略と組織の関係を見落としていた。種々の経営資源を結びつけて生産効果を高めるためには、組織が重要だと気づいてはいたが、単一の製品ラインを製造・販売するために設けられた組織が、果たしてそのままで、性質の異なる複数の製品を新たな市場に送り出すのに適しているのか、という問題提起はしなかったのだ」(Chandler 1962=2004, p.112)と指摘している。一部新規事業の業績低迷から始まり、他の新規事業もうまくいかなかった。特に深刻だったのはマーケティング部門である。それまで火薬について慣れ親しんできたマーケティングと、化学分野や一般消費財のマーケティングはまったく異なり、性質の異なる複数のマーケティング活動をマネジメントしなければならないことが大きな問題を引き起こしていたとされるのである。1920年代はじめに経営委員会はすぐに問題を検討する下部委員会を設置し、下部委員会は「問題の根はセールスのやり方ではなく組織にある」との結論を出した。そして職能ではなく製品を切り口にして組織をつくる、事業部制組織を提案したのである。この提案が了承されるまでに1年半を要したものの、財務内容の悪化で待ったなしの状況に置かれ、組織改革に大なたが振るわれ、事業部制組織への移行を果たしたのである。
こうしてデュポン社は社内での反対を乗り越えながら、トップダウンで徐々に事業部制組織への移行を進めていった。多角化された事業は5つの事業部によって統轄され、それぞれの製品と工場を管理する。これまでの職能別組織は補助部門として置かれ、事業部を補佐する役割を担うことになった。このことで事業部はそれぞれの製品に責任を持つことができ、それまで数多く経験してきた経営上の危機は、起こらなくなったという。

図　デュポン社の新組織案(1921年)

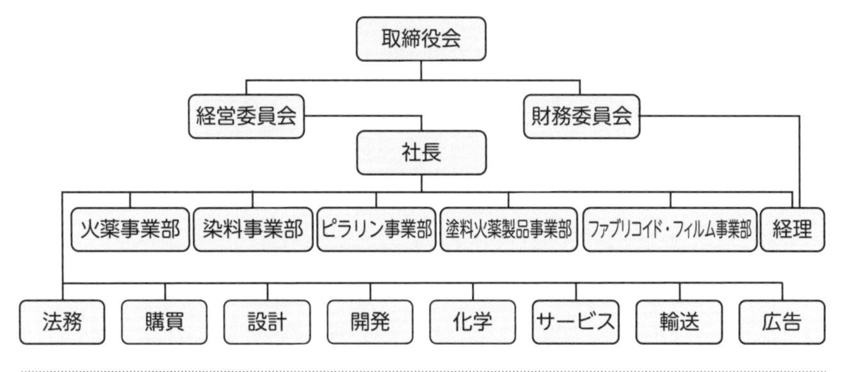

●立ち止まって考えよう
▶ 事業部制組織へ移行して成功したデュポン社ですが、どういうメリットがあったと考えられますか?
▶ あなたの所属する組織で、組織のあり方を解決するには、どのような組織変革が考えられるでしょうか?

1 組織における分業と調整・公式化

仕事を効率よく推進するためには、分業と調整のあり方を考える必要がある。分業は、仕事をいくつかの部分に分解して、それを異なる従業員で分担して取り組むことであり、それぞれがどのような役割を担当するかを決める必要がある。職務とはこの分業された部分的仕事のことである。調整とは分業のあり方を、全体としてうまく進むように管理することである。その方法は、分業間でコミュニケーションをとること、権限関係を決めること、公式化をすることの3つがある。

1 分業のメリットとデメリット

仕事を分業することは、1人で無理に行うことに比べて、3つのメリットがある。第1に分業することで1つひとつの作業が単純になり、経験のない従業員でもこなすことが可能になる。靴を1人で最初から最後までつくることは高い熟練が必要とされるが、分業の結果として、靴ひもを結ぶだけの仕事なら初心者でも可能になる。結果として複雑な技能を要する製品でも、早くたくさんつくることができる。第2に1つの作業に専門的・集中的に取り組むことにより、熟練が早まり、高い技能を早く獲得することができる。靴を1人で最初から最後までつくれるようになるには多くの時間を要するが、靴ひもを素早く正確に結べるようになるのにそう時間を要することはない。第3には分業することによるコスト削減効果である。これを提唱したバベッジ（奥林ほか 2010 参照）によると、作業全体の中で高い技能を要する部分と要しない部分があるとして、分業しなければその作業全体を熟練した技能者が担当しなければならないため、高い賃金を支払う必要がある。しかし分業することで高い技能を要しない部分を賃金の低い、低熟練技能者に任せることができ、その分賃金を節約することができる。この考え方が**バベッジ原理**である。

このような分業のメリットに対してデメリットも存在する。まず仕事を細かくし過ぎると、個々の作業を担当する従業員が作業全体を把握しづらくなり、調整コストが増大する。また単純作業になり過ぎると従業員の満足感が低下してしまう。

表 7-1　バベッジ原理の考え方

高技能を要する仕事と低技能でできる仕事が混在している仕事

少しの高技能を要する仕事

多くの低技能でできる仕事

2 調整の3つの手段

分業をうまく進めるためには、分業した各職務間の調整をする必要がある。調整の基本は第1に各職務間でコミュニケーションをしっかりとることであるが、組織が一定以上の規模になるとそれも困難になるため、第2に権限関係、すなわち指揮命令系統を決める必要がある。権限関係は**集権化—分権化**、**ピラミッド型—フラット型**の2点で考えることができる。集権化—分権化は権限をトップに集中させるか、現場に分散させるかという問題である。集権化は全体の調整はスムーズにできるが、トップに負担が集中すること、現場のモティベーションが低下することなどの欠点もある。それに対して分権化は現場への権限委譲によって現場が活性化し、意思決定のスピードも向上するが、全体の調整は難しく、時には現場の暴走を招いてしまう。もう1つのピラミッド型—フラット型は、管理者の管理する人数（統制範囲）と階層数によって、縦長組織（ピラミッド型）か、横長組織（フラット型）かという選択になる。ピラミッド型は統制の効いた管理をすることができるが、意思決定と情報伝達に時間がかかる。フラット型は現場の自律性が高まり、情報伝達もスムーズになるが、管理者が管理する従業員数は多く、その管理には工夫が必要となる。

もう１つの調整手段である**公式化**は、一定の条件における行動をプログラム化しておくことである。公式化を進めることで、管理者は平時での調整コストを大幅に削減することができ、管理者独自の業務に集中することができる。従業員も行動に信頼性を持つことができるが、過度の公式化は従業員のモティベーションを低下させたり、その手続きを守ることが目的化してしまったりといった、**官僚制の逆機能**という現象につながる。

2 組織構造の２つの類型

分業と調整の結果として、組織は特定の構造をなす。それが組織構造である。代表的な組織構造として、職能別組織と事業部制組織の２つがある。まずはこの二大類型と呼べる２つの組織構造について見てみよう。

1 職能別組織

職能別組織は機能別組織とも呼ばれ、専門的な知識や技能を持った部門＝職能によって部門化され形づくられる組織構造である。

職能別組織では、トップのもとに、製造、販売、研究開発、経理、人事……といった職能によって部門化された部門があり、それぞれの部門はそれぞれの職務を専門的に遂行する。トップマネジメントはそれらの統括的な調整を行い、なおかつ全社的な意思決定を行う。

職能別組織を採用するメリットは、専門的な職務遂行ができることに加え、それぞれの部門で専門的なスキルを持った人材、スペシャリストを育成しやすいということがあげられる。また事業部制組織に比べて、資源展開の重複が少ないこともメリットである。

それに対して職能別組織のデメリットは、まずトップマネジメントの負担が大きいということである。全社的な意思決定をトップが集約して行わなければならない。またスペシャリストの育成に向いている反面、全社的な視点

コラム

ファヨールの管理過程論

具体的な組織のマネジメントをどうすればよいか、その点について経営学の草創期に提唱したのがH. ファヨールである。彼は1916年に『産業ならびに一般の管理』を著し、管理過程論を提唱している。その内容としては、まず経営活動を技術的活動（生産、製造、加工）・商業的活動（購買、販売、交換）・財務的活動（資金の調達と運用）・保全的活動（財産と従業員の保護）・会計的活動（棚卸し、貸借対照表、原価計算、統計など）・管理的活動の６つの活動で構成されるものとしている。そして管理的活動を計画・組織・命令・調整・統制の５要素によってとらえている。現代にも通じる類型を提示したうえでファヨールは、管理の一般的原則として14原則をあげている。それは、

①**分業の原則**：分業による職能の専門化と権限の分化をもたらす
②**権威の原則**：権威が行使されるところには常に責任が生ずる
③**規律の原則**：優れた管理者、公正な労使協約、適切な賞罰による規律の確保
④**命令の一元性の原則**：職務担当者はどんな行為をするにあたっても、ただ１人の管理者からのみ命令を受けねばならない
⑤**指揮統一の原則**：同一の目的を目指す活動においては１人の管理者と１つの計画を持つべきである
⑥**個人的利益の一般的利益への従属の原則**：管理者の模範、公正な労使協約、注意深い管理によって企業全体の利益を優先させる
⑦**報酬公正の原則**：公正な報酬で満足を与えること
⑧**集権化の原則**：分権化と集権化の程度を見極める
⑨**階層組織の原則**：命令一元性と正確な情報伝達のため階層組織を工夫する
⑩**秩序の原則**：秩序のために適材適所を実現する
⑪**公正の原則**：従業員管理における公正の重要性
⑫**従業員安定の原則**：従業員としての地位をできるだけ安定させる
⑬**自律性の原則**：自ら計画・実行する創意力が従業員の熱意と活力を倍加させる
⑭**従業員団結の原則**：命令一元性を守り、従業員の分裂や文書連絡の乱用を廃することで、団結を強化する

の14原則である。特に命令の一元性の原則はよく知られている。組織マネジメントにおける重要な点をファヨールは指摘している。

図表 7-2　職能別組織

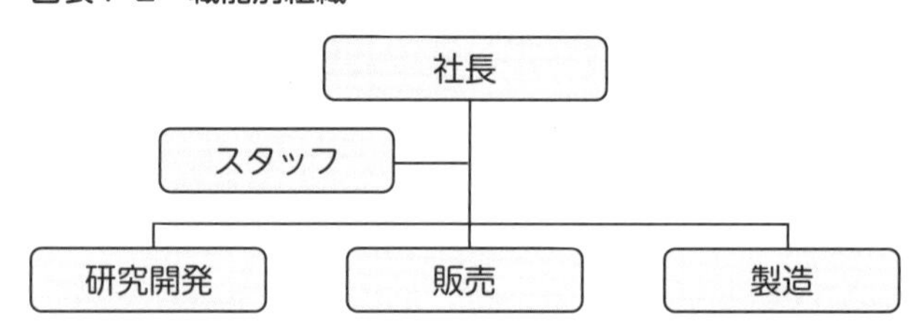

を持ってマネジメントを行う、ゼネラリストの育成には不向きである。そして複数の事業を同時に展開する際には、よりトップマネジメントの意思決定の負荷が高まる。そのため、多角化によって複数の事業を展開する際には、次の事業部制組織に組織を変革することもある。

2 事業部制組織

事業部制組織は、扱う製品・サービスに応じて部門化された部門＝事業部によって部門化され形づくられる組織構造である。

各事業部には事業部ごとに、製造、販売、研究開発といった職能が配置されているため、事業部ごとに独立した意思決定に基づくビジネス活動をすることが可能となっている。

事業部制組織を採用するメリットは、まず職能別組織ではトップマネジメントに意思決定の負担が集中していたが、事業部制組織ではそれを事業部のトップ＝事業部長に分散することができる。そのため各事業部で、迅速で独立した意思決定を行うことができる。第2に各事業部が独立しているため、事業部間での競争意識を持たせることができる。事業部間での競争は社内を活性化することにつながる。第3に事業部長という形で、小さな企業の社長のような経験をすることができるため、職能別組織に比べてゼネラリストの育成に向いている。

それに対して事業部制組織のデメリットは、事業部間での競争意識は時に

図表 7-3　事業部制組織

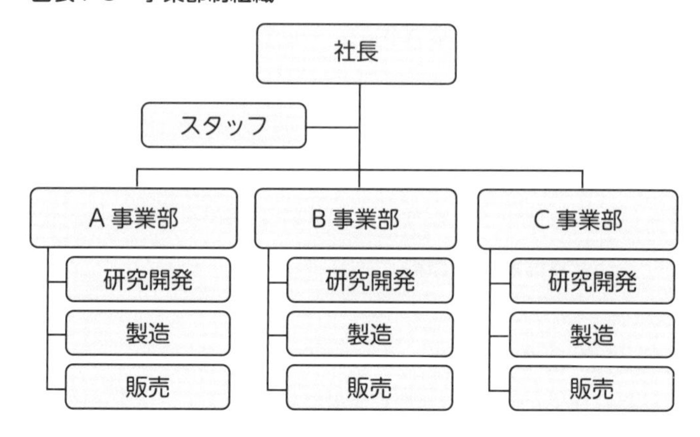

対立を生み、事業部間の調整が困難になることもある。また、職能別組織に比べてゼネラリストの育成に向いている反面、スペシャリストの育成には不向きである。そして各事業部がそれぞれ独立したビジネス活動を行うため、経営資源の重複が起こりやすいということである。資源の重複というデメリットに対しては、重複が起こりやすい職能を全社的な事業本部として再編したり、関連性の高い事業部をグループ化したりすることで対応しようとしている。

3 その他の組織構造のバリエーション

前節まで職能別組織と事業部制組織という組織構造の二大類型について見てきたが、その他にも組織構造のバリエーションはある。

1 マトリックス組織

1節で見てきたように、職能別組織と事業部制組織にはそれぞれ対照的なメリット・デメリットが存在する。そのデメリットを補うべく、両組織構造を重ね合わせたともいえる組織構造が**マトリックス組織**である。

マトリックス組織は２つの部門化軸をあわせ持つ組織構造である。職能別の部門化軸と製品・サービスによる部門化軸、従業員は複数の部門に所属し、複数の部門から命令を受ける。紳士靴の製品部門に属しながら、営業部門という職能部門にも属している、という具合いである。

マトリックス組織のメリットは複数の部門に所属していることで、部門間調整が行いやすいということである。また職能部門で専門的なスキルを学びながら、同時に製品・サービスによる部門でゼネラリスト的な経験を積むこともできる。しかしデメリットとして、複数の命令系統からの命令、ツーボス・システムに由来する混乱を招くというものがある。

2 カンパニー制組織

カンパニー制組織は事業部制組織の発展型といえる組織構造である。各事業部は全社レベルのトップマネジメントの影響下にあり、人事や経理などのスタッフ部門は全社的なものである。それに対してカンパニー制組織は、各事業部を分社化して１つの企業とするなど、事業部よりも独立した組織として扱うものである。各カンパニーはより独立した存在として自律的なマネジメントと迅速な意思決定が行いやすくなるよう、そのメリットを引き出すための組織構造である。しかし事業部制のデメリットであるカンパニー間の資源の重複や調整の困難などはそのまま残っている。

3 タスク・フォース

タスク・フォースはプロジェクト・チームとも呼ばれ、ある特定の業務やタスクに従事する専門のチームである。タスク・フォースのメンバーは全社から集められて結成される。タスク・フォースのメリットは専従による効率化に加え、全社から専門的なスキルを持ったメンバーが集められることによる専門性があげられる。そしてもう１つ、業務が終了してメンバーがもとの部署に戻る際に、その経験や知識を持ち帰ることができるということである。例えば全社的に健康増進のため禁煙促進を目的としたタスク・フォースを結成したとする。そのプロジェクトが終了した後もそのメンバーはもとの組織に戻り、その経験を生かして社内の健康増進に貢献することができるのである。

それに対してデメリットは、タスク・フォースの性質である時限性である。タスク・フォースはその業務が達成された時点で解散される。そのためそこで得られた経験や知識を次の機会に引き継ぎにくいという点がある。そのためには業務経験をしっかり記録に残すことも必要である。

4 SBU（ストラテジック・ビジネス・ユニット）

SBUは事業部制組織における全社戦略を策定するための組織である。すでに述べたように各事業部は独自の事業戦略を策定するため、全社的な調整を含めた全社戦略は策定しづらい。そこでSBUは各事業部で実行する全社戦略、あるいは複数の事業部に関連する戦略を策定する組織である。

SBUがあることで企業は事業部の枠組みにとらわれずに全社戦略を策定することができる。例えば環境に対応した製品開発といった戦略では、各事業部が個別に戦略策定するよりも、全社的な観点から効果的な戦略にすることができるし、その調整も容易である。しかしデメリットとして、事業部が自身の戦略とSBUの全社戦略の整合性をとらなければならず、時には両者の違いが意思決定の混乱を招くおそれもある。

4 組織設計の手順

それでは効果的な組織設計とはどのようなものであろうか。ここではJ.ガルブレイスの組織設計の手順について、『横断組織の設計』に基づいて紹介したい。

ガルブレイスは組織設計を考える理由について、**不確実性の低減**をあげている。不確実性が増大すると例外事項の発生が多くなり、組織は多くの情報を処理することができなくなってしまう。そこで組織設計を行うことで、不確実性を低減し、情報処理を効果的に行う必要があるとしている。そのうえで、まず組織設計の基本的な３つの方策（**機械的モデル**）に基づいて考え、それでも足りないときは、４つの代替的な方策を検討するべきであるとしている。

まず機械的モデルの３つの方策についてみてみよう。まず１つ目は、仕事に必要とされる行動様式をルールとプログラムという形で明確化することである。例えば、あなたがカフェを経営しているとして、繁盛してきたので新しく学生のアルバイトを複数人雇い入れたとしよう。彼らはアルバイト未経験なので、何をやったらよいかわかっておらず、不確実性の高い状態にある。そこでまず、お客さんが入ってきたら「いらっしゃいませ」とあいさつする、お水を持っていき注文をとる、飲み物や食べ物を指示されたテーブルに運ぶ、といったルールやプログラムを明確にすることで、彼らも働くことができる。２つ目は階層構造に基づく意思決定である。これはルールやプログラムの外にあること（例外事項）が発生した場合、階層構造に基づく上司に問い合わせるということで、一言でいえば「わからないことがあったら上の人に聞く」ということである。カフェのアルバイトの例でいえば、メニューに載ってないもの、カフェオレのアイスはあるのか？　といったことを聞かれた場合、わかっていれば答えられるが、知らない場合は「聞いて参りますので少々お待ち下さい」といって店長に聞く、ということにしておけば、たいていのことは対応できるようになる。しかしこのやり方では、上司の負担が増大し、上司に問い合わせる事項が増大すると対応できなくなってしまう。そこで３つ目は、意思決定の自由裁量を下位組織に認めるとともに、目標を設定することで下位組織の行動規範を維持するということである。一言でいえば「目標を決めて下に任せる」ということである。カフェのアルバイトの例でいえば、ある程度仕事に慣れてきたことが前提としてあるが、基本的にホールのお客様対応はアルバイトに任せて、「お客様に気持ちよく過ごしてもらう」という目標を与えるということになる。もちろんどのような目標を決めてどの程度権限を委譲するかは、その仕事の性質による。

図表 7-4　組織設計上の諸方策

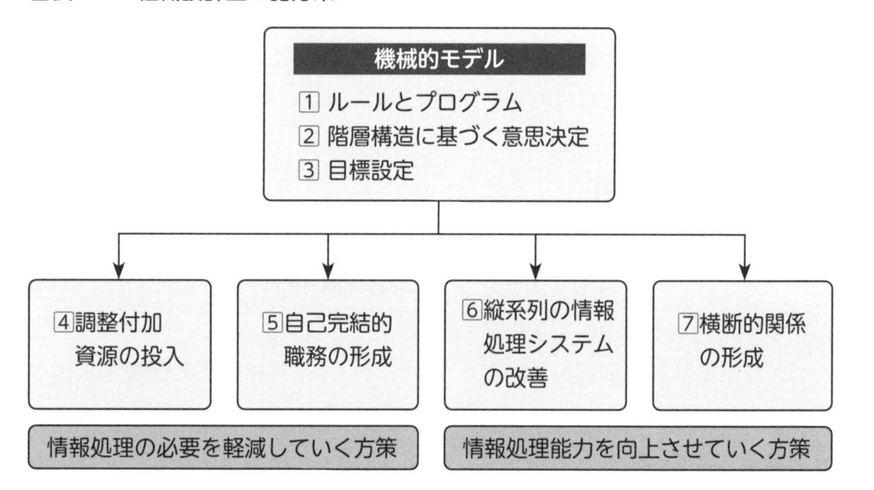

この機械的モデルに従って組織設計を行うことで、ある程度の情報処理を可能にできることはわかるであろう。しかしそれを上回るような忙しさや難しい仕事となった場合は、情報処理が追いつかず、不確実性を減らすことは困難になる。カフェのアルバイトもある程度は対応できるが、カフェの席数が増えてしまったり、新しくランチを始めて昼の時間帯が忙しくなったりすると、対応できなくなる。そのような場合は、機械的モデルに加えて４つの方策を考えるべきであるとガルブレイスは提唱している。その４つの方策は、処理すべき情報量を減らしていくための２つの方策と、より多くの情報を処理する能力を増していくための２つの方策に分けられる。

処理すべき情報量を減らしていくための２つの方策は、まず１つ目は調整付加資源の投入である。これは業績の達成水準を下げることであり、例えば仕事の納期を当初の予定より長くしたり、達成すべき目標水準を下げたりすることである。カフェのアルバイトの例でいえば、新しいアルバイトを雇ったり、ランチの時間を当初より短くしたりするような方策がこれに当てはまる。これらの方策は当然多くの資源を必要とする。この余分に投入される資源を**調整付加資源**（スラック・リソース）という。2つ目の方策は、組織単位ごとにその職務を達成するために必要なすべての資源を備えた形に変えることである。これはインプット、資源、技能、専門性に基づく権限構造を、アウトプット、地域に基づく権限構造へと移行させることである。事業部制組織はこの方策の結果形成される。例えば、製品や顧客、地域ごとに資源を分割してその製品や顧客、地域に限定して仕事を割り振ることも有効であるし、逆に過度に細分化された職務を大きなグループにまとめ直すことで情報伝達が容易になることもある。カフェのアルバイトの例でいえば、キッチン担当とホール担当にアルバイトを分割してそれぞれが独立して行動できるようにするのが効果的な場合もあれば、もともと分かれていたのを1つにまとめ直す方がよいこともある。

より多くの情報を処理する能力を増していくための2つの方策では、1つ目は縦系列の情報処理システムの改善である。これは意思決定者の情報処理能力を向上させるために、IT技術への投資をしたり補佐役を付けたりすることである。カフェのアルバイトの例でいえば、店長とアルバイトとの連絡を付きやすくするためにLINEやSNSを利用させたり、原材料の仕入れにコンピュータを導入したりすることである。もう1つは横断的関係の形成であり、一言でいえば「現場で横のつながりをつくって助け合う」ということである。カフェのアルバイトの例でいえば、アルバイト同士で仲良くなってもらい、困ったときはお互いに助け合う関係をつくることである。

ガルブレイスの組織設計の方策は、情報処理という観点から組織をどのように設計していくかというものであるが、実際の現場にも応用しやすく、段階的になっているので理解もしやすい。身近な組織に応用できるであろう。

本章では組織構造について学んできた。分業と調整の結果もたらされる組織構造は、職能別組織と事業部制組織という二大類型はあるものの、決定的な組織構造であるとはいえない。最適な組織構造はその企業の規模、事業範囲といった多様な要因に基づいて決められるものである。

ステップアップのための本

金井壽宏『経営組織』日本経済新聞社、1999年
　組織構造の箇所も含めて、わかりやすく内容も豊富。

Chandler, A. D., 1962, *Strategy and structure*. Cambridge, Mass.: MIT Press.（有賀裕子訳『組織は戦略に従う』ダイヤモンド社、2004年）
　デュポンのケースが掲載。粘り強い調査の後がうかがえる。

●振り返って考えよう

▶ あなたがこの章で学んだことを、3つあげて下さい。
▶ 職能別組織、事業部制組織のそれぞれのメリット・デメリットについてまとめてみましょう。

●話し合ってみよう／調べてみよう

1 あなたが所属する企業、あるいは所属する団体の組織図を描いてみましょう。
2 あなたの所属する組織で、ガルブレイスの組織設計の理論に基づき、効率化できると考えられるところはありますか？　また、どのようにして効率化しますか？

8章 みんなで新しいものを生み出す 製品開発とイノベーション

●この章のねらい
この章では、企業や社会の発展に不可欠なイノベーションの前に立ちはだかるさまざまな関門について理解を促す。そのうえで、それを乗り越えるマネジメントを、製品開発プロセスを例に考える。

イノベーションの構造

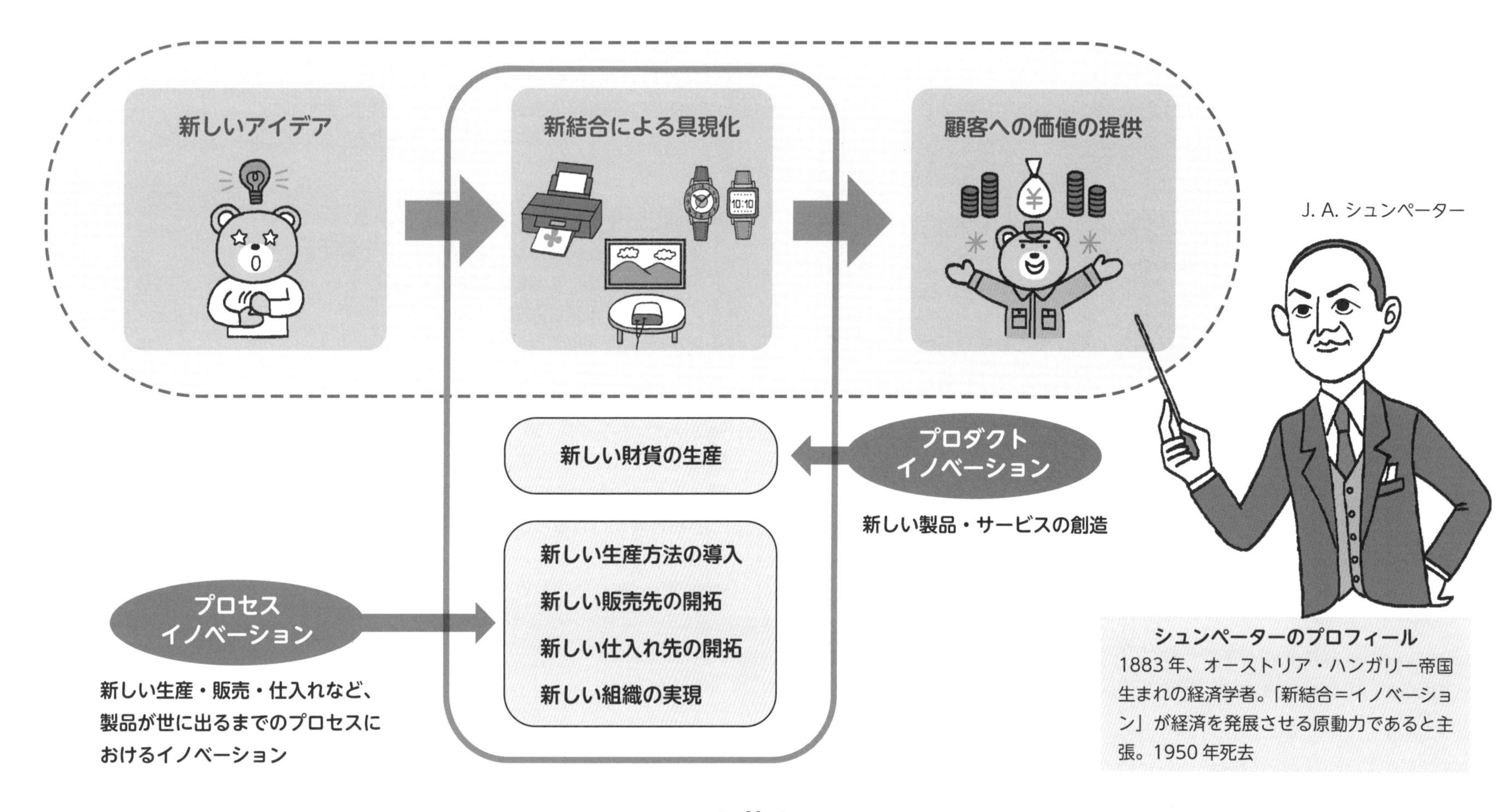

●**はじめに考えてみよう**

▶「新しい製品やサービスを世に送り出す」ことは、なぜ難しいのでしょうか、
　どのような障害があると考えられるでしょうか？

▶ イノベーションのスピードを上げるためにはどんなことをすればよいでしょうか？

イノベーション・アドベンチャー

イノベーションは、決してスムーズなプロセスではなく、時には立ち止まったり戻ったりしながら進んでいく、失敗も多いプロセスである。イノベーションの前に立ちはだかる代表的な関門は3つあり、それぞれ「魔の川」「死の谷」「ダーウィンの海」と呼ばれている。

この章では、企業が行うイノベーションについて、製品開発を具体例としてその概要を説明する。イノベーションは企業にとって必須の課題だが、その実現は簡単ではない。なぜなら、アイデアを実現するためには多くの困難が待ち構えているからである。企業はさまざまな工夫によって、その困難を克服しようとしているが、その具体的な方法について、製品開発のマネジメントを通じて紹介していこう。

ケース　Google ―大学の寮からはばたいた世界企業―

◆ Story 1．Google の歴史

2019 年現在、世界各地に 6 万人以上の従業員を抱える Google の歴史は、1995 年にスタンフォード大学の大学院生だったラリー・ペイジとセルゲイ・ブリンが出会ったことから始まる。共同経営者となった 2 人は、寮の部屋を仕事場として、1996 年に Backrub という検索エンジン（インターネット上の情報を検索するソフト）を開発する。これが後の Google である。これまでの検索エンジンは、検索先のウェブページ上のキーワードの出現頻度をもとに閲覧順を表示するものであった。これでは、キーワードの掲載数がただ多いだけのウェブページが優先してヒットしてしまい、必要な情報にたどり着けるとは限らなかった。彼らが開発したのは、ウェブページがリンクされた数を基準に閲覧順を表示する検索エンジンであった。この方法は、学術論文の質が被引用数で評価されていることをヒントにしたという。

ラリー・ペイジとセルゲイ・ブリン

（時事通信フォト）

この検索エンジンが注目を集め、IT の大手企業だったサン・マイクロシステムズのアンディ・ベクトルシャイム氏から 10 万ドルの出資を受け、1998 年に Google は法人化し、より多くの出資金を集めることができるようになった。2000 年には、Yahoo! が自社の検索エンジンに Google を用いるようになり、Google の認知度は一気に加速する（後に契約は解消）。

その後、Google は 2004 年に Gmail、2005 年には Google マップ、Google アース、さらに 2007 年にはストリートビューといった、現在非常によく知られているサービスを開発していく。同じく 2007 年には携帯用 OS の Android（アンドロイド）を開発、2008 年にはウェブブラウザの Chrome を発表する。これ以外にも、クラウドを用いたオフィス向けサービスを提供するなど、創業以来次々と便利なサービスを提供し続けている。

1 イノベーションとは何か

1 イノベーションの定義

私たちの身の回りにあるもので、100 年前からその姿や形をまったく変えずに続いているものは、どれほどあるだろうか。多くの製品・設備・技術は、その姿を変えて現在に受け継がれてきている。それだけでなく、少し前まではまったく存在しなかったものが、私たちの間で急速に普及していくことも珍しくはない。それによって、私たちの生活スタイルや価値観も影響を受け、社会そのものが変化していく。

このような変化の原動力は、企業のイノベーション（革新）によってもたらされることが多い。経済学者の J. A. シュンペーターによれば、イノベーションとは、新しいものを生産する、あるいは既存のものを新しい方法で生産することである（Schumpeter 1934=1977）。彼は、イノベーションが経済の長期的発展の原動力であると主張した。また、近代経営の父と呼ばれる経営学者の P.F. ドラッカーは、企業の目的は「顧客の創造」にあるとして、そのための不可欠な活動としてイノベーションとマーケティングをあげている。彼は、イノベーションを製品やサービスの革新、および製品の生産・販売・サービスの提供に必要な技能や活動の革新と定義している。こうしたイノベーションとマーケティングを通じ、新たな顧客を創造することが、企業の目的

であると主張した（Drucker 1954＝1996）。

これら２つのイノベーションの定義の共通点を見ると、企業のイノベーションには少なくとも２つの側面があることがわかる。１つは、新たな製品やサービスの創造である。これは、**プロダクト・イノベーション**と呼ばれている。もう１つは、新たな生産や販売の仕組みや方法の創造である。これは、**プロセス・イノベーション**と呼ばれている。

例えば、フォード社が1908年に開発したＴ型フォードには、4個のシリンダーを一体鋳造して単一ブロックとしたエンジン、遊星歯車式変速装置、マグネット発電機を利用した点火装置など、これまでにないイノベーションが組み込まれていた。これらのイノベーションよって、Ｔ型フォードは、大量生産を可能にし、かつ運転も容易で素人でも簡単に修理できるという特性を持つ製品となった。これは、プロダクト・イノベーションの好例である。

しかし、この優れた製品開発だけでは、低価格を実現できない。Ｔ型フォードの大量生産を可能にするために、フォードは部品をすべて自社で内製化し、ベルト・コンベアによる運搬の自動化を行うなど、生産プロセスにおける革新と改良を進めていった。また、大量販売を可能にするために、すでに各地に販売代理店が設置されていた。これらの工夫により、当初850ドルで販売されたＴ型フォードの価格は、290ドルにまで引き下げることが可能になった（中橋 2007）。こうした生産や販売方法の革新が、プロセス・イノベーションである。これらのイノベーションにより、Ｔ型フォードは爆発的に売れ、1921年の市場シェアは56%に達した。Ｔ型フォードによって、これまで自動車を購入できなかった人々が自家用車を持つようになり、彼らの生活をも一変させた。

図表 8-1　Ｔ型フォード

（時事通信フォト）

以上の定義から、イノベーションは単なる革新的なアイデアとは区別されることがわかる。イノベーションに新しいアイデアは必要だが、後述するようにアイデアが新たな製品・サービスに結びつくまでには、多くの困難がある。また、これまでにない新しい製品・サービスを生み出しただけでは、イノベーションとは呼ばれないだろう。これらが新たな価値を顧客に提供できなければ、単なる珍奇な発明と思われるだけである。これらの困難を克服するために求められるのが、イノベーションのマネジメントである。

2「新結合」としてのイノベーション

前述のシュンペーターは、イノベーションとは「新結合」であると述べている。つまり、イノベーションとは無から何か新しいものを生み出すことではなく、既存のもの同士を新たに「組み合わせる」ことによって生まれる。彼は、「新結合」のパターンとして、次の５つをあげている。

①新しい財貨の生産（新製品や新サービスの創出）
②新しい生産方法の導入（新しい製品開発、生産、流通プロセスの導入）
③新しい販売先の開拓（新しい市場の開拓）
④新しい仕入先の開拓（新しい原材料や部品の供給源の開拓）
⑤新しい組織の実現（独占状態の形成、あるいは独占状態の打破）

シュンペーターの「新結合」のパターンを見ると、イノベーションは何も新しい製品やサービスを生み出すときに発生するわけではなく、その開発や生産、流通プロセスでも発生するし、マーケティング部門や営業部門が、新たな取引先を開拓するときなどにも発生することがわかる。また、前述のように、イノベーションはこれまでにない新しい組み合わせによって発生する。例えば、アメリカのサウスウエスト航空は、旅客機の稼働時間を増やすために、給油時間を40分から12分に短縮することに成功した。そのとき同社が参考にしたのは、F1レースのピットインにおける給油方法であったといわれている。

もちろん、新たな組み合わせを通じて新製品やサービスの創出に成功しただけでは、イノベーションとは呼べない。それが市場で受け入れられ、新たな顧客の開拓や既存顧客に対する新たな価値提供を実現し、企業の収益に結びつくことが必要である。

2 イノベーションのプロセスと困難さ

1 イノベーション・プロセス

このように、企業が顧客にとっての新たな価値を創造するためには、イノベーションが不可欠である。しかし、イノベーションはさまざまな困難に直面するため、失敗することも多い。近能・高井（2010）は、イノベーションが生まれる段階と各々の段階で直面する関門を、図表8-2のように整理している。

まず、イノベーションの種とは、何か新しい技術・素材の発見・発明や、

図表8-2　イノベーション・プロセスと関門

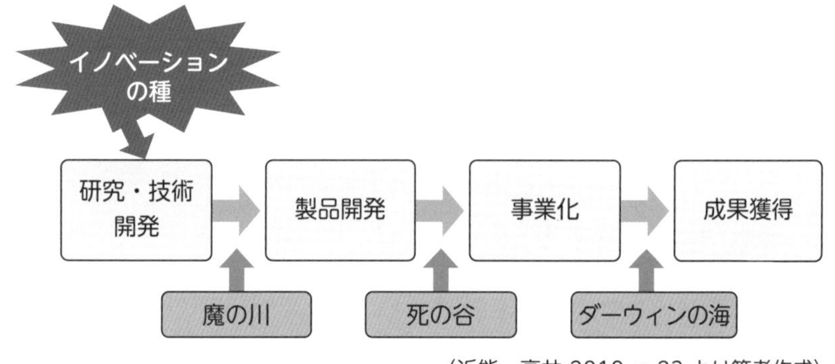

（近能・高井 2010, p.23 より筆者作成）

新しい顧客ニーズの発見を意味している。これらがきっかけとなって、研究・技術開発が始まる。研究・技術開発とは、新製品の基礎となる要素技術を生み出す活動である。要素技術とは、製品の部品や原材料を生産する技術のことである。例えば、自動車はエンジン、タイヤ、車体、照明、空調設備など、多くの部品から形成されている。これらはそれぞれ複数の部品や素材から構成されており、それぞれに要素技術が存在する。さらに、近年は電気自動車や自動運転などのイノベーションのために、さらに数多くの要素技術の開発が求められている。

要素技術の開発の次は、製品開発の段階である。この段階は、要素技術を組み合わせ、具体的な新製品を生み出していく段階である。これをクリアすると、事業化の段階に入る。この段階は、新製品のための市場を開拓し、拡大していくと同時に、収益を確保する仕組みをつくり上げる段階である。こうした段階を経て、顧客に新しい価値を提供することができたとき、イノベーションは発生する。

注意すべき点は、これらの段階は、現実には図のように一直線ではないということである。製品開発の段階で新たな要素技術の開発が必要になったり、事業化の段階で製品を見直すことになったりすることが、しばしば発生する。イノベーションは、これらの段階を行きつ戻りつしながら達成されていくのである。

2 イノベーション・プロセスに立ちはだかる関門

このプロセスは、スムーズに進むとは限らない。各段階の間には、それぞれ「魔の川」「死の谷」「ダーウィンの海」と呼ばれる関門が待ち受けている。まず、技術開発から製品開発に至るプロセスでは、**魔の川**と呼ばれる関門がある。革新的な新製品に必要な要素技術は、必ずしもすべてそろえられるとは限らない。また、要素技術の開発への投資が回収できるかどうか、この段階では不透明である。また、この段階では、本当にイノベーションをもたら

す要素技術かどうかの判断は難しい。

製品開発から事業化に至るプロセスでは、**死の谷**と呼ばれる関門がある。前述のように、具体的な製品開発の段階になって、はじめて追加の技術開発の必要性が生まれることもある。また、製品は数多くの要素技術の複合体なので、数多くの専門技術を異にする社内外の技術者が製品開発にかかわってくる。例えば、ボーイング社の旅客機777型の開発には、5,000人以上の開発者が関与したといわれている（近能・高井 2010）。そのため、意見の食い違いやコミュニケーション不足から、思わぬトラブルに見舞われることも多い。その一方で、自動車の自動運転技術やスマートフォンのように、製品はますます多機能化・高度化することが求められている。さらに、顧客ニーズの変化の速さが、製品のライフサイクルの短縮化をもたらすため、製品開発のスピードアップが必要となる。こうした要因が、「死の谷」をさらに深刻なものにしている。

事業化から成果獲得に至るプロセスでは、**ダーウィンの海**と呼ばれる関門がある。新製品の販売まで漕ぎ着けたとしても、それが注目される製品であればあるほど、競合他社の参入の可能性は大きくなる。「ダーウィンの海」とは、進化論でいわれたようなこうした自然淘汰の競争が待ち構えていることを意味している。したがって、他社との競争に打ち勝つためには、新製品を市場に導入するだけでなく、新製品から収益を確保するための仕組み（ビジネス・モデル）が必要である。

例えば、キヤノンが開発した家庭用の低価格・超小型のインクジェット・プリンタは、当初は印字部分の部品（印字ヘッド）の消耗が激しく、耐久性を高めるとどうしてもコストが高くなってしまうという問題点があった。そこで、印字ヘッドとインクを一体化し、使い捨てとするカートリッジ方式を導入した。こうすることで、印字ヘッドをカートリッジ交換によって新しくし、消耗の問題とコストの問題を同時に解決したのである。このことが、インクジェット・プリンタ本体の価格を抑え、消耗品であるカートリッジの売上げで収益を上げるというビジネス・モデルの構築につながった。こうし

コラム　イノベーターのジレンマ

イノベーションを起こして成功した企業は、その後も繁栄を続けるとは限らない。アメリカの経営学者のC. M. クリステンセンは、ハードディスクドライブ（HDD）業界の研究から、イノベーションに成功した企業が陥る罠を見出し、「イノベーターのジレンマ」と名づけた（Christensen 1997=2000）。

例えば、5.25インチのHDDが全盛を迎えていた1980年代後半の頃、3.5インチのHDDは軽量でコンパクトだったものの、記憶容量は劣っていた。その頃、5.25インチの主力ユーザーは、デスクトップパソコン（PC）のメーカーであり、彼らの関心は記憶容量の大きさだった。そのため、5.25インチのHDDで成功していたメーカーは、記憶容量を拡大することに注力し、3.5インチHDDに関心を示すことはなかった。

一方、3.5インチHDDで新規参入した新興メーカーは、新たな顧客層を見出していった。それは、消費電力が少なく、軽量でコンパクトなHDDを必要とするラップトップPCやポータブルPCなどを生産するPCメーカーであった。新たな市場を獲得した3.5インチHDDは、その性能を高めていき、記憶容量を拡大することに成功する。その結果、3.5インチHDDはデスクトップPCにも装着されるようになり、これまで5.25インチで成功してきたメーカーは出遅れ、HDD市場の主役の座を奪われることになったのである。

このように、イノベーションに成功した企業は、顧客の声に応えて既存製品の性能を向上させていく一方、評価の低い技術や製品は見向きもしなくなる。一方新たに参入する企業は、成功した企業が評価しなかった技術や製品を改良していった結果、既存製品よりも低価格で満足できる性能を持った製品開発に成功し、市場での立場を逆転することがある。このようなイノベーションは、破壊的イノベーションと呼ばれている。イノベーターのジレンマとは、イノベーションに成功した企業が、顧客ニーズに合わせて製品性能を高めることで他社の破壊的イノベーションを誘発し、結果的に新たな競争相手に負けてしまうことを意味しているのである。

て1990年に発売された最初の家庭用インクジェット・プリンタBJ-10vは、爆発的なヒットとなった（米山 1996）。キヤノンがインクジェット・プリンタの開発に着手したのは1970年代初頭といわれている。そこからBJ-10vの発売までに、20年近くの年月を費やしている。

まとめると、イノベーションの困難さの主な要因は、①大きな不確実性と複雑性、②大きなリスク、③求められるスピードの速さであるといえるだろう。

●立ち止まって考えよう

▶ イノベーションの前に立ちはだかる困難さを克服するためには、どのような組織づくりをすればよいでしょうか？

3 製品開発のマネジメント

これまで見たように、イノベーションのプロセスでは、主に①大きな不確実性と複雑性、②大きなリスク、③求められるスピードの速さという困難さを乗り越える必要がある。ここでは、製品開発のマネジメントに注目し、これらの困難に対してどのように対応しているのかを見ることにしよう。

1 製品開発のプロセス

企業において製品開発はどのような手順で行われているのだろうか。まずは、そのプロセスについて見ていこう。青島（2017）は、製品開発を情報の転写プロセスとしてモデル化している（図表8-3）。

製品開発は、製品のアイデアやコンセプトから始まる。この段階では、「誰が、いつ、どのように使用し、どのような価値を生み出すのか」を明確にしていく。スケッチ段階では、アイデアやコンセプトをもとに、製品の具体的な姿を図にしていく。そのスケッチをもとに、製品の設計図面が描かれる。次の段階では、設計図面をもとに、製品を成形するための金型や工具の設計図面が描かれる。その図面をもとに金型・工具および生産設備がつくられ、

図表8-3 情報の転写プロセスとしての製品開発

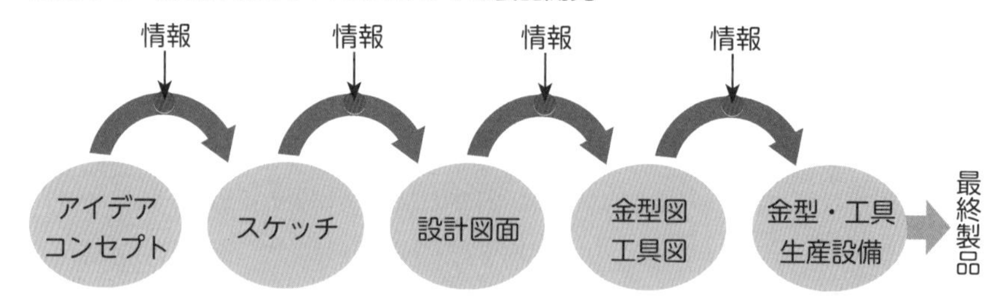

（青島 2017, p.202を一部修正）

製品の製造が行われる。このプロセスは、あいまいな製品アイデアの情報が各段階に転写されていき、最終的に具体的な製品へと結実する活動であるといえる（青島 2017）。この情報が転写されるプロセスをどのようにデザインするかが、製品開発マネジメントの重要課題である。

2 開発段階の重複

製品開発プロセスのデザインには、大きく分けて2つの方法がある。1つは、開発の各段階を順番に、前段階終了後に次の段階に受け渡していく方法である。これは、逐次型あるいは**リレー方式**と呼ばれている。コンセプトやスケッチという初期の段階で、製品についてかなり明確に決定することで、できるだけ後戻りがないようにする方法である。もう1つは、各段階を時間的に重複させる方法である。この方法は、前の段階が終わらないうちに後の段階を始めていく。そうすることで、段階間の調整を図り、情報の転写がスムーズかつ適切に行われるようにする。これは、同時並行型あるいは**ラグビー方式**と呼ばれている（図表8-4）。

リレー方式は、初期の製品コンセプトが相当明確で実現可能なものになっており、かつ各段階間の情報伝達が正確な場合、後の工程が比較的スムーズに進むという利点がある。しかし、もし途中で不具合が生じたとき、また最初の段階に戻らなければならないというリスクもある。さらに、後段階は、

図表 8-4　新製品開発のリレー方式とラグビー方式

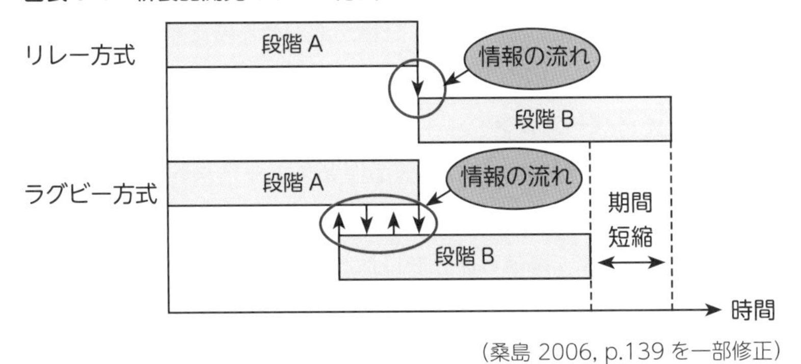

（桑島 2006, p.139 を一部修正）

図表 8-5　重量級プロジェクトマネジャー組織

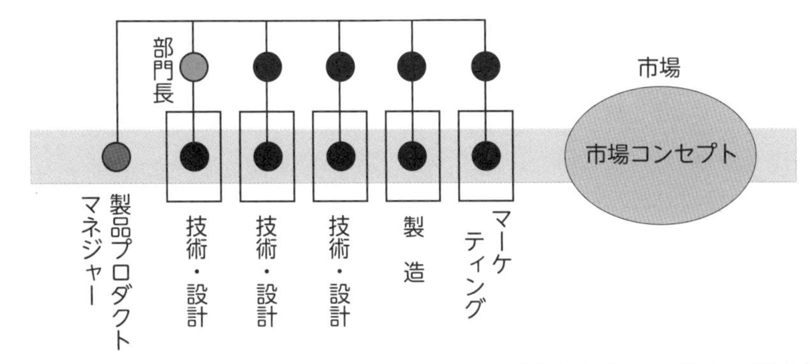

（青島 2017, p.213 を一部修正）

前の段階が終了しないととりかかかることができないという問題もある。

一方のラグビー方式は、段階を重複させるため、開発に要する時間を節約できる可能性がある。また、段階間のコミュニケーションの時間も長くなるため、より正確な情報伝達が可能になる。例えば、自動車開発の現場では、こうした重複が金型の変更回数を少なくし、開発時間の短縮をもたらしたといわれている（Clark & Fujimoto 1991=1993 邦訳参照）。ただし、こうした重複がコミュニケーションの複雑化を招き、かえって開発時間が長くなる危険もある。また、段階間で綿密なコミュニケーションが必要なため、メンバー間の信頼関係がなければこの方法を使うことは難しい。

3 プロジェクトマネジャー組織

このような段階間の綿密なコミュニケーションを可能にする組織として、**重量級プロジェクトマネジャー組織**が提唱されている（図表 8-5）。

この組織では、製品開発で最も影響力を発揮するのは、製品プロジェクトマネジャーである。彼は、各部門に属しているプロジェクトメンバーをまとめ、市場コンセプトをもとに要素技術を製品に統合する役割を果たしている。すなわち、コンセプトの創造から生産、販売に至るまでのプロセス全体に対し、強い影響力を発揮する。そのために、彼はプロジェクトメンバーだけでなく、顧客や取引先とも接触し、市場から得られた情報と技術を統合して、顧客に受け入れられる新製品を開発しようとする。したがって、製品プロジェクトマネジャーは、技術にも市場にも詳しく、またメンバー間の調整能力にも優れ、かつコンセプトをわかりやすく明確に表現できることが求められる。

4 組み合わせ型の製品設計

製品をいくつかの部品に分け、その組み合わせとして設計する方法も、開発期間の短縮に結びつく可能性がある。藤本（2004）は、製品を構成する部品間の独立度合いが高い設計を**組み合わせ型**（モジュラー型）、独立度合いが低い設計を**事後すり合わせ型**と呼んだ。

例えば、パソコンの部品は、演算処理をするCPU、データの記録をするハードディスク、データの入力を行うキーボードやマウスなど、それぞれの性能を担当する部品が独立している。パソコンの性能は、それぞれの部品の性能のいずれかが改善すれば向上する。こうした製品は、それぞれの部品を別々に開発し、部品同士の結合部分（インターフェイス）のみつなぐことが

図表 8-6　組み合わせ型と事後すり合わせ型

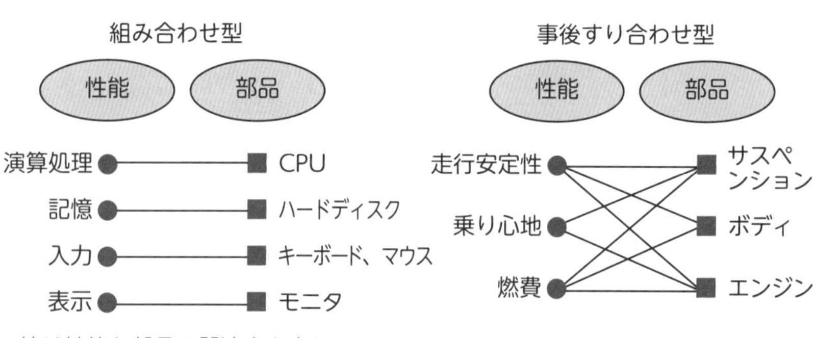

※線は性能と部品の関連度を表している。

（近能・高井 2010, p.201 を一部修正）

できるよう標準化しておけばよい。このような製品の設計方法が組み合わせ型である。

一方、自動車の性能には、燃費や走行安定性、安全性、乗り心地、荷物のスペースの広さなどがあるが、これらは自動車を構成するさまざまな部品の複合的な組み合わせが影響している。例えば、燃費をとってみても、エンジンの性能だけでなく、車両の重量が影響しており、車両の重量は部品の重量に依存している。乗り心地については、エンジンはもとより、スペース、タイヤ、サスペンション、空調、座席などが複合的に影響している。こうした製品の性能を高めるためには、部品を組み合わせた後の調整に多くの時間を費やす必要がある。こうした製品の設計方法が、事後すり合わせ型である（図表 8-6）。

製品開発のスピードを考えると、設計を組み合わせ型にする方が効率的になる。組み合わせ型では、インターフェイスを標準化し、各部品が担当する性能を事前に明確に決めておけば、部品間の調整時間が短く、各部品を同時並行的に開発することが可能となる。また、部品の組み合わせを変えることで、多様な製品を素早く市場に導入できるといった利点がある（青島・武石 2001）。もちろん、製品のデザイン全体が変更になるような新製品の場合、組み合わせ型では対応が困難になる危険がある。

5 オープン・イノベーション

オープン・イノベーションとは、製品開発をより効果的に進めるために、自社と他社の技術を組み合わせ、活用する方法である。前述の組み合わせ型の製品設計のもとでは、部品の開発を自社と他社で分担できるので、オープン・イノベーションが使いやすい。オープン・イノベーションを用いれば、すべての開発を自前でやらなくてもよいので、開発スピードを速めることが可能となる。例えば、電気自動車技術とハイブリッドカー技術を持ち、北米やヨーロッパへの販路が強いトヨタと、低燃費エンジン技術と発展途上国への販路を持つマツダは、技術提携を結ぶことで互いの技術と販路を利用しようと試みている。

しかし、オープン・イノベーションにも問題はある。オープン化があまりにも進み過ぎると、汎用部品（誰でも調達が容易な部品）の使用比率が高まることにつながり、結局自社と他社の製品の差別化が難しくなる危険がある。例えばパソコンは、汎用部品の割合が高いため、コンピュータに詳しい人ならば、街で売っている部品を集めて高性能のパソコンを自作できるほどになっている。差別化ができなければ、顧客が製品間の違いをあまり意識しなくなってしまう。このような現象は、**製品のコモディティ化**と呼ばれている。製品のコモディティ化が進むと、価格競争が激化し、企業はその製品から利益を得ることが困難になるのである。

4 インターネット時代のイノベーション

近年、私たちの周りで起こっている最も大きなイノベーションは、インターネットをはじめとする情報技術のイノベーションであろう。情報技術の進展は、私たちの働き方や生活の仕方に非常に大きな影響を与えた。インターネットのおかげで、私たちは四六時中、世界中から情報を集めたり、逆に発信できるようになった。携帯電話（スマートフォン）は、単なる通信手段ではなく、ゲーム、カメラ、決済機能などますます多機能化している。そのせいか、スマートフォンを常時手放せなくなっている人々も増えている。さらに、情報技術の進展は、在宅勤務やバーチャル・オフィス（インターネット上の仮想の仕事空間）での協同作業を可能にした。この節では、Google のケースを通じて、情報技術の発展が企業のイノベーションに及ぼす影響について考えてみたい。

◆ Story 2. Google のイノベーションの特徴

Story 1. で見たような絶え間ないイノベーションを起こすために Google が行っているのは、非常に優秀なエンジニアを雇い、彼らに自由を与えることである。そのための有名な取り組みの 1 つが、「20% ルール」だ。これは、エンジニアが仕事時間の 20%を好きなプロジェクトに使うことを認める制度である。この制度のもとでは、エンジニアは自分のアイデアを実現するために、時には経営陣のアドバイスを無視することもある。20%ルールは、社内から自然発生的にイノベーションを起こす仕組みである。この制度から、Gmail や Google マップなどの画期的な製品が生み出されている。

ただし、このような仕組みをつくれば、直ちにイノベーションに結びつくわけではない。1 人のエンジニアの努力だけではアイデアどまりになってしまう。Google において、新たなプロジェクトを立ち上げようとする社員へのアドバイスは、「プロトタイプをつくれ」である。プロトタイプとは、アイデアを形にした試作品であり、これが面白くて興味を引くものならば、他の社員も自らの 20% をそのプロジェクトに投じようとするだろう。

もちろん、Google においても 20% ルールで生まれたプロジェクトがイノベーションに結びつく可能性はかなり低い。しかし、20% ルールの目的はイノベーションだけではない。20% ルールでは、日常の業務では使わないスキルを学び、普段は一緒に仕事をしない仲間とプロジェクトに挑戦することが多い。このような経験を通じ、エンジニアはより優秀になっていく。このような教育効果が、20% ルールの最も重要な成果である。

Google では、エンジニアは上司のいうことは聞かないかもしれないが、ユーザーのいうことには積極的に耳を傾け、よい製品づくりに反映させていく。そのために行われているのが、「世に出してから手直しする」という方法である。製品をインターネットで販売し、インターネット上で使用するようなソフトウェア業界では、いったん売り出した製品について、ユーザーの反応を見ながら手直しすることが容易である。こうして徐々に製品に改良を加え、最終的には爆発的に顧客に受け入れられる製品へと進化させていく。もちろん、失敗したと判断すれば直ちに撤退する。この方法は、新製品開発に費やしたコストを考えて、なかなか撤退できない罠に陥るのを防ぐ効果がある。

これは、決して質の悪い製品を出してもよいということを意味していない。Google が行っているのは、当初は限定的な機能しか持たない最高の製品を出したとしても、その後新機能を追加することで利便性を高めるという方法である。Google Chrome は、まさにそのようにして開発された製品であった。この製品の当初の特徴は、動作が軽快で、各タブがそれぞれ独立して動作するため、タブの 1 つがクラッシュしても他のタブに影響がないところにあった。現在では、例えば「よくアクセスするページ」や「最近閉じたタブ」を表示する機能や、新たなセキュリティ機能が追加され、ユーザーの利便性を向上させている。

(Schmidt & Rosenberg with Eagle 2014=2016)
コトバンク「グーグル・クローム」
https://kotobank.jp/word/Google%20Chrome-13780

●立ち止まって考えよう

▶ インターネットをはじめとしたさまざまな情報技術革新は、企業のイノベーションにどのような影響を与えるでしょうか？

1 ユーザーとの距離が近い開発プロセス

Google のケースに見るように、情報技術の進展は、メーカーとユーザーの距離を近くし、開発プロセスに彼らから得られた情報を反映することが容易になった。このようなアプローチは、ソフトウェア業界だけでなく、ものづくりの業界でも可能である。重量級プロジェクトマネジャー組織では、顧客情報はもっぱらマーケティング担当者を通じて製品開発に反映されていたが、ケースのように、インターネットを通じて開発担当者が直接ユーザーの反応を見ることも可能である。例えば、メーカーはプロトタイプをインターネット上で公開し、ユーザーからの反応を集めることもできる。本格的な製造プロセスに入る前に、具体的な製品のモデルを目にした顧客の声を開発プロセスに取り入れることが、以前よりも容易になったのである。

アメリカの経営学者のC.K. プラハラードは、メーカーとユーザーの協同を通じたイノベーションを、価値共創と呼んでいる（Prahalad & Ramaswamy 2004）。情報技術の進展は、顧客も製品開発プロセスに巻き込み、協同でイノベーションを起こす可能性を高めている。

2 アイデアの可視化

顧客をはじめ、さまざまな人々をイノベーションのために巻き込むために必要なのが、**プロトタイプ**である。Google では、20% プロジェクトの成否は、プロトタイプの出来にかかっていた。また、初期の Google Chrome のように、顧客の反応を見て改善するために売り出される製品も、広い意味でプロトタイプということができるだろう。プロトタイプは、抽象的ではなく具体的な形を持つために、最終製品に向けてのイメージが膨らませやすい。また、実際に使用できるプロトタイプは、ユーザーの具体的な経験を通じた情報を集めるのに役立つ。

製品のプロトタイプ化は、通常のものづくりにおける製品開発でも威力を発揮する。青島（2017）は、CAD（Computer Aided Design）によって、製品開発プロセスに革新が起こったと述べている。CAD とは、設計図をコンピュータ上で 3 次元の製品として表現する情報技術の 1 つである。2 次元の設計図から 3 次元の製品をつくるプロセスでは、うまく情報が転写されるとは限らず、思わぬアクシデントが起こることがよくある。設計図の段階で 3 次元のモデルが可視化されると、情報の転写のあいまいさはかなり削減される。また、CAD によって製品の変更や修正がコンピュータ上でできるようになり、試作品の作成コストとスピードが大幅に削減される。さらには、3 次元のイメージは設計に詳しくない人でもわかりやすく、例えばマーケティングやカスタマー・サービスの担当者から、開発の初期段階でも意見を出してもらうことが容易になる。CAD だけでなく、近年は 3D プリンタ、バーチャル・リアリティなどの普及によって、製品のプロトタイプ化はますます多様かつ容易になっている。

このように、インターネットをはじめとする情報技術のイノベーションは、製品開発プロセスのイノベーションを誘発し、さらに新たなイノベーションの可能性を広げているといえるのである。

イノベーションは企業に必須の課題だが、近年ますますその実現までのスピードアップが求められている。そのため、企業はさまざまな工夫を行っているが、情報技術の発展はイノベーションの実現方法にもイノベーションを起こしつつあるといえそうである。

ステップアップのための本

近能善範・高井文子『コア・テキスト イノベーション・マネジメント』新世社、2010 年
イノベーションについて、より詳しくかつわかりやすく説明したテキスト。具体例も豊富。

●振り返って考えよう

▶「はじめに考えてみよう」の２つの問いに、自分の言葉で答えて下さい。
▶ あなたがこの章で学んだことを、２つ答えて下さい。

●話し合ってみよう／調べてみよう

1 日本企業のイノベーションを起こす力が弱くなっているといわれています。どう思うか話し合ってみましょう。

2 日本企業のイノベーションの例を探してみましょう。そして、どのようにしてイノベーションが起きたのか、考えてみましょう。

9章 組織の中の見えない力　組織文化

●この章のねらい
　組織の中で人々の行動や考え方に影響する「目に見えない要因」について理解することと、組織文化の特徴とその変革方法について理解する。

エドガー・H・シャイン

シャインのプロフィール
1928年、アメリカ生まれの心理学者。組織文化の本質は、メンバーに共有され、当然視された基本的仮定にあると主張。

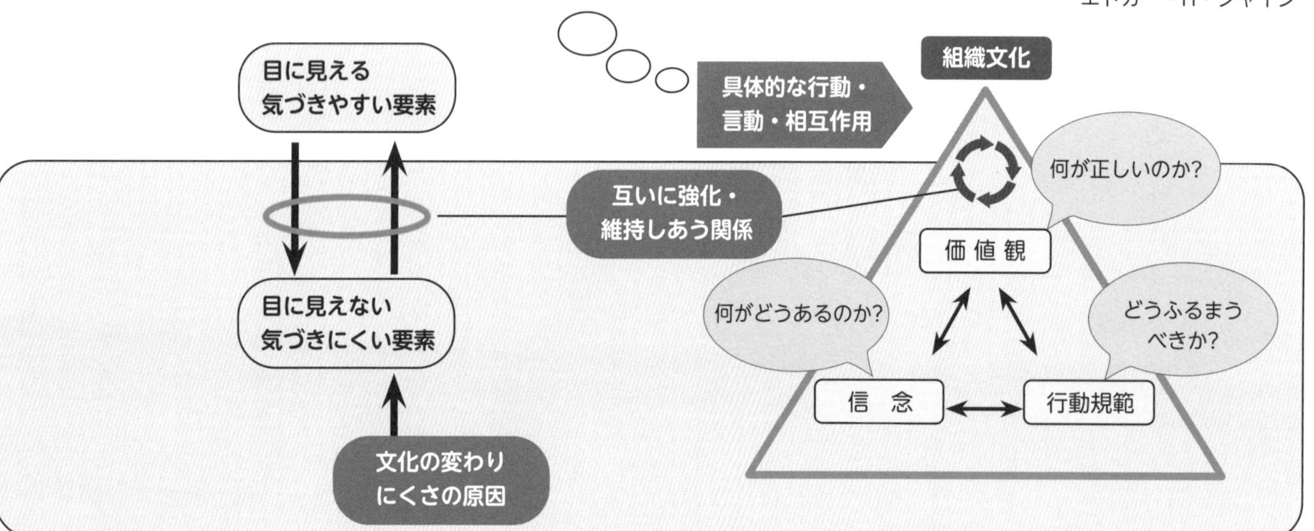

　組織文化は、目に見える要素と目に見えない要素からできている。これらの要素はお互いに関連しあい、組織文化を変わりにくい性質にしている。しかし、組織文化を形成・維持する最大の要因は、メンバー間のコミュニケーションのパターンである。

●はじめに考えてみよう

▶ 組織文化とは何でしょうか。どのような特徴を持っているのでしょうか。

▶ 組織文化は「変わりにくい」といわれていますが、それはなぜでしょうか。

▶ 組織文化を変えるには、どうすればよいでしょうか。

組織文化のメリットとデメリット

メリット

- 柔軟な管理
- 人々を動機づける

デメリット

- 人々の思考の均質化
- 無力感や冷笑的態度
- 変化しにくい

文化変化のモデル

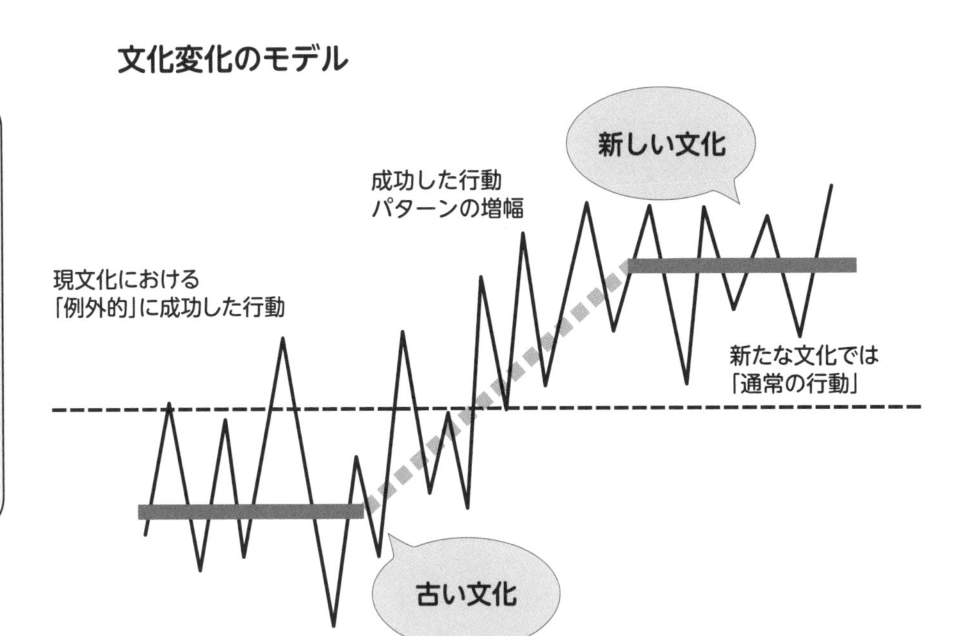

古い文化の中でも、新しい考え方や行動の萌芽はあるものだ。しかし、これらは通常、「例外」とか「偶然」と見なされてしまう。文化の変化は、こうした例外的にうまくいった行動や考え方を再現、反復、増幅、拡大することで発生することがある。

そして、新しい文化の下では、先ほどの例外は「通常」「当たり前」のことと見なされていく。

組織の中の人々の行動や考え方に影響するのは、組織構造だけではない。組織には、目に見えるさまざまな仕組みや行動の背後に、人々に共有された物の見方や価値観が存在するのである。これらは組織文化と呼ばれ、その組織における正しい考え方やふるまい方を伝え、組織の意思決定や戦略、業績にまで大きな影響を与えている。

もちろん、自社にとって「よい」組織文化を形成するのは容易ではない。しかし、組織文化の特徴や変革のメカニズムを理解することは、考え方の違う人々同士が理解しあい、協同を可能にすることにつながっていくことになる。本章では、この組織文化について解説する。

ケース　黄色いバスの奇跡 ―十勝バス株式会社―

◆ Story 1．絶望的な状況

十勝バス株式会社は、1926年に野村文吉氏が創業した、北海道帯広市に本社を持つバス会社である。マイカーの普及によって、バスの需要は全国的に右肩下がりを続けているが、同社も例外ではなく、1990年代には毎年のようにリストラを行わなければならないほど追い込まれていた。社長は３代目の野村文彦氏（文吉氏の孫）になっていたが、彼は会社をたたむ決意を固めていた。

その頃の同社の筆頭株主は、文彦氏の息子の野村文吾氏であった。彼は当時札幌プリンスホテルに勤務していたが、「会社をたたむ」という父親の話を聞いて奮起し、ホテルを辞めて十勝バスを立て直す決意をする。1998年４月に「経営企画本部長」として同社に入社した文吾氏だったが、父親の文彦氏から会社の実印と金庫の鍵を渡され、実質的に経営者としてふるまわざるを得ない状況になった。

文吾氏が入社したときの十勝バスは、想像以上の状況であった。1969年をピークに利用者は年々減少しており、1998年にはピーク時の40%ほどまで落ち込んでいたのである。とはいえ、バスは地域住民の大切な「足」であるため、国や自治体が補助金を出すことで、多くのバス会社は赤字を補てんしていた。しかし、あまりに利用客が少ないと補助金の対象から外されてしまうので、そうなるとバスの便数を減らさざるを得ず、それがさらに利用者の減少に拍車をかけるという悪循環となっていた。

利用者の減少によって売上げが低下すると、会社としてはコストカットをせざるを得ない。コストで大きな比率を占めるのは人件費であり、コストカットのために、経営者もここに手を着けることが多い。十勝バスも、リストラや給与カットを行っていたが、そうなると従業員の不満は増大していく。出口の見えない状況の中で、給与アップや労働環境改善を訴える労働組合とそれを拒否する経営側の対立は、非常に激しいものになっていたのである。

プリンスホテル勤務を通じて、「お客様の目線に立って考える」ことが大事であると学んでいた文吾氏は、幹部が集まる会議で「営業部をつくりましょう！　バスに乗ってどこかに行く計画を立てるとか、ポスターを貼ったりチラシをまいたり……とにかく何かやってみましょうよ！」と提案した。

ところが、幹部らの反応は冷ややかなものであった。

「本部長、帯広では無理ですよ。東京や札幌なら人がいてポスターを見てくれる人やチラシを受け取ってくれる人もいるだろうけど、帯広のどこにポスターを貼るというんですか。どこにも人が集まっているところなんて、ないじゃないですか。私たちだって今まで何もやってこなかったわけじゃないんですよ。でも、バスに乗らない人は乗らないんですよ。本部長はね、大きな会社で宣伝とかやられたからそうおっしゃるんでしょう。でも帯広じゃ、そうはいかないんですよ。現実を見てください」

どんなに話しても一向に乗ってこない幹部たちを前に、文吾氏はしぶしぶあきらめるしかない状況だった。

さらに、文吾氏を驚かせる事件が起こる。「バス停で待っていたのに、バスが乗せてくれなかった」という苦情の電話がかかってきたのである。文吾氏は、運転士を束ねる運行課の責任者である高原氏に、「運転手に気を付けるよういってもらえませんか？」というが、高原氏の返答はこのようなものであった。

「あー、そりゃ見逃しますよ。あのバス停は見えづらくって。そういうお客様には、ちゃんと停留所のそばに立っていて下さい、っていって下さい」

別の日には、「バスに乗って、まだ扉が閉まらないうちに発車した」という苦情が飛び込んでくる。文吾氏は、再び高原氏に「けがをさせたら大変です！　安全第一でお願いします！」と注意するが、彼の答えはこうだった。

「で、けがをした人はいたんですか？」

首を振る文吾氏に、高原氏は「だったらいいじゃないですか。本部長、時刻表どおりに運行しないと我々は怒られるんですよ。バスが遅れるのはダメ、扉はゆ

っくり閉めてから発車しろ、これじゃ運転なんてできませんよ」と言い放ったのである。頭に血が上った文吾氏は、危うく高原氏の胸ぐらをつかみかけてしまった。
「なぜ、みんな『なんとかしよう』と思わないのだろう」
「もっとこうすればいいんじゃないか」
文吾氏は、会社のことを知れば知るほど、いろいろな疑問やアイデアが浮かんでくる。それを従業員にぶつけてみても、「昔からこうやってるので……」「やったことがないのでわかりません」という反応ばかりで、社内の誰に何をいっても通じないのである。「お客様の目線に立って考える」ことが当たり前だった文吾氏にとって、十勝バスは絶望的な状況にしか映らないのであった。

●立ち止まって考えよう
- ▶ 文吾氏が「何をいっても通じない」のはなぜだと思いますか？
- ▶ 価値観や信念が共有されていると、組織のメンバーにどのような影響があると思いますか？

1 組織文化とは

1 組織文化の構成要素

組織文化とは、「組織のメンバーに共有された信念、価値観、行動規範、意味の総体」と定義できる。**信念**とは、「人間とは、組織とは、社会とは何か」といったことに対する、基本的な考え方を指す。**価値観**とは、「従業員はこうあるべきだ、よいリーダーとはこうふるまうべきだ、成功するためにはこうするのがよい方法だ」といった、物事の判断基準や評価基準を表す。**行動規範**とは、「対立はできるだけ回避せよ、どんな顧客にも嫌な顔を見せるな」など、具体的な場面においてどのように行動すべきかを表すルールである。**意味**とは、戦略、リーダー、顧客など、組織の中で交わされる言葉のカテゴリーを表す。

例えば、顧客満足度の向上が企業業績を高め、結局は従業員の幸福や生活の安定につながると考えている企業があったとしよう。この企業の信念は、「顧客の持つ情報が最も役に立つ」「顧客に支持されない企業は生き残れない」などとなるだろう。この企業の価値観は、「顧客満足を上げる行動をすべき」「顧客第一」「顧客の声を反映したサービスや製品開発がよい」といったことになるだろう。また、この企業の行動規範は、「顧客満足のためなら、通常の手続きは飛ばしてよい」「顧客を喜ばせるアイデアなら、上司に具申できる」といったものになるかもしれない。最後に意味は、「顧客とは誰のことか」を表すカテゴリーとなるだろう。企業によっては、中心となる顧客が異なる場合もある。若者が中心の場合もあれば、特定の地域に住む人々が顧客である場合もあるかもしれない。顧客の意味が違えば、当然サービスや製品も変わってくる。

2 組織文化の形成

こうした組織文化は、どのように形成されるのだろうか。組織心理学者のE.H. シャインは、リーダーが強い影響力を持つと述べている。彼は、リーダーが組織文化を形成し定着させる手段として、図表 9-1 のようなメカニズムをあげている（Schein 1999）。メンバーは、リーダーの言動に注目し、組織における正しい考え方、適切なふるまい方を学んでいき、それがメンバー

図表 9-1　組織文化を定着させる主要メカニズム

- ・リーダーが定期的に注意を払い、測定し、管理していること
- ・重大な事態や組織存亡の危機にリーダーがどのように反応するか
- ・入念な役割モデル、指導、コーチ
- ・リーダーが報酬、地位を与える基準
- ・リーダーが組織のメンバーを募集、採用、昇進、退職、解雇する基準

（Schein 1999 より筆者作成）

図表 9-2　組織文化を定着させる補助的メカニズム

・組織の設計、構造（例、事業領域、製品系列、職能責任など） ・組織のシステム、手順（例、反復的な業務の進め方） ・物理的空間、外観、建物の設計 ・出来事に関する話題、語り草および逸話 ・組織の哲学、価値観、信条に関する公式の声明

（Schein 1999 より筆者作成）

間の相互作用を通じて共有されることで、組織文化が形成されていくと考えられている。

さらに、図表 9-2 のような補助的メカニズムが、組織文化をより強固にする働きをなす。この補助的メカニズムは、上述のリーダーのふるまいと一貫性があると認められた場合、リーダーの価値観や信念を伝えるうえで重要な役割を果たす。これらは、もしリーダーが組織を去ることになっても、新たなメンバーに組織文化を伝える役割を果たすことになる。しかし、補助的メカニズムがリーダーの行動と矛盾する場合、これらは機能せず、形骸化していくことになる。

2 組織文化のタイプ

それでは、組織文化にはどのような種類があるのだろうか。ここでは、比較的よく用いられている K.S. キャメロンと R.E. クインの競合価値モデルを紹介しよう（Cameron & Quinn 2006 = 2009）。これは、組織が追求する望ましい目的およびその方法について、それぞれ対立する 2 つの価値観を軸に、組織文化を 4 つのタイプに分類する方法である。

図表 9-3　組織文化のタイプ

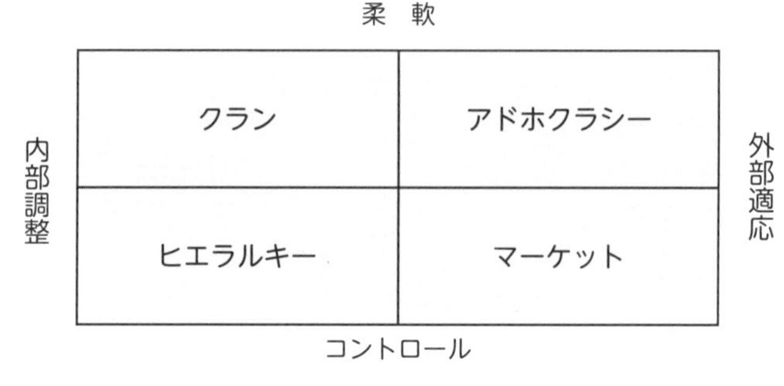

（Cameron & Quinn 2006 = 2009）

図表 9-3 の横軸は、組織内部のまとまりを重視するのか、あるいは組織の外部環境への適合を重視するのか、という対立軸である。縦の軸は、柔軟な方法を重視するのか、厳しいコントロールという方法を重視するのか、という対立軸である。この 2 つを組み合わせ、次の 4 つの組織文化タイプが導かれる。

①クラン・タイプ　このタイプは、メンバーのまとまりや育成を重視する組織文化である。この目的を達成するために、メンバーの意思決定への参加や組織への忠誠心の強化が求められる。組織全体が、1 つの大きな家族であることが望ましいと考えられている組織である。

②アドホクラシー・タイプ　このタイプは、自由や創造性を大事にする組織文化である。この目的を達成するために、イノベーションや変化が求められる。トップの集権的な経営ではなく、柔軟で分権的な方法が望ましいと考えられていて、リスクに挑戦する人が尊ばれる文化である。

③ヒエラルキー・タイプ　このタイプは、効率性や説明責任、安定性が大事にされる組織文化である。そのため、公式に決められた厳格な規則の遵守、明確な役割分担、階層を通じた命令伝達が望ましいと考えられる。ルールをしっかり守る人が尊敬され、リスクはできるだけ回避しようとする文化である。

④マーケット・タイプ　このタイプは、合理的な戦略や目標設定を大事に

する組織文化である。この文化では、市場占有率の増加、ノルマの達成、ライバルに対する勝利が重要視される。目標達成できたメンバーには高い報酬が与えられる。仕事に厳しく、目標を達成する人が評価される。

現実の組織が、どれか１つのタイプに当てはまるということはほとんどなく、すべての組織は、4つすべてのタイプの要素を多かれ少なかれ持っている。しかし、その中でも顕著なタイプが、その組織の組織文化を特徴づけているといえよう。

3 組織文化の特徴

1 柔軟な管理を可能にする

１節で述べたように、組織文化は組織における適切な行動や考え方を判断する基準となり、基準から外れた行為は、他のメンバーから非難される危険がある。これは、管理職がメンバーの行動を監督し、報酬や罰を与える仕組みよりもいくつかの利点を持っている。１つ目の利点は、リーダーがメンバーを常に監視し続けなくてもよいこと、２つ目は、メンバーの心理的抵抗感が小さいことである。罰則や報酬によるコントロールは、メンバーに「常に監視されている」という思いを抱かせ、メンバーの仕事意欲を低下させる危険がある。一方、組織文化はメンバーが正しいと思った行動を促すので、抵抗感が小さく、より自発的と思われる行動を生み出すことになる。また、組織文化がもたらす基準は、罰則や報酬を与える基準よりも、より柔軟なものとなる。環境の不確実性が高まると、何が適切な行動なのか判断が難しくなってくる。このような場合、柔軟な判断基準の方が判断の自由度が高いため、不確実な環境に対応した柔軟な行動をとりやすくなる。

2 人々を動機づける

組織文化は、人々の仕事意欲の源泉となることもある。経営理念など、組織が重視する価値観は、それが共有されることで人々を強く動機づけることがある。その一例として、松下電器（現・パナソニック）の創業者である松下幸之助氏が宣言した、「実業人の使命」があげられよう。1932年に、全社員の前で発表された「実業人の使命は、貧乏の克服である」という内容の宣言文は、当時まだ十分豊かでなかった社会で、多くの人々を熱狂させたといわれている。また、ジョンソン＆ジョンソンの“Our Credo（我が信条）”も有名だ。このように、組織が信奉する価値観をメンバーが共有することは、彼らに誇りや仕事の意味を与え、それが動機づけとなる効果がある。

3 人々の考え方を均質化する

一方で、組織文化は人々の考え方や行動を均質化してしまう危険がある。その組織文化に合わない考え方は、組織の中では非難されたり無視されたりすることがある。そうなると、メンバーは新しいことを学ぶ機会が少なくなり、「自分たちの考え方が絶対だ」と思い込むようになってしまう。結果として、組織の環境適応力が低下する危険が大きくなる。

4 無力感や冷笑的な態度をもたらす危険

経営学者のG.クンダは、メンバーを価値観によってコントロールすることの逆機能について述べている。公式の規則や数値目標と違い、価値観はどこまで守ればよいのかについて制限されていない。例えば、「売上げ○○円」という目標は、たとえ困難であっても達成度合いがわかりやすいが、「顧客第一」という価値観は、どこまでやれば達成したことになるのだろうか。そうなると、メンバーは熱心に働いてもなかなか達成感が得られず、突然無力感に襲われる危険がある。あるいは、価値観が求める際限ない要求に対し、冷笑的な態度をとるようになるかもしれない（Kunda 2006）。

5 変化しにくい

さらに、組織文化は変化しにくいという特徴を持っている。これにはさまざまな理由があるので、節を改めて説明する。

4 組織文化はなぜ変化しにくいのか

冒頭のケースで見たように、いったん形成された組織文化は、それがたとえ環境変化に合ったものではなくても、変化しにくいものである。さらに、新たなリーダーが変革を唱えても、なかなか容易に変化できるものでもないのである。ここでは、その理由について考えてみよう。

1「当たり前」になる

組織心理学者のシャインは、組織文化は徐々に人々の間で「当たり前」のものとなってしまい、疑うことが難しくなると述べている。1節で、組織文化を形成するのはリーダーの影響が大きいと述べたが、いったん「当たり前」になってしまった文化を変えることは容易ではない。なぜなら、私たちは「当たり前」を思考の前提としてしまい、この前提そのものを疑問視することは大変難しいからである。

組織心理学者のC. アージリスは、人々の学習をシングル・ループ学習とダブル・ループ学習に区別している（Argyris & Schön 1978）。**シングル・ループ学習**とは、行動とその結果を観察し、問題があればそれを改善するために行動を修正するという学習のことを指す。一方、**ダブル・ループ学習**とは、行動の修正ではなく、行動を支える前提を修正する学習のことである。この章の議論でいえば、「当たり前」となった組織文化を疑うような学習のことである。私たちは通常、問題を解決するために行動を変えようとするが、その前提を疑って修正しようとはしない。ケースにおいて、運行課の高原氏が（また、リーダーの文吾氏も）、自分の「当たり前」を疑わなかったように、ダブル・ループ学習は、きわめて困難な学習なのである。

図表 9-4　シングル・ループ学習とダブル・ループ学習

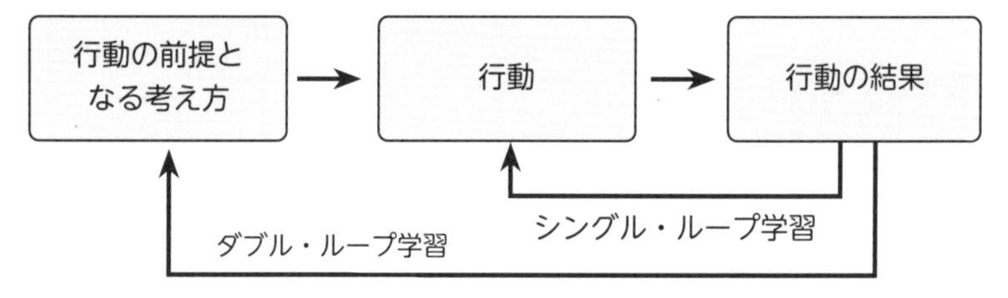

組織文化が「当たり前」のレベルになると、リーダーが文化を形成するというよりも、文化に合った人物がリーダーとしてふさわしいと見なされるようになってくる。文吾氏のいうことが少しも従業員に受け入れられなかったのは、彼がリーダーとして認められていなかったのが理由の1つと考えられるのである。

2 集団圧力

また、集団はその中のメンバーに、集団の行動規範に従うよう圧力を発生させる。したがって、もし組織文化が支持する価値観とは異なる意見を持っていたとしても、それを組織内で表明することは難しい。

この**集団圧力**について、心理学者のS. E. アッシュが有名な実験を行っている。この実験では、被験者8人に2枚のカードを見せる。1枚目のカードには1本の線分が描かれており、2枚目のカードには3本の線分が描かれている。被験者8人は、1枚目と同じ長さの線分を2枚目から選ぶよう指示されるというものである。ところが、8人の被験者のうち7人はサクラで、わざと正解とは違う線分を選ぶ。何も知らない本当の被験者の中には、このサクラの答えに同調して間違った線分を選んでしまう人が少なからずいることが確かめられている（Asch 1951）。

もっと危険だと思われる状況ではどうなるだろうか。心理学者のB. ラタネらは、大学生を対象にアンケート調査を行った。一部の学生は部屋で1人きりで、他の学生は3人グループで部屋に入ってアンケートに答えてもらうようにする。すると、アンケートの記入中に部屋の中に煙が流れ込み、煙はやがて部屋中に充満する。これはもちろん実験であり、1人の場合と集団の場合では、行動にどのような違いが表れるかを調査するのを目的とする。実験の結果、１人の場合では、75％の学生が席を立って誰かに知らせに行ったが、３人の場合では38％しか報告せず、残りは煙を吸い続けたのである。一見危機的な状況であっても、周りが動かない場合、多くの人は大丈夫だと思い込むという結果が得られよう（Latane & Darley 1968）。

このように、集団圧力は人々の行動を集団に合わせるように仕向けるため、組織文化に合わない行動を自発的にとることは非常に難しいといえよう。

3 学習性無力感

私たちは失敗が続くと、その原因を取り除こうとはせず、むしろ「何をやっても無駄」と思う危険性がある。心理学者のM.E.P. セリグマンは、これを**学習性無力感**と呼ぶ（Peterson, Maier & Seligman 1993＝2000）。ケージの中のイヌに強力な電気ショックを与える実験で、その電気ショックから逃れられないことを学習したイヌは、たとえケージの外に出られるようにしても、そのまま電気ショックを受け続けることを彼は発見した。人間も同じように、うまくいかないことが続いてどうしようもないと感じたとき、無力感にさいなまれ、現状を変えようという意欲を失ってしまうことがある。先のケースでも、長年の右肩下がりの業績、相次ぐリストラや給与カットを経験する中で、十勝バスの従業員は学習性無力感を経験したのではないだろうか。ケースの中で幹部の１人が、「バスに乗らない人は乗らないんです」といった背景には、このような学習性無力感があるように考えられる。

このように組織文化は、いくつかの要因によって変わりにくい性質を持っている。たとえ組織が失敗続きであっても、変革しようと思われない危険があるのである。そのため、リーダーが「このままではいけない」「何とかしなければ」と思っていても、簡単には変われない。しかし、環境変化に適応して生き残っていくためには、組織は自分たちの考え方や行動を変えていく必要があろう。

●立ち止まって考えよう

▶ 十勝バスの組織文化を変えていくには、どうすればよいと思いますか？

◆ Story 2．従業員を愛する

ある日のこと、文吾氏は先輩経営者との飲み会の席で、いつものように会社の愚痴をこぼしていた。すると先輩の１人が突然、「変わらなければいけないのはお前の方だろ！」といい、「お前が会社をダメにしているんだよ！」と文吾氏に迫ってきた。「一緒に働いてくれる人たちのこと、もうちょっと愛せよ」といわれた文吾氏は、最初はとまどったものの、従業員たちがいなければバスを動かすこともできないことに気づいたのである。自分だけがんばっていると思っていた文吾氏であったが、支えられていたのはむしろ自分だったことに気づいたのである。

それからの文吾氏は、会議でも頭ごなしにどなることは止め、相手の話に耳を傾けるようにした。従業員の動きにも目を配り、彼らの家族の話を聞いたり、自分から進んで話をしたりするようにした。

2003年に代表取締役になった文吾氏は、もっと従業員を愛するために、出張のある日を除いて毎朝６時半に出社し、従業員１人ひとりに挨拶をするようにした。これらの取り組みによって社長の本気が伝わり、古参の社員も社長を信頼するようになっていった。

ところが2008年、ガソリンの原料である原油価格が史上最高値を記録し、十勝バスのみならず、全国のバス会社に深刻な打撃を与える。これまで危機を何とか乗り越えてきた十勝バスであったが、いよいよ倒産を免れない状況に追い込まれてしまったのであった。

幹部たちを招集し、緊急ミーティングを開いても、よいアイデアがすぐに出てくるわけではない。そのとき、幹部の１人が「営業強化、やってみましょうか」とつぶやく。文吾氏は、自分から口出しすることはなく、幹部たちから具体的なプランが出るのを待った。その結果、「１つのバス停（白樺通19条）の周辺200戸にチラシを配る」というプランが提案された。それを聞いた文吾氏は、あまりに小さなプランだったので拍子抜けしてしまった。

しかし、戸別訪問しながらチラシを配る中で、地域住民がバスの料金や行先すら知らないことを知った文吾氏は、人々が「不便だから使わないのではなく不安だから使わない」ことに気づいたのである。そこから生まれたアイデアが、表面に病院や学校、スーパーなど住民がよく利用する場所を路線図に沿って書いたイラストを載せ、裏面に時刻表を載せた「目的別時刻表」である。この目的別時刻表をチラシとして、配布を始めたのである。するとある日、いつもは素通りするバス停から、2人の客がバスに乗ってきたのである。そのバス停は、周辺にチラシを配った「白樺通19条」であった。

その翌日から、他の停留所の周辺でも戸別訪問を行い、その範囲はどんどん広がっていった。すると、戸別訪問をすればするほど、その路線を走るバスの利用者数が増えていくのであった。やがて、従業員から次々とアイデアが生み出されるようになる。そして、バスの乗り方を図解で説明した「バスマップ」「バスの乗り方の出前講座」「通勤（通学）定期で土日祝日や年末年始は帯広市内乗り放題」といったアイデアが実現されていき、マスコミにもとりあげられるようになる。

戸別訪問を始めてから3年が経った2011年の上半期、十勝バスの運送収入が前年比プラスを記録する。同社で業績が前年を上回ったのは、実に40年ぶりのことであった。

（吉田 2013より）

●立ち止まって考えよう

- ▶ 十勝バスの組織文化は、どのようなものに変わったと思いますか？前述の4タイプを参考に考えて下さい。
- ▶ 十勝バスの組織文化が変わったのはなぜだと思いますか？

5 組織文化の変革

前述のように、組織文化は変わりにくい特性を持っているが、十勝バスのように、組織によってはその変革をうまく成し遂げる場合もある。この節では、組織文化の変革に必要な要素について説明しよう。

1 コミュニケーションの変化

以前の文吾氏と従業員のコミュニケーションは、会話すればするほど互いの距離が開いていくようなやり方だった。これは、違う組織文化を身に付けた人々同士が、互いの正解を相手に押しつけようとするようなコミュニケーションを行ったことが原因と考えられる。「当たり前」が異なる者同士がコミュニケーションする際には、「自分が正しい」という考え方をすると、かえって互いの対立を深めてしまい、相互に理解しあうのは難しくなる。

このようなコミュニケーションは、**ディスカッション・タイプ**という。このタイプは、自分の意見を正とし、理論的に主張をぶつけ合い、いかに相手よりも優れているかを示すために行われることが多い。ベストな答えを決めることが目的のコミュニケーションである。

しかし、先輩に意見されてから、文吾氏のコミュニケーションの方法は変化していく。自分の意見を抑え、相手の言葉に耳を傾けるようにしたのである。危機の際のミーティングでも、幹部からアイデアが出るのをじっくりと待つ、つまり、「相手から学ぼう」という姿勢に変わっていったのである。

このようなコミュニケーションは、**ダイアログ・タイプ**という。このタイプは、皆で意見を持ち寄り、共通の理解を深め、探求し、意味を考えるために行われるものである。共通の思想を探すことが目的のコミュニケーションである。ディスカッション・タイプのコミュニケーションでは、会話を通じて「正解・不正解」や「勝者・敗者」が生まれる可能性があり、そのため、人々は敗者にならないために、自分の意見を押し通そうとする。一方のダイアログ・タイプでは「正解・不正解」や「勝者・敗者」はおらず、あらゆる発言が「多様性」「可能性」として受容される。そのため、メンバーは「間違っているかもしれない」と思うことでも、自由に発言できるようになっていく。「当たり前」が異なる者同士のコミュニケーションでは、いったん自分の中の正解を保留し、相手の意見に耳を傾け、互いの共通理解を探っていくようなダイアログ・タイプのコミュニケーションが必要であろう。

2 危機の認識

原油価格高騰という未曽有の危機は、「今までのやり方では通用しない」という認識をメンバーにもたらした。ある幹部が、文吾氏が10年前に提案した営業強化をやってみようといったのは、これまでとは違ったことをしないと生き残れないのではないかという**危機意識**があったためだと考えられる。

3 信頼関係の構築

しかし、危機意識だけでは新たな文化に変革するのは十分ではない。上述のようなコミュニケーションの変化と、毎朝欠かさない挨拶によって、文吾氏はメンバーから信頼を勝ち得たのである。コミュニケーションは、単なる情報交換ではない。ダイアログ・タイプのコミュニケーションは、メンバーに意見を押しつけるのではなく、メンバーに感謝し彼らを尊重することで、両者の間に**信頼関係**を形成していくのである。部下から信頼されることは、リーダーシップを発揮するうえで重要な要素となる。一方のディスカッション・タイプでは、対話する両者の間に信頼関係が形成される可能性は小さいのである。

シャインは、組織文化の変革において重要なのはメンバーに**心理的な安全**を与えることだと述べている。つまり、変革に伴う不安感を軽減し、新しい考え方を受け入れることに対する抵抗を減らすことが必要だというのである。原油価格高騰という未曽有の危機を乗り越えられたのは、リーダーとメンバー間に長年の信頼関係の蓄積があったためだと考えられる。

4 小さく始める

危機を乗り越えるプランとして提示されたのは、「1つの停留所の周りの家々にチラシを配布する」という、小さな規模のものであった。これではとても会社の危機を救う成果をもたらすとは思えず、文吾氏が拍子抜けしたのもわかる。しかし、結局はこの**小さな取り組み**が、組織文化を変化させ、業績改善に結びつくもとになっていったのである。それでは、この小さな取り組みが功を奏したのはなぜなのだろうか。

1つは、「小さいことからしか始められない」ということがあげられよう。新しい取り組みは失敗する可能性も高く、大きなことを始めるにはリスクが大きい。また、新たな取り組みというものは、それが新奇であればあるほど社内に反対者も多く出る。したがって、少数の人々が、「とりあえずやって

コラム　アプレシエイティブ・インクイリー

人々の「当たり前」となっている組織文化の変革は、簡単ではない。組織文化変革の試みの90%以上が失敗に終わっているという報告もあるくらいである。しかし、この章で見たように、メンバー間のダイアログ・タイプのコミュニケーションは組織文化の変化をもたらす可能性を持っている。ここでは、ダイアログ・タイプのコミュニケーションを用いた組織文化変革の手法として、D.クーパーライダーらが開発したアプレシエイティブ・インクイリーを紹介する（Cooperrider & Whitney 2005）。

この方法は、メンバーは互いに自分たちの最高体験を話し合い、自分たちが持っている可能性や強みを発掘し、互いの信頼関係をつくり出すことから始める。これは、発見段階（Discovery）と呼ばれている。次にメンバーは、理想の状態になったときの組織や自分たちがどうなっているかについて話し合う。これは、夢段階（Dream）である。こうして話された最高体験や夢は、メンバー間で共有され、オブジェやイラストで表現される。次に、自分たちの強みを生かして理想状態に近づくために、現在の組織や自分たちの何を変えていくのかを話し合う。これがデザイン（Design）段階である。最後に、デザインを実現するための実行計画について話し合う。これが運命（Destiny）と呼ばれる段階である。この4つの段階は、その頭文字を取って4Dプロセスと呼ばれている。

このプロセスでは、他のメンバーの体験や夢を受容し、一方で問題やその原因については追及しない。そのために、自分の意見を押し通すのではなく、周りの考え方をいったん受け入れることが求められる。このようにして、自分の「当たり前」で物事を考えることから離れ、より新鮮で前向きな考え方ができるようになるのである。

みよう」と行動に移せるぐらいの規模のことから始めるのが現実的なのである。また、小さなことならば「失敗してもともと」という気持ちで取り組むこともできるのである。

２つ目は、「小さな成功を実感できる」ことがあげられよう。大きな取り組みを達成し、成果がもたらされるまでには時間がかかることが多い。一方、小さな取り組みは、達成するまでの時間が早く、成果も比較的早期に具体的な形で得られることが多い。今回のケースでは、２人の乗客が増えたという、一見ささやかな成果として現れた。しかし、この小さな成果が人々に**効力感**をもたらしたのである。

5 活動の拡大

小さな活動は、地域住民がバスを利用しない理由について新たな気づきをもたらし、「目的別時刻表」というアイデアに結びついた。それがもたらしたと思われる小さな成功はメンバーの効力感を向上させ、その後の活動拡大に結びつくことになる。最初は少数のメンバーだけの活動であったが、徐々に多くの人々が活動に参加するようになる。活動が拡大するにつれて乗客も増え、多くのアイデアが提案・実現され、マスコミにもとりあげられるようになったのである。

「昔からやってることなので……」「やったことがないからわかりません」から、「住民のためになるならやってみよう」に社内のコミュニケーションの内容も変わっていき、それが新しい組織文化形成に結びついていったと見てよいだろう。

IBMの経営者だったルイス・ガースナーは、組織文化が経営のすべてであると述べた。組織文化は、人々の行動や考え方に大きく影響するだけでなく、疑いえないものになっていく性質を持っている。リーダーには、組織文化を形成し、必要があればそれを変革していくことが求められる。ただし、一朝一夕でうまくいくわけではない。十勝バスの場合は10年以上の月日を必要とした。組織文化のマネジメントのためには、リーダーはあきらめず粘り強く取り組むことが重要であろう。

ステップアップのための本

E. H. シャイン（尾川丈一監訳　松本美央訳）「企業文化―ダイバーシティと文化の仕組み」白桃書房、2016年

組織文化研究の第一人者による文献。事例も豊富であり、M&Aによる文化の衝突の問題など、今日的な課題にも触れている。

●振り返って考えよう

- 「はじめに考えてみよう」の３つの問いに、自分の言葉で答えて下さい。
- あなたがこの章で学んだことを、３つあげて下さい。

●話し合ってみよう／調べてみよう

1. 海外の人からは、よく日本人は「自分の意見をいわない」「個性や創造性に欠けている」といわれます。あなたはこれについてどう思いますか？
2. あなたが所属する組織（クラブ、サークル、アルバイト先、学校など）の組織文化は、どのような特徴を持っていますか？　組織で大事にされている価値観を手がかりに考えて下さい。
3. 組織文化の変革に成功したと思われる事例を探して下さい。どうやって成功したのでしょうか？
4. あなたが明日からできる「自分を変える小さなこと」は何でしょうか？

部

人のマネジメント

10章 人を動かす リーダーシップ

●この章のねらい
マネジメントに対するリーダーシップの機能を理解するとともに、リーダーシップを理解するための焦点の変化をとらえる。

マネジメントとリーダーシップ

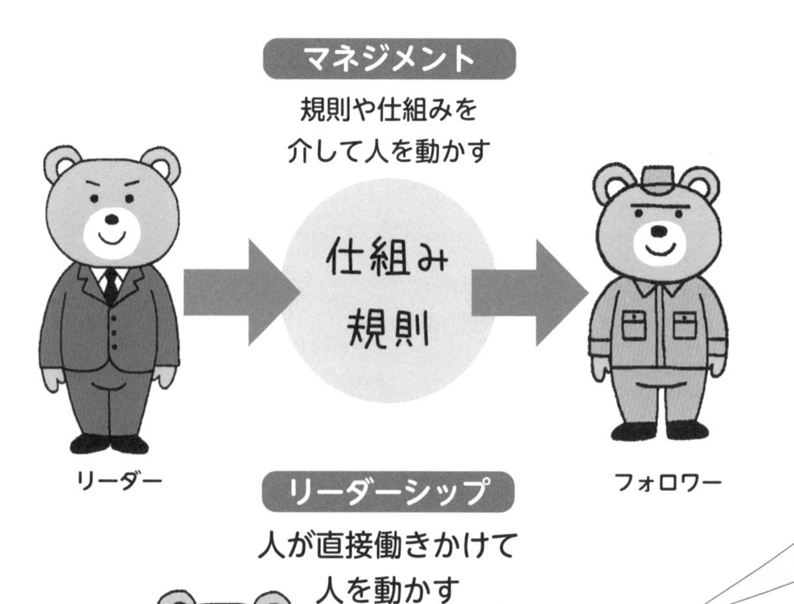

どのようなときに必要？

人が人に共通の目的の実現のために直接働きかけるプロセスをリーダーシップという。マネジメントとは基本的に人が何らかの仕組みを通じて人を動かしていく活動であるが、その仕組みでは十分に人を動かすことができないとき、リーダー（シップ）の出番となる。

●はじめに考えてみよう

▶ どのようなときに、なぜリーダーが必要なのでしょうか？
▶ リーダーシップが機能する鍵として、どのような要因があるでしょうか？
▶ リーダーシップを機能させるために、リーダーに付いていく人（フォロワー）とどのような関係を築き、フォロワーからどのようなリーダーだととらえられることが必要でしょうか？

リーダーシップはどこにあるのか？

リーダーシップ研究の焦点の推移を見ると、鍵がリーダーの内から外へと変化してきていることが見てとれる。近年は特に、フォロワー視点のリーダーのあり方が注目されている。どんなリーダーシップも、フォロワーなしでは成立しないからである。

人が規則や仕組みを通じて、他の人にうまく動いてもらうようにするのがマネジメントである。しかし規則や仕組みがどんなに高度化しても、それらのみでは人がうまく動いてくれないときが、リーダーシップの機能すべき場面である。

まず規則や仕組みを通じたマネジメントに対し、リーダーシップが機能すべき場面について考える。次に、リーダーシップが機能する鍵はどこにあるのかという問題を、リーダーシップ研究の焦点の変遷と合わせて考える。

ケース　モンタナの森林火災から生還したワグナー・ドッジ

◆ Story 1．チームと難関

ワグナー・ドッジは、1949年8月5日のアメリカ・モンタナ州マン峡谷の森林火災において、部下の隊員を率いて、この火災の消火活動に従事した。彼はこの火災においてエスケープ・ファイアという手法を編み出して生還した消防士として知られている。エスケープ・ファイアとは、火災が自身に迫ってきているとき、燃えるものがある地点に火を投げ込み、燃やしてしまった後その地点に飛び込むことで、火災の炎から身を守るという手法である。

消防は総勢16人のチームであったが、まとまりがよいとはいえなかった。当時の林野部の方針は、前回の出勤からの日数（休み）が最も長い者から出勤するというもので、メンバーは当日のシフトに基づいて決められるだけであった。互いの友情や仲間意識はチーム編成に無関係だった。ドッジの名前はよく知られており、数人は彼と仕事をしたことがあったが、チーム全体としての活動は未経験であった。部下の多くはドッジの能力をよく知らないままチームに参加していた。メンバーは数週間の訓練で指揮官に従うことを教え込まれていたが、チームの状況からしてドッジの権限は十分とはいえなかった。

チームはヘリコプターで火災現場に向かい、火災の起こっている森林に対して峡谷を挟んだ向かい側の森林に着地した。当日17時までには消火体制が整えられた。当初この火災は、消防士が「10時の火事」と呼ぶような状況であると考えられていた。夕刻から一晩中炎と戦って、翌朝の10時には鎮火できそうな火事のことである。

ドッジは峡谷の中腹で部下を待機させたまま、現場に向かって前進し、様子をうかがった。この季節に典型的であると思われた火災の状態は、上空から偵察していたよりもはるかに激しく、危険な状態だった。驚いたドッジは部下を待機させていた地点まで引き返し、彼らに森林を降りて峡谷のふもとに向かうように指示した。

●立ち止まって考えよう

▶ リーダーとしてのドッジをめぐる状況から判断すると、この後彼に求められるリーダーシップスタイルはどのようなものであると考えられるでしょうか？

1 マネジメントとリーダーシップ

1 リーダーシップとは

リーダーシップについての定義はさまざまである。第1にリーダーシップは、それが機能する場としての組織を念頭に置けば、例えば上司と部下といった、異なる地位にある二者以上の関係と定義される。しかし地位の関係はさておき、リーダーシップが機能するには、誰がリーダーなのか、誰がリーダーについていく人（フォロワー）なのか、みんなで何をどのようにするのかという共通の認識や了解が必要である。誰かがいくら「私がリーダーだ」といっても、たとえその人の地位が高くても、みんながそれを了解しないと付いてきてもらえないのである。したがってリーダーシップの定義の第2の側面として、リーダーとフォロワーとの認知と行動を含めた影響関係としてとらえることも必要になる。

2 リーダーシップとマネジメントとの相補的関係

現代のマネジメント論は基本的に「人が人を直接動かす」ことに限界を見出して発展してきたといえる。社会学では、20世紀初頭、社会や組織が大規模で業務も複雑になってくると、人が人を直接動かすのではなく、規則を介して動かすという原理が基本になると論じられた。これを**合法的支配**という。また、組織の経済学では、その成長を段階的に見たとき、ごく初期には企業家精神あふれた創業者が強力なリーダーシップを発揮してそれを原動力に組織が成長するが、やがてそれではうまくいかなくなると考えた。これをリーダーシップの危機という。属人的なリーダーシップに替わり、効率的な運営や公式のコミュニケーション、またメンバーの貢献を引き出す仕組みの確立がなされることで組織は**リーダーシップの危機**を乗り越え、さらなる成長の段階に移行できると論じられた。

つまり、マネジメントの基本は、人が規則や仕組みを通じて人を動かすことにある。しかしながらどんな規則や仕組みも完璧ではない。目下の規則や仕組みに不十分なところや問題があるとき、リーダーシップの出番が再びやってくるということである。その意味で、マネジメントとリーダーシップは互いに補い合う関係なのである。

3 マネジメントを補うリーダーシップ

それでは、リーダーシップは規則や仕組みをどのように補うと考えられるのだろうか。その第1は、公式の規則や仕組みにはない、具体的で細かい規則や仕組みについて、集団や組織内での認識と了解を得るためにリーダーシップが機能するというものである。規則や仕組みの確立には、通常一定の手続きや文書化を伴う。したがって○○というプロジェクトでは目標を▲▲に設定するとか、□□さんには★★という課題を割り当てるとか、これらのすべてについて手続きや文書化を踏まえようとすると、かえって業務が煩雑になってしまう。この種の細かい規則や仕組みについてはリーダーが働きかけ、メンバー間で直接認識や了解を得た方が効率がよい。

第2は、集団や組織の仲のよさ、雰囲気といった要因については、規則や仕組みを通じた働きかけが難しいということである。「みんな仲よくしましょう」「よい雰囲気の職場にしましょう」ということをいくらルール化しても、生身の人間同士の関係をよくすることは難しい。ここでも、リーダーがメンバーに直接働きかけることで、人間関係や雰囲気をよくする方が、効果が期待できる。

20世紀後半にアメリカで展開したリーダーシップ研究のうち、**オハイオ州立研究**と呼ばれる研究群は、上記の2側面の重要性を明らかにしたことで知られている。オハイオ州立研究では、集団のメンバーが何をすべきか、どのようにすべきか、誰が何をするかなどの仕組みをつくり、それが動くように働きかける行動は**構造づくり**と呼ばれた。他方で、メンバーに気さくに接し、心配りを欠かさず、提案も尊重するような行動は**配慮**と呼ばれた。

4 マネジメントの問題点に対処するリーダーシップ

組織における既存の規則や仕組みに問題が生じたときも、リーダーシップの出番である。規則や仕組みの第1の問題は、その運用が長く続くと、それらがなぜ導入されたのかが忘れ去られてしまい、忠実に守り運用することが目的化するということである。これは**官僚制の逆機能**と呼ばれる問題の一側面である。この問題を解消するためには、規則や仕組みが何のために存在するのか、その運用によって何を実現しようとしているのかといった、意味や方向性をリーダーが示すことが必要である。これらの意味や方向性をビジョンといい、ビジョンを描き、メンバーに伝え、実現していくリーダーのことを**ビジョナリー・リーダー**という。ビジョナリー・リーダーに必要な行動として、①人を惹きつけるビジョンを描くこと、②あらゆる方法で「なぜわれわれがそれに取り組むのか」を伝えること、③首尾一貫した行動のまとまりや存在感を示し、メンバーの信頼を得ること、④常に前向きで、失敗すらも今後に生かす学習姿勢を保つこと、が挙げられる。

第2の問題は、既存の規則や仕組みが状況に合わなくなっても、規則や仕組みにそれら自身を変える力はないということである。組織における規則や仕組み、それらの背後にある、物の見方や考え方（**パラダイム**という）に至るまでを変えることができるのはリーダーにほかならない。図表 10-1 は、組織がそのパラダイムに至るまでを変革しようとする場合、トップリーダーとミドルリーダーがどのような役割分担と連携をすべきかを示している。

トップリーダーの重要な役割は3つある。第1に、このままではいけないという矛盾を組織内につくり出すことである。これをゆさぶりという。第2は、ミドルが新しいパラダイムに向けて結果を出し始めたら、それに呼応して新しい組織の方向性をビジョンにまとめあげていくことである。具体的な結果をビジョンにつなぎ、より現実的な方向性を示すことが重要である。第3に、パラダイムの変革がなされれば、それを内外にはっきりと示して、定着させる（新しいパラダイムを確立する）ということである。

他方で、変革のためにミドルリーダーにしかできないことがある。第1に、新しい方向性に合った結果を生み出していくことである。まず結果を上げる人たちが出てこないと、次につながらない。これを突出という。さらに、この結果が連鎖を生んでいかなければならない。「あのミドルは結果を出した。自分たちも負けないように結果を出そう」という人たちが続いていかなければならない。連鎖が組織全体に行き渡ることで、新しいパラダイムがメンバーに浸透していくのである。組織の変革を推進していくリーダーを変革型リーダーと呼ぶが、このモデルではトップとミドルがそれぞれ変革のために何をすべきかがわかりやすく示されている。

図表 10-1　組織のパラダイム変革のプロセスとトップ、ミドルの役割

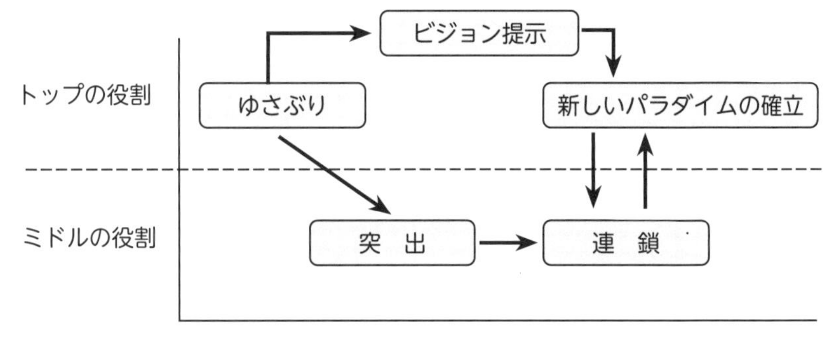

（伊丹・加護野 2003 をもとに作成）

●立ち止まって考えよう

▶ あなたが考える優れたリーダーを具体的にイメージしてみましょう。そのリーダーは組織や集団における規則や仕組みをどのように補っている（いた）といえるでしょうか？

▶ また、そのリーダーは組織や集団における規則や仕組みの問題にどのように対処している（いた）といえるでしょうか？

2 リーダーシップ研究の焦点の変化――内から外へ

1 資質論（特性論）

リーダーシップが機能する鍵はどこにあるのだろうか。研究の焦点の推移を見ると、鍵がリーダーの内から外へと変化してきていることが見てとれる。20世紀前半までのリーダーシップ研究は、リーダーの持って生まれた特性（資質）に着目する**資質論**研究が中心であった。つまりここでは、リーダーシップ機能の鍵がリーダーの内にあると考えられたのである。鍵となる資質としては、個人的性格（パーソナリティ）のほか、判断・決定面、社交面、行動面などに分類ができるものがあげられた。先行研究のまとめによれば、独創性、人望、社交性、判断力、積極性、優越をのぞむ性向、ユーモア、協力性、快活性、運動能力といったものが、おおむねリーダーシップと関係があるとされた。

2 行動論

20世紀後半、資質論に代わってリーダーシップ研究の主流となったのは、リーダーが何を持って生まれたのではなく、何をしているのかに着目する

行動論である。ここではリーダーシップ機能の鍵は基本的にリーダーの内にあるが、それが行動という、外から見えるものとしてとらえられている。持って生まれた特徴を変えることは難しいが、行動は外から見て学ぶことができる。行動論の登場によって、リーダーシップ研究は経営の実践における、優れたリーダーの選抜に対してだけでなく、訓練や育成に対しても貢献することが可能になった。

1節3項でとりあげたオハイオ州立研究では、まずリーダーの行動を丹念に観察記録し、リストにしていくという手法がとられた。そのうえでリーダー行動の測定尺度を作成し、集団業績との関連の強い行動パターンが絞り込まれていった。観察記録された1,700以上の行動をもとに、1963年には12の軸（次元）からなる、リーダー行動を記述する質問票（LBDQXII）が作成された。12次元のうち、集団業績に一貫して影響を与えていたリーダー行動が、最終的に先述の構造づくりと配慮の2つの軸に絞られたのである。これら2軸はその後もリーダーシップをとらえるための基礎となっているため、これ以降構造づくりに近いリーダーシップを「構造づくり的」、配慮に近いリーダーシップを「配慮的」と表記することにしたい。

上記の2軸に類似するリーダー行動の有効性を明らかにした日本の研究としては、**PM理論**があげられる。PM理論では、集団が生き残るためには、目標を達成することと、メンバー同士のつながりが保たれること（集団維持）という2つの機能が必要であるとされ、リーダーがこれを担う場合、構造づくり的な行動としてのP（Performance）行動と配慮的な行動としてのM（Maintenance）行動が求められると考えた。P行動とM行動をどの程度の水準で遂行しているかで、リーダーシップスタイルが図表10-2のように4分される。

PM型のリーダーは、目標達成機能と集団維持機能の両方を高度に実践している、いわば理想のリーダーである。Pm型のリーダーは目標達成機能に

図表10-2　PM理論にもとづくリーダーシップの4類型

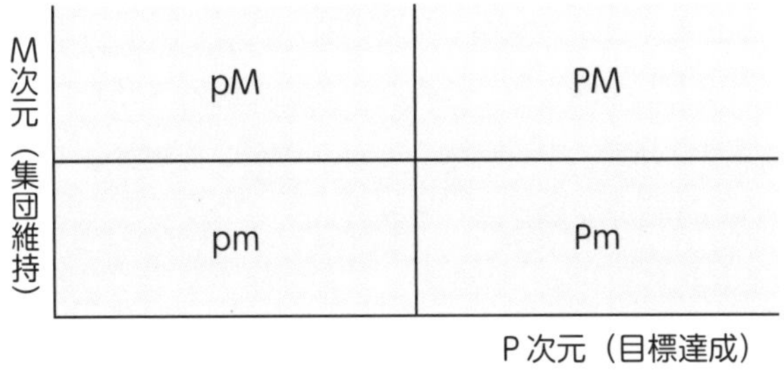

M次元（集団維持）		
	pM	PM
	pm	Pm
		P次元（目標達成）

（三隅 1986, p.71）

重きを置くリーダーである。pM型のリーダーは集団維持機能に重きを置くリーダーである。pm型のリーダーは目標達成機能と集団機能の両方の実践度が低いリーダーである。このような枠組みをもとに質問票が開発され、調査対象者のリーダーシップスタイルを客観的に把握できるようになった。それと同時に、どのような働きかけや訓練をすればPM型のリーダーとなれるかについてのプログラムも開発され、さまざまな職種のリーダー育成に活用されてきた。

3 コンティンジェンシー理論

1960年代になると、マネジメント論全般において、最善のやり方は1つではなく、状況に応じて異なるという考え方が主流となった。リーダーシップ研究においても同様の展開がなされた。どのような状況要因が、どのようなリーダーシップの資質や行動の成否を左右するのかを研究するアプローチを、**リーダーシップのコンティンジェンシー理論**という。このアプローチでは、リーダーの内にある要因のみでリーダーシップが機能するのではなく、状況という外の要因と適合（マッチング）しているかどうかが機能の鍵であるととらえられている。

リーダーシップを左右する状況としてはさまざまな要因が探求された。**フ**

ィードラー・モデルでは、①リーダーとメンバーとの関係が良好であるかどうか、②やるべきことがあらかじめどの程度決まっているか、③メンバーがリーダーのいうことを聞くかどうか、が状況要因とされた。リーダーとメンバーとの関係が良好で、やるべきことがあらかじめ決まっており、メンバーがリーダーのいうことを聞くという状況は、リーダーにとって最もくみしやすい。対照的に、リーダーとメンバーとの関係が悪く、やるべきことがあらかじめ決まっておらず、リーダーがメンバーのいうことを聞かせられないのは、リーダーにとって最悪の状況である。フィードラーの研究では、リーダーにとって非常にくみしやすい状況と、最悪に近い状況では、課題を達成することに重きを置くタイプ（構造づくり的）のリーダーが、良好な要因と悪い要因が混在している中間的な状況では、人間関係に重きを置くタイプ（配慮的）のリーダーが有効であると論じた。

SL 理論では、状況要因が部下の成熟度とされ、さらに成熟度が意欲と能力に区分されている。意欲と能力との高低によって、第1に能力も意欲も低い状況、第2に能力は低いが意欲が高まった状況、第3に能力が高まったが意欲が高まらない状況、第4に能力も意欲も高まった状況に4分される。図表 10-3 に示すように、部下が第1から第4の状況に成熟度を高めていくにつれて、適合的なリーダーシップは教示的リーダーシップ（具体的な指示や細かな監督）→説得的リーダーシップ（双方向の対話と説明）→参加的リーダーシップ（権限付与や励まし）→委任的リーダーシップ（委任やゆるやかな監督）に変化していく、というのが SL 理論の考え方である。

図表 10-3　SL 理論における4つのリーダーシップスタイル

メンバーを支援する行動（配慮的）			
（高）	③参加的リーダーシップ 権限付与・励まし 高能力－低意欲の部下に適合	← （部下の能力が増す）	②説得的リーダーシップ 双方向の対話と説明 低能力－高意欲の部下に適合
	（部下の意欲が増す） ↓		↑ （部下の意欲が増す）
（低）	④委任的リーダーシップ 委任・ゆるやかな監督 高能力－高意欲の部下に適合		①教示的リーダーシップ 具体的指示・細かな監督 低能力－低意欲の部下に適合
	（低）	メンバーにどうすべきかを示す行動（構造づくり的）	（高）

（Hersey, et al. 1996=2000 をもとに筆者作成）

4 フォロワー視点のリーダーシップ理論

1節1項のリーダーシップの定義に関連して、リーダーに付いていくメンバー（フォロワー）を含めた認識や了解の重要性について述べた。どんなリーダーシップもフォロワーがいなければ機能しない。近年のリーダーシップ研究は、状況要因のうちフォロワーに着目するものが1つの大きな流れとなっている。

その第1は、リーダーとフォロワーとの関係を鍵とする研究である。フィードラー・モデルでも状況要因の1つとしてリーダーとメンバーとの関係に注目したが、フォロワーの視点からは、リーダーとの関係がこれまでどの程度深く固く築かれてきたかに着目する。E. P. ホランダー（1978）による**特異性－信頼理論**では、リーダーが変革や新規性の高い取り組みを行うには、フォロワーとの信頼関係という原資が必要だと考えられた。新しくやってきたリーダーがいきなり新しいことをしようとしてもそれは困難であり、フォロワーから「この人になら付いていっても大丈夫だ」という信頼を得ないと変革は実現できないということである。信頼の蓄積を積むために、リーダーに求められることは、第1に既存集団の規範を理解し、それに忠実に従うことである。まずは現状のルールをひとまず受け入れるのである。これを同調性という。第2に既存の枠組みの中で、能力を発揮し、目標の達成に貢献することである。結果を出すのである。これらの行動を積み重ねて、信頼の蓄積が

コラム ミシガン研究とリーダーシップのパラダイム

オハイオ州立研究と同時期にアメリカで展開されたリーダーシップ行動論研究として、ミシガン研究があげられる。オハイオ州立研究では業績に関係なくリーダーの行動を観察記録するところからスタートしたが、ミシガン研究では、業績の高い集団と低い集団とではリーダーの行動が異なるはずであり、その違いがどのようなものであるのかが探求された。その結果、高業績の集団では、従業員を中心とした全般的な監督を行い、部下を支援し自由も尊重しつつ自分は監督に専念するリーダー行動が顕著であった。低業績の集団では、やるべき仕事を中心として、細かな指示に終始した監督を行い、部下のミスや失敗に厳しく接するリーダー行動が目立っていた。これらの結果から、ミシガン研究では、リーダーは職務中心の監督行動よりも従業員中心の監督行動をとった方が、集団業績が高まると結論づけた。

ミシガン研究では、従業員中心の監督と職務中心の監督とは対極的にとらえられ、両立しうるという考え方はない。他方でオハイオ州立研究は、構造づくりと配慮が独立して集団業績に影響を与えているので、2軸をともに高いレベルで達成することがリーダーシップの最善解であるということである。ミシガン研究のようなリーダーシップの考え方を二者択一パラダイム、オハイオ州立研究のような考え方をHi-Hiパラダイムという。本章で紹介してきた枠組みを見ると、フィードラー・モデルは二者択一パラダイム、PM理論やSL理論はHi-Hiパラダイムに基づくと考えられる。

十分になってはじめて、フォロワーから集団や組織の変革を期待され、リーダーが自分の「色」を出したり、規則や仕組みを変えていったり、新しいことに取り組んだりすることが可能となる。

フォロワーに着目するリーダーシップ研究の第2は、フォロワーの認知を鍵とするアプローチである。極論すれば、リーダーが何を持っていようと、どのようにふるまおうと、それらが機能する鍵は、リーダーの中にはなく、フォロワーのとらえ方にあるということである。このようなアプローチの研究では、フォロワーがリーダーシップについて以下のような認知過程を機能させていると論じられた。その第1は、集団業績などさまざまな結果とリーダーシップ行動との因果を結びつけることである。つまり、高い業績を上げた集団のリーダーはよいリーダーであり、そうではない集団のリーダーはよくないリーダーだろうという推論がなされる。第2に、フォロワーは、「リーダーとはかくあるべし」という像（**リーダー・プロトタイプ**）を持っており、自身の理想とするリーダーを高く評価し、そうではないリーダーを低く評価するということである。リーダー・プロトタイプについての研究によれば、フォロワーはリーダーと日常的に接触する中で無意識的に、理想のリーダーとリーダーの現実との比較を瞬時に行っているという。組織や集団がうまくいっていると思われるとき、フォロワーによるリーダーの理想と現実のリーダー像が合致すれば、うまくいったのはリーダーのおかげとフォロワーがとらえる。対照的に、組織や集団がうまくいっていないと思われるとき、フォロワーによるリーダーの理想と現実のリーダー像が乖離していれば、うまくいかないのはリーダーのせいだとフォロワーがとらえるのである。

◆ Story 2．解決策と結果

ドッジは着地地点に忘れた自分の食糧を取りに帰り、部下たちだけに峡谷を降らせた。峡谷の下には川（ミズーリ川）があり、消火活動中何かあれば飛び込める保険になるとドッジは考えていた。しかしドッジの先導なしに谷間を降りていた部下たちは、二手に分かれてしまった。ドッジが戻り、部下たちをまとめ直したのが17時40分頃であったが、その後すぐ、新たな危機が訪れた。当初の火災地点から峡谷を挟んで反対側、すなわちドッジたちが降っていた側の森林にも火が燃え移り、彼らの行く手を阻んだのである。

ドッジは進路を変えた。風に巻き上げられた煙の渦がチームに向かってきていた。ドッジは部下たちに、すべての装具を捨ててできるだけ急いで移動するように指示した。ドッジはこれらの指示の理由について、事前にはもちろん、現場でも特段の説明をしなかった。ドッジはきわめて冷静で、指示以外の直接の会話はなかったが、部下たちは従った。

わずか数分後、チームに最終的な危機が訪れた。チームは地形上森林から草原に退避する形となった。森林火災が燃え広がる速さはせいぜい時速6キロメートルから8キロメートル程度であるが、乾いた草原に広がる炎は人間がどれだけ速く走って逃げてもそれをとらえてしまうのである。ドッジは1～2分か、おそらくもう少し早く、チーム全員が火に飲み込まれてしまうことを悟った。

17時55分。ここでドッジはエスケープ・ファイアを試みた。ドッジが放った火は丸く広がり、狭い円の中で燃えるものは燃え尽きた。ドッジは中心付近に飛び込むと、地面に伏せた。それと同時に、部下たちに「こっちへ来い！」と指示した。

しかしながら、極限的な場面でドッジの指示に従った部下は1人もいなかった。2人の部下、サリーとラムジーは、エスケープ・ファイアを迂回して先に進み、尾根の反対側の峡谷（レスキュー峡谷）に駆け下りることで生き延びた。その他の部下13名はドッジのエスケープ・ファイアを目前にしながら動くことができず、全員が致命的な火傷を負った。アメリカ消防史における偉大な発明を生み出した火災は、消防史上最大の惨事ともなったのである。

図　マン渓谷のワグナー・ドッジの軌跡（1949年8月5日）

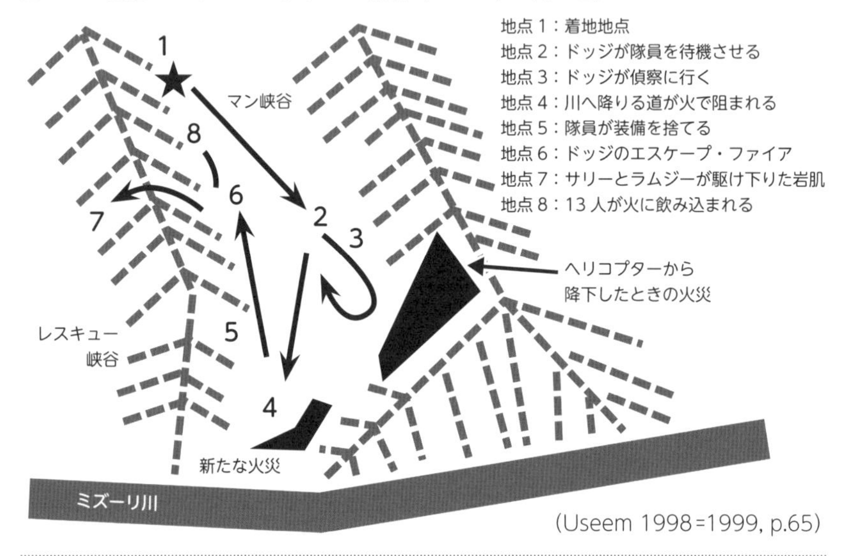

(Useem 1998=1999, p.65)

●立ち止まって考えよう

▶ それまでドッジの指示に従っていた部下たちは、なぜエスケープ・ファイアに飛び込めという最後の指示に従わなかったのでしょうか？　信頼の蓄積という視点から考えてみましょう。

▶ ドッジは経験豊かかつ冷静沈着な消防士であり、その判断は火災の状況から的確で、筋が通ったものだとされました。他方で、部下たちがリーダーに求める行動をほとんどとらなかったことが、悲劇につながった一因であると考えられます。リーダー・プロトタイプの概念を用いて、この状況をどのように説明できるでしょうか？

人が人を直接動かすというメカニズムを理論的に説明することは、シンプルなようで難しい。本章で紹介したもの以外にも、リーダーシップについてはさまざまな枠組みがこれまで提示されてきたが、それはそのままリーダーシップの本質の解明が困難であることを示している。また本章の後半では、リーダーシップが機能する鍵がどこにあるのかについて、内から外へという流れで説明してきたが、リーダーシップは1つの鍵でその機能を説明できない、複合的な現象であることも事実である。近年明らかになりつつあることは、フォロワーなしではリーダーシップは成立せず、リーダーシップがどのようにとらえられるのかはフォロワーの認知によるところが大きいということである。これからのリーダーには、自分を客観視しながらフォロワーに働きかけていくことがより重要になってくるといえるかもしれない。

ステップアップのための本

金井壽宏『リーダーシップ入門（日経文庫）』日本経済新聞社、2005年

「自分なりのリーダーシップ論（持論）を確立する」をテーマに、理論と実例を紹介している。

小野善生『最強のリーダーシップ理論集中講義』日本実業出版社、2013年

リーダーシップの代表的な理論がわかりやすくまとめられている。

●振り返って考えよう

▶「はじめに考えてみよう」の3つの問いに、自分の言葉で答えて下さい。

▶あなたがこの章で学んだことを、3つ答えて下さい。

●話し合ってみよう／調べてみよう

1 身近な人と、理想のリーダーについて話し合い、共通点と相違点を明らかにしてみましょう。

2 あなたにとって身近で、リーダーシップがうまく機能していないと考えられる集団・組織に対して、この章で学んだことを活用してリーダーシップをよりよく機能させるアクションプランを考えてみましょう。

11章 やる気を引き出す モティベーション

●この章のねらい
　モティベーションの内容理論と過程理論を理解するとともに、インセンティブ・システム設計のあり方を理解する。

やる気を引き出す要因とその関係

一方が他方を高める
エンハンシング

要因Bを刺激すると、要因Aへの刺激では反応しなくなってしまう

一方が他方を阻害する
バンク配線作業実験
アンダーマイニング

モティベーション
要因C

要因Cを刺激すると、要因Bも刺激される

モティベーション
要因B

モティベーション
要因A

複数の要因に順序がある
欲求階層説
ERGモデル

要因Aが満たされると、要因Bが刺激される。要因Bが満たされると要因Cが刺激される

　エネルギー・方向性・持続性を持つ行動プロセスをモティベーションという。モティベーションを引き出す要因としてはさまざまなものが明らかになっている。また複数の要因がどのような関係を持っているかについてもいくつかの見解がある。

●はじめに考えてみよう
▶ モティベーションを高める要因にはどのようなものがあり、複数あるとすればどのような関係があるでしょうか？
▶ モティベーションの向上や低下は、どのような枠組みで説明できるでしょうか？
▶ やる気を引き出す仕組みの設計では、どのような問題が重要になるでしょうか？

やる気を引き出すプロセス

やる気を引き出す仕組みの設計

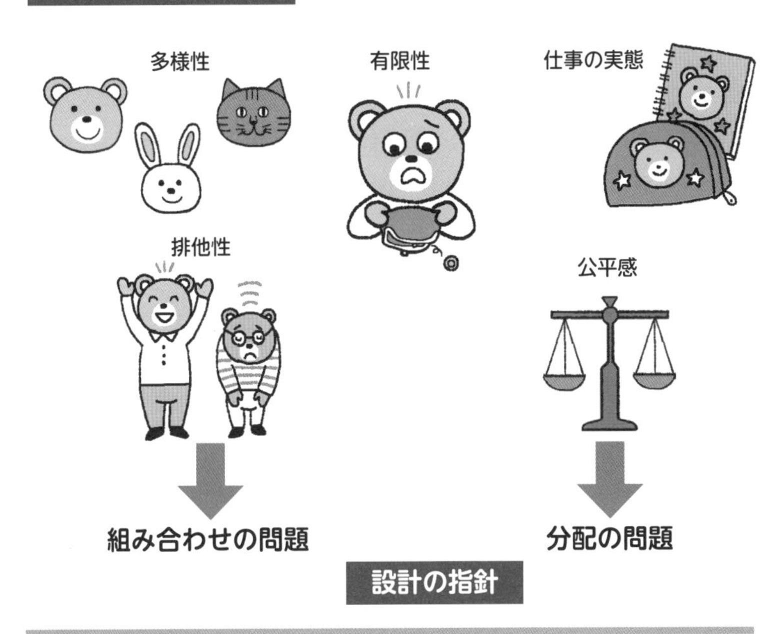

モティベーションの変化をどのように説明するかにもいくつかの枠組みがある。

モティベーション理論を踏まえた誘因（インセンティブ）の仕組みは、組織が個人の貢献を最大限に引き出すものでなければならない。

企業が人材のやる気をどのように引き出すのかは、マネジメントにおける最も基本的な問いの1つである。人間は機械とは違い、能力（性能）がどんなに高くても、やる気が起こらないと高い成果を生むことができないからである。

本章では人のやる気のメカニズムとしてのモティベーションの問題を説明する。まず、私たちは何を求めて、あるいは何が与えられることでやる気を起こすのかについて考える。次に、私たちがどのような経緯でやる気を高めたり、下げたりするのかというメカニズムについて考える。最後に、組織が個人のやる気を引き出す報酬の仕組みをどのように構築すべきかを考える。

ケース 「常に考える」ことを促す仕組み ― 未来工業 ―

◆ Story 1. どんな提案でも 500 円以上

未来工業は 1965 年創業の電設資材メーカーである。電灯のスイッチ、コンセントの裏の配線ボックスなどが主力商品である。大手同業他社に対抗するため、建築や電設の現場で仕事に従事する職人の実情を徹底的に調査し、かゆいところに手が届くような商品開発や改善を繰り返すことで大手に負けない競争力を維持・発展させてきた。

また未来工業は働く人にとっての環境が非常に恵まれた「ホワイト企業」として名高い。例をあげれば、タイムカードも残業もない。1 日の労働時間は 7 時間 15 分。年間 140 日間の休暇が与えられ、年末年始は 20 連休となる。

継続的に商品を開発し改善するにせよ、労働時間を抑えて休暇を確保することにせよ、実現のためには創造的な商品アイデアを出したり、無駄をなくす業務効率の向上策を実施したりするなどの活動が不可欠である。未来工業では「常に考える」という企業理念を掲げ、社員全員が当事者意識を持ってこの問題に取り組んでいる。

同社の改善提案制度は、このように自ら考え工夫する社員を育てるための象徴的な制度となっている。この制度は 1995 年頃に創業者の山田昭男氏が考案したもので、社内環境や仕事方法について改善提案するだけで 500 円が、優れた案には万単位での報奨金が支給されるというものである。年間の提案数は、従業員数の 10 倍以上に上るという。提案内容は主として作業手順や職場環境についての身近なものが中心である。よく似た提案を別個の提案として出す社員がいても、提案すべてに 500 円が支払われるという。

改善が実施された箇所には、提案者の名前と内容を記載したシールが貼られている。その意味では改善の成果が可視化されているが、例えばすべての提案のうちどの程度が実施に踏み切られたのかは公表されていない。また提案数や採用・実施数が人事評価に影響することもないという。目標とされているのは改善そのものだけではなく、それ以上に社員が日々の業務の中で、もっと効率よくできることはないかと、「常に考える」習慣を身に付けることであるからだ。このような社風を定着させることは、開発現場でも大いに効果を発揮しており、未来工業では年間数百の新商品が開発されている。

●立ち止まって考えよう

▶ 未来工業における「常に考えること」へのモティベーションについて、金銭はどのような役割を果たしていると考えられるでしょうか？

1 やる気を引き出す要因とその関係

1 モティベーションの実体理論

モティベーションとは、一般に人の行動のエネルギー、方向性、持続性を説明する概念である。初期のモティベーション研究は、人が何によってやる気を起こすのか、あるいは何が与えられることでやる気を起こすのか、という問いを焦点として展開した。心理学の分野では人間は何らかの**欲求**を持ち、人間の行動は、何らかの**報酬**を得ることで欲求を充足するプロセスであると考えられた。その前提をもとに、人を動かす主要な欲求にはどのようなものがあり、それらが複数の場合にはそれぞれがどのような関係にあるかが研究された。また経営学の分野では、組織が個人にどのような**誘因（インセンティブ）**を与えれば、個人による組織への**貢献**を引き出せるかが研究された。これらの研究アプローチは、人のやる気を引き出す要因そのものの特定を主眼に置いているという意味で、**実体理論**（**内容理論**）と呼ばれている。

2 一方が他方を阻害するインセンティブ

経営学におけるインセンティブの考え方は、経済的報酬から引き出されるという単純なものから出発した。1910年代に確立した**科学的管理法**と呼ばれるマネジメント手法では、**差率出来高賃金**と呼ばれる仕組みが考案された。これは工場の作業員が仕事でがんばればがんばるほど加速度的に高い賃金が得られるような仕組みである。図表11-1に示すように、ここでは出来高制をベースに個人が達成すべき生産量の水準（**課業**という）を上回る成果を上げた個人にはより高率で上昇する賃金カーブが、下回る成果しかあげられなかった個人にはそれよりも低率で上昇する賃金カーブが適用される。F.W.テイラーは、差率によってインセンティブとしての経済的報酬が単純出来高給より強力に個人を動かせると考えた。

他方で1920年代、アメリカ郊外の工場において継続的に実施された**ホーソン実験**と呼ばれる研究では、さまざまな実験調査や面接調査を通じて、インセンティブが有効に機能し成果へつながることに関連する要因として、個人の精神的状態や感情が存在することに着目された。さらにそれらの要因は個人が所属する社会的集団によって形成されるという見解が示されるようになった。すなわち、私たちにはある種の人間関係の中にいたいという気持ちがあり、そのような人間関係の中に置かれることがインセンティブとなりうるということである。

経済的インセンティブと人間関係的インセンティブは互いにどのような

図表11-1　差率出来高賃金制度

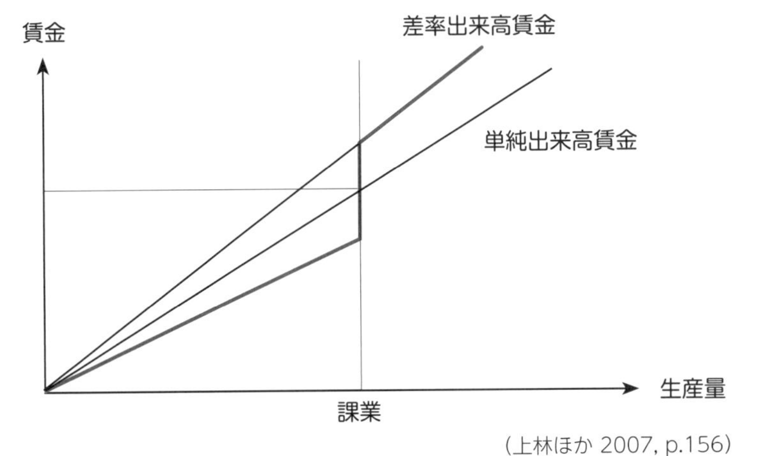

（上林ほか 2007, p.156）

コラム　動機づけ・衛生理論

動機づけ・衛生理論は、さまざまな職業人に面接調査を行い、人が仕事を通じて満足を得られる要因と不満がもたらされる要因とが大きく異なることの発見が誕生のきっかけとなった。満足をもたらす要因としては、仕事の達成や承認、仕事そのものの面白さ、責任などがあげられた。不満足をもたらす要因としては、会社の政策や管理手法、監督のやり方、給与、人間関係、作業条件などがあげられた。

この結果から、不満足要因をいくら改善しても、それは不満足を低減させるだけで、働く人の満足を高めることはできないと考えられた。そして満足をもたらす要因を刺激することは、その人のモティベーションを高めるであろうという意味で、これらの要因は動機づけ要因と名づけられた。対照的に、不満足要因は仕事へのモティベーションにとって本質的な要因ではなく、その周辺にあるという意味で衛生要因と名づけられた。以上の議論をまとめて動機づけ・衛生理論または二要因理論という。

この理論をもとに、モティベーションを高めるためには衛生要因の改善に加えて職務充実が必要であると論じられた。職務充実とは個人の仕事の権限や責任を増やしたり、これまでよりも難易度の高い仕事を与えたりすることをいう。このようなマネジメント手法は、仕事そのものをいかにやる気を引き出すものにするかという職務設計、または現在の仕事をいかに改善するかという職務再設計の実践につながっていった。

関係を持つのだろうか。ホーソン実験におけるバンク配線作業実験と呼ばれる調査では、個人への基本給に加えて作業集団全体の業績に応じた出来高払いが加算された。これにより、個人は協力して集団全体の業績を高めるだろうと実験に従事した研究者は考えていた。しかし予想に反して業績は向上しなかった。さらなる調査の結果、作業集団はその内部がさらに2つの非公式な小集団によって構成されており、その両者ともが「がんばりすぎてはいけない、怠けてもいけない、仲間を裏切ってはいけない」という暗黙のルールを持っていたことが明らかになった。個人が特定の集団に所属したいというモティベーションが、より多くの経済的報酬を得たいというモティベーションを抑制したということである。この結果は、ある種のインセンティブが機能することが、別の種のインセンティブの機能を阻害しうることを示している。

3 内発的動機づけとアンダーマイニング

ホーソン実験より約50年を経て、1970年代に**内発的動機づけ**についての有名な実験研究が行われた。内発的動機づけとは、その行為に従事していること以外の報酬がない状態と定義される。すなわち特定の何かをやること自体が報酬となっている（内的報酬）状態ということである。実験では、内発的に動機づけられている状態の個人に金銭的な報酬を与えると、その個人にどのような心理的・行動的変化が起こるかが調べられた。当時大学生に人気があったソマ・パズルという課題について、一方の群は何も与えず、他方の群には金銭的報酬を与えつつ解いてもらい、両群のその後の行動を比較した。その結果、一度金銭的報酬を与えられた群の大学生は、その報酬がないとパズルに従事する時間が減少することが明らかになった。この結果から、金銭という外から与えられる報酬（外的報酬）によって、個人の内的報酬が減少したと考えられた。同時期の他の研究者によっても同様の結果が示され、このような効果がアンダーマイニングと呼ばれるようになった。

4 エンハンシング

バンク配線作業実験やアンダーマイニングの実験研究が明らかにした複数のモティベーション要因の関係は、一方の機能が他方の機能を抑えたり、妨げたりするというものである。これとは異なる関係は見出されないのだろうか。アンダーマイニング実験とほぼ同時期に、外的報酬が内発的動機づけを高めるプロセスについても研究が行われた。着目されたのは金銭的報酬ではなく、「大変よろしい」「誰よりも速くできました」「それはまだ誰もできていません」といった言語報酬であった。大学生を対象とした実験調査で、言語報酬を受けた個人は受けなかった個人と比較して、一貫し内発的に強く動機づけられていることが示された。アンダーマイニングとは対照的に、外的報酬が内的報酬を増大させることを**エンハンシング**という。

内発的動機づけに影響する要因として、有能感と自己決定という概念があげられる。有能感は、何か行動をすることで、自分の持つ能力が有効に発揮できているという感覚である。単に能力を持っているということより、それを発揮することによって周りに影響を与えたり、変化させていたりするかどうかが重要となる。もう1つの自己決定とは、誰かにいわれてやるのではなく、自分の意思でその行動をとっているという感覚である。有能感や自己決

図表 11-2　アンダーマイニングとエンハンシング

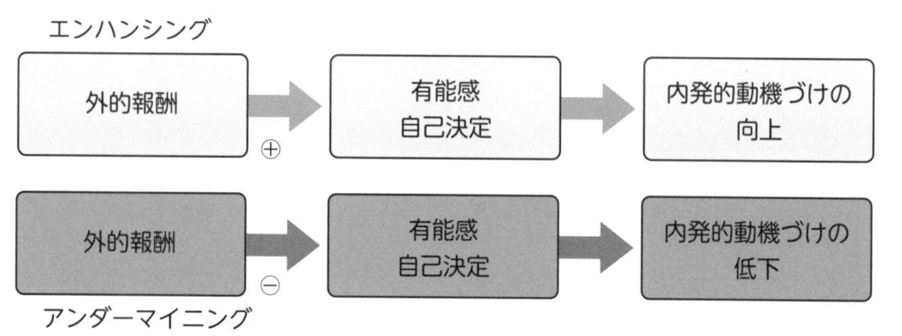

定の感覚が高まるように外的報酬を与えれば、内発的動機づけを強めることができる。しかし外的報酬によって有能感や自己決定の感覚が損ねられると、内発的動機づけを弱めることになってしまう。(図表 11-2)。外的報酬はそれ自体が内発的動機づけを左右するのではなく、その与え方が問題なのである。

5 欲求階層説と ERG モデル

やる気を引き出すさまざまな要因についての第3の見方は、それらが一定のパターン、すなわち順番をもって私たちを動かすというものである。この見方の代表的なものとして**欲求階層説**があげられる。ここでは人間の主要な欲求が5つあり、それらが以下の順序で個人の行動を引き出すと考えた。すなわち前の段階にある欲求が満たされると、次の段階の欲求が喚起されるということであり、前の段階の欲求よりも次の段階の欲求の方が「高次」であるという意味で「階層」という言葉が使われている。その第1は、生理的欲求と呼ばれ、自分の生命や生活を維持しようとする欲求である。第2は、安全・安定性欲求と呼ばれ、安全な状態を求めたり、危険や不確実性を回避しようとしたりする欲求である。第3は所属・愛情欲求と呼ばれ、集団への所属や、仲間を求める欲求である。第4は尊厳欲求と呼ばれ、自尊心を求める欲求である。第5は自己実現欲求と呼ばれ、自分の成長の機会を求めたり、自分の能力を発揮したりしたいという欲求である。

この枠組みは1940年代に提示されたが、実証的な裏づけがなかなか得られなかった。それまでのモデルを修正のうえ、検証がなされている。修正モデルは欲求を以下の3段階に区分した。第1は生存欲求(Existence)と呼ばれ、生きるために必要な物質的、生理的なさまざまな欲求が含まれる。第2は関係欲求(Relationship)と呼ばれ、家族や友人、上司や同僚といった自分の周りの重要な人々との関係を求める欲求が含まれる。第3は成長欲求(Growth)と呼ばれ、自分や周りに対して創造的で生産的でありたいとする欲求が含まれる。この枠組みは3つの欲求の頭文字をとって **ERG モデル**と呼ばれる。

●立ち止まって考えよう

- ▶ あなたには、何かに対するやる気が同時にほかの何かに対するやる気を抑えたり、妨げたりした経験がありますか？　それはどのようなものでしたか？
- ▶ あなたには、何かに対するやる気が同時にほかの何かに対するやる気を高めた経験がありますか？　それはどのようなものでしたか？
- ▶ あなたには、何かに対する欲求が満たされたことで、次に別の欲求が引き起こされた経験がありますか？　それはどのようなものでしたか？

2 やる気の変化のメカニズム

1 モティベーションの過程理論

実体理論とは異なるもう1つのモティベーションへのアプローチは、欲求や報酬の内容を直接問うのではなく、それらによるやる気や行動エネルギーの上昇や低下を説明しようとするものである。このアプローチに基づく研究を総称して**過程理論**という。過程理論の多くは、人のやる気の変化を、数式を用いて説明する。以下ではそのうちの2つを見ていくことにしよう。

2 期待理論

期待理論は、過程理論の代表的な研究の1つとして知られている。期待理論の要点は、「人が、ある行動に動機づけられる強さは、その行動によって得られる報酬の魅力と、その報酬が確実に得られそうだという見込みによって決まる」というもので、具体的には以下のとおりである。

行動を動機づける強さを F (Force) とし、報酬の魅力を V (Valence) とする。行動から報酬への過程で、努力がどれだけの成果に結びつくかという見込みを期待 E (Expectancy) とし、その成果が報酬に結びつく確実性を道具性 I (Instrumentality) と定義する。期待理論は以上をもとに、次のように定式化される。

$F=E \times I \times V$ または

$F=E \times \Sigma\ (I \times V)$（報酬が複数の場合）

期待理論の特徴の1つは、モティベーションの強さが諸要因の積（掛け算）で示されている点である。足し算とは異なり、掛け算ではいずれかの項がゼロになれば、その行動への意欲はまったくなくなってしまうという。報酬の魅力、努力が成果に結びつく期待、成果が報酬に結びつく道具性のいずれかがゼロとなってしまうと、その報酬を得るためのモティベーションがゼロになってしまうということである。

3 公平理論

期待理論が掛け算の理論であるとすれば、割り算の理論が**公平理論**である。公平とは、偏りがなく、バランスがとれていることを意味する。割り算の意味合いは、がんばりに見合った対価が得られているかというバランス（公平）の知覚に基づき、個人のその後の行動が決まるということである。

公平理論の独自な点は、このバランスが純粋に個人内の基準で評価されるのではなく、他者（周りの人）との比較に基づいて相対的に評価されるとしたところにある。つまり、がんばりと対価（さまざまな報酬）のバランス、自分自身と他者とのバランスを気にしながら、アンバランスな部分のバランスがとれるようにしていくというのが、公平理論の考え方である。

具体的には図表 11-3 に示すとおりである。自分自身のがんばり（インプット）は Ip、対価として得られるもの（アウトカム）は Op と定義される。比較対象となる自分以外の他者（特定の他者あるいは他者全般でもありうる）によるインプットは Ia、アウトカムは Oa と定義される。

自分のインプットとアウトカムの比率、他者のインプットとアウトカムの比率を比較した結果、次の3つのパターンが生じる。

・式1：自分のインプットに対するアウトカムが、他者における対比と比較して小さい状態（過小報酬）

・式2：自分のインプットに対するアウトカムが、他者における対比と比較して大きい状態（過大報酬）

・式3：自分のインプットに対するアウトカムと、他者のインプットに対するアウトカムとのバランスがとれた状態

図表 11-3 公平理論の定式

$\frac{Op}{Ip} < \frac{Oa}{Ia}$（式1）　$\frac{Op}{Ip} > \frac{Oa}{Ia}$（式2）　$\frac{Op}{Ip} = \frac{Oa}{Ia}$（式3）

Ip, Op：個人が知覚した自己のインプットとアウトカム

Ia, Oa：個人が知覚した比較対象のインプットとアウトカム

（Adams 1965 をもとに筆者作成）

式1の過小報酬の場合、個人は、これまでのような努力をしないことで Ip を減らすか、より多くの報酬を求めるなどして Op を高めるといった行動を通じて式3の状態に移行しようとするだろう。一方、式2の過大報酬の場合、個人はこれまで以上に努力をすることで Ip を高めるか、過剰な報酬を辞退するなどして Op を減らすといった行動を通じて式3の状態に移行しようとするだろう。

◆ Story 2. ニンジンと餅

Srory 1 で紹介したように、未来工業はそこで働く人にとって大変恵まれた環境を提供している。すでにあげたもの以外にも以下のようなものがある。第1に従業員の従業員の平均給与は 2016 ～ 18 年で 630 ～ 640 万円程度で推移している。同社が拠点とする岐阜県の平均年収が同時期 440 ～ 470 万円台で推移していることと比較すると、十分に高いといえる。すでに示したように、1日7時間15分の仕事、年休 140 日でこの金額であることにも注意する必要があるだろう。

契約社員、パート社員などの非正規雇用は行わず、正社員のみが働いている。定年退職は60から71歳の間で、自分で決められる。60歳を過ぎても、60歳のときと同額の給与が支払われるという。

社員旅行が下火になる中で、未来工業は費用全額会社負担の海外社員旅行を5年おきに実施している。創業50年にあたっては、イタリア国内の世界遺産をめぐる全13のコースが用意され、社員1人ひとりが好きなコースが選択できたという。

さらにこの旅行にあわせて社内写真コンテストも開催された。第3位には有給休暇を50日取得できる権利、第2位には有給休暇を実質1年間取得できる権利、さらに第1位には新会社を設立し、社長になる権利が与えられた。

同社は従業員による就業時間外のクラブ活動も奨励している。ゴルフクラブ、釣りクラブ、サイクリングクラブなど種類もさまざまで、数人のクラブもあるが、活動費として1クラブにつき毎月1万円が支給されている。

これらの環境はすべて、従業員が上げる成果とは無関係に提供されている。給与体系はシンプルな年功序列制がとられている。上司が部下にノルマを課すことは禁じられ、給与や処遇が成果と連動することはない。

このような環境の基礎となっている考え方として、創業者の山田昭男氏は同社をとりあげたテレビ番組で「ノルマ主義は馬の目の前にニンジンをぶら下げて走らせるのと同じ。人間が馬と同じでいいはずがないと僕は思う」と述べた。他方で、従業員にとって好ましい環境を「餅」（モティベーションとかけられている）と名づけ、従業員から相応のがんばりを引き出すには、まず餅を与え、従業員を喜ばせなければならないとした。また十分な休暇や課外活動の奨励には、仕事以外の時間を有意義に過ごし、生活全体を充実したものにしてこそ、よい仕事ができるという考えが根底にある。このような考え方と仕組みは、2014年に山田氏が他界した後も、同社において継承されている。

●立ち止まって考えよう

▶ 未来工業における「ニンジンより餅」の考え方は、紹介した過程理論のどの枠組みでどのように説明できるでしょうか？

3 インセンティブ・システムの設計

1 さまざまなインセンティブ

本章冒頭に述べたように、組織が個人の貢献を引き出すための刺激となるものをインセンティブといい、その仕組みを**インセンティブ・システム**という。1節で見たように、インセンティブにはさまざまなものがある。モティベーションの内容理論をベースに再構成すると、以下のようにまとめられる。第1は給与、ボーナスなどを含む経済的インセンティブである。第2は仕事に対する評価、職場での承認などを含む評価的インセンティブである。第3は快適な職場環境や人間関係などを含む人間関係的インセンティブである。第4は、企業理念やビジョンなど、貢献の意味づけを含む理念的インセンティブである。第5は、やりがいのある仕事、成長の機会などを含む自己実現的インセンティブである。

2 インセンティブの特性と組み合わせ

インセンティブには以下のような特性がある。第1に、すでに述べたように、さまざまなインセンティブが存在するという、インセンティブの**多様性**である。また第2の特性としては、ある種のインセンティブが**有限性**を持つことがあげられる。経済的インセンティブはほとんどの場合、元手が限られており、無限に分配できるわけではない。第3の特性は**排他性**と呼ばれる。地位やポストが典型的に排他性を持つインセンティブである。例えば課長になりたい人が5人いたとして、実際に課長になった1人のやる気は高まるかもしれないが、なりたいのになれなかったあとの4人のモティベーションが低下することが考えられる。

このような特性を持つもろもろのインセンティブをどのように組み合わせ、システムを設計していくべきだろうか。その基本原則の1つとして、性格の異なるインセンティブを用意することがあげられる。個人が仕事や組織に持ち込む欲求にはさまざまなものがありうるため、できるだけ多く、多様な人々が何からのインセンティブを得られるようにすれば、より多くの貢献を引き出すことができる。第2の原則は、有限性や排他性を持つインセンティブに依存し過ぎないということである。金銭や地位といったインセンティブには限りがあったり、それが得られない人のやる気を損ねることがあったりするので、多用すべきでない。

3 インセンティブの分配

インセンティブの分配はどのような原則でなされるべきだろうか。それは、企業の業績への貢献を基準とすることが大前提となる。しかしながらどれをどのように測定し、評価するのかには、さまざまな問題が生じうる。代表的なものをあげれば、長期的な測定・評価を行うのか、短期的な測定・評価を行うのか、といったものや、個人レベルで測定・評価するのか、集団レベルで測定・評価するのか、といったものである。これについては唯一の正解はなく、仕事の実態に合わせた方法でなされるべきである。新薬の開発のような長期的プロジェクトに従事する人を短期的に評価することも、電話オペレーターのように成果がほぼ個人に還元できる仕事に集団レベルの業績測定を行うこともナンセンスであるからである。

組織内におけるインセンティブ・システムのとらえられ方については、公平理論が示すように、自己のインプットとアウトカムとの比率が、組織内の他者のインプットとアウトカムとの比率と大きく異なると（特に低いと）、問題が大きくなる。組織内の誰から見てもこのバランスがとれているととらえられるようなシステムの設計が重要である。

●立ち止まって考えよう

▶ 未来工業は仕事や組織にどのような欲求を持つ従業員に、どのようなインセンティブを与えていると考えられますか？　これまで述べた内容に縛られず、なるべく多面的に考えて下さい。

モティベーションを左右する要因は数多くあり、また要因同士の関係もさまざまなこと、またモティベーションの変化をとらえる枠組みも複数あることは、そのまま人のやる気のメカニズムが簡単にはとらえられない、複雑で深い問題であることを示している。しかしながらこの問題に対処し、有効なインセンティブ・システムを設計できるかが組織の業績を大きく左右することも疑いがない。個人が仕事や組織に持ち込む欲求は多様であり、また時代を経るにつれ変化もしていくだろう。そのような変化にいかに対応した仕組みをつくっていくのかも、マネジメントにおいて重要な課題である。

ステップアップのための本

開本浩矢編著『ベーシックプラス 組織行動論』中央経済社、2019年
　モティベーションやリーダーシップを含めた組織における人間行動についての入門書。

金井壽宏『働くみんなのモティベーション論（日経ビジネス人文庫）』日本経済新聞出版社、2016年
　「やる気を自分で調整する」ことをテーマに、モティベーションをわかりやすく解説している。

●振り返って考えよう

▶「はじめに考えてみよう」の3つの問いに、自分の言葉で答えて下さい。

▶ あなたがこの章で学んだことを、3つ答えて下さい。

●話し合ってみよう／調べてみよう

1 期待理論において、他の要因が非常に高いのに、いずれかの要因がゼロになってしまうことでモティベーション全体がゼロになってしまうような事例としてどのようなものがあるか、話し合ってみましょう。

2 あなたにとって身近で、やる気が低下していると考えられる個人・集団・組織に対して、この章で学んだことを活用してモティベーションを高めるためのアクションプランを考えてみましょう。

12章 よりよい仕事人生を考える キャリア

●この章のねらい
キャリアデザインに大事な点について理解するとともに、自身のキャリアについて、「3 つの問い」を考えることで理解を深める。

キャリア理論の変遷

社会環境の影響

社会や周囲の環境が個人の職業選択にどのように影響を与えるのか

個人と環境のマッチング

個人と働く環境がどれくらい適合しているのか

ライフサイクルとキャリアステージ

ライフサイクルやキャリアステージにキャリアがどのくらい影響を受けるか

計画的偶然とキャリア

偶然の機会をキャリアにおけるデザインと学習のチャンスととらえられるか

バウンダリレスキャリア

組織の境界を越えて個人のキャリアをどのように考えるか

個人も周囲の環境もあまり変わらない → 個人も周囲の環境も変化が大きい

本章では個人のキャリアをどのようにマネジメントするかについて学んでいく。キャリアについての理論を知ることで、みなさんが実際に自身のキャリアをマネジメントする際に役立つだろう。それらについて理解することはとても重要である。

左の図はキャリアの理論がどのように発展してきたかの全体像を示している。左から右にいけばいくほど、キャリアを考える個人とそれを取り巻く周囲の環境が、静態的なものから動態的なものへと考えられている。それぞれの内容は本文で説明する。

●はじめに考えてみよう

▶ 時代ごとのキャリアの考え方の特徴についてまとめてみましょう。

▶ ライフ・キャリア・レインボーを参考に現在の自分のキャリアにはどのような役割があるか、考えてみましょう。

スーパーの「ライフ・キャリア・レインボー」

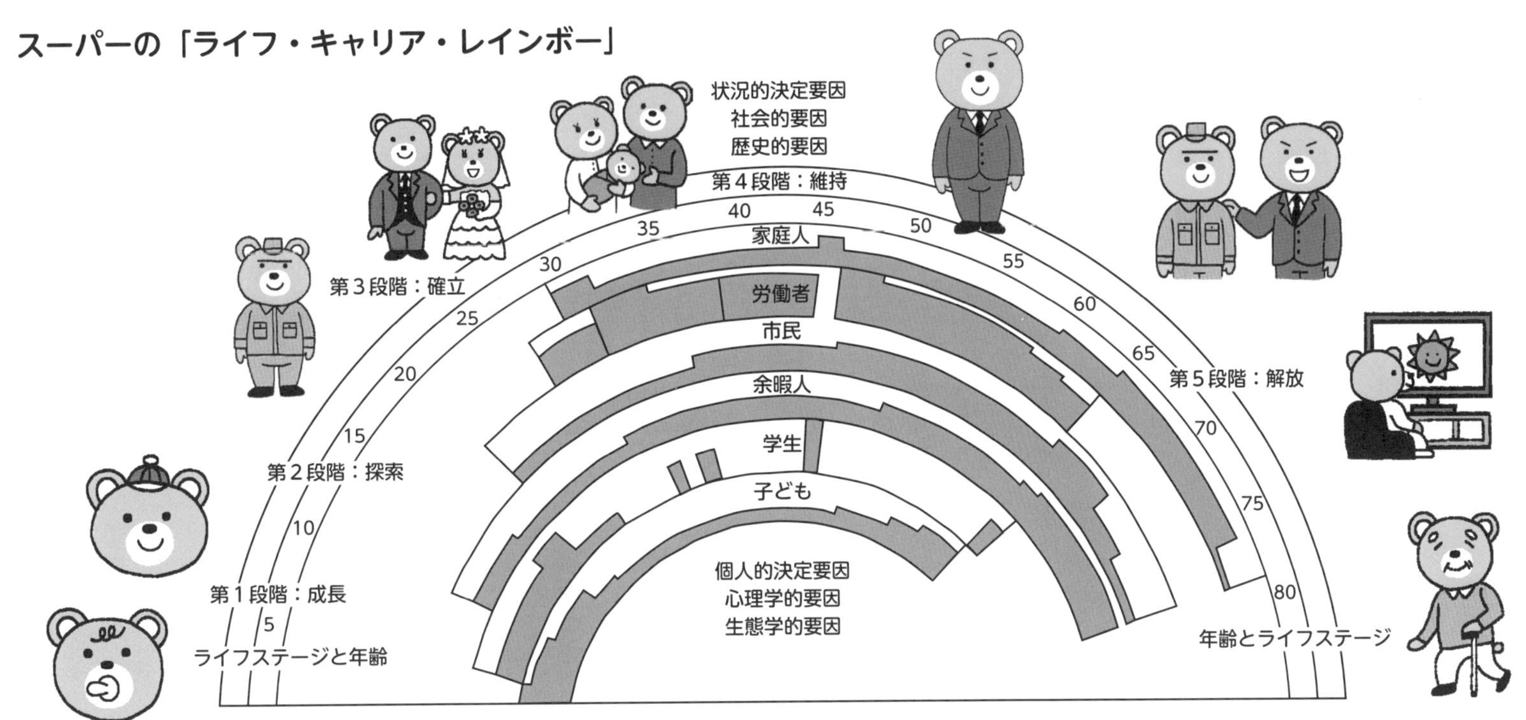

(Super 1980 をもとに作成)

キャリアを役割と時間軸の２次元でとらえる考え方を提示したのがスーパー（という名前の研究者）である。役割の方は「ライフ・スペース」であり、家庭人、労働者、市民、余暇人、学生、子どもという６つの役割が扱われている。これらはもちろん重複可能であり、かつお互いに影響を与え合うものである。他方、時間軸の方が「ライフ・ステージ」であり、発達段階を意味する。このライフ・スペースとライフ・ステージを組み合わせて描かれている図が、「ライフ・キャリア・レインボー」という図で、人生全体のキャリアの理解を助けるものになっている。

他人から「あなたの将来について考えてみたら？」といわれると、たいていの人は嫌な顔をするだろう。将来のことはよくわからないし、考えるのは面倒である。しかし同時に、「じゃああなたはこのままずっと流されるまま生きるの？」といわれると、これまた面倒ながらも「それは嫌だ」と答えると思う。この章で学ぶキャリア、およびキャリアデザインの考え方は、上記の問題に対して具体的な考え方を示してくれる。将来のことを考えるのが面倒なのは、そのやり方がよくわかっていないからである。やり方さえわかれば、それほど面倒でもないし、将来について備えることもできる。このような感覚で本章を学んでほしい。

ケース　本田直之氏のキャリアデザイン

◆ Story 1．本田直之氏とは

本ケースでとりあげる本田直之氏は、レバレッジコンサルティング株式会社代表取締役社長兼 CEO で、「レバレッジ」シリーズをはじめ数多くの著作がある。ウェブサイトで氏はこのように紹介されている。

（https://artist.amuse.co.jp/artist/honda_naoyuki/）

「ハワイ、東京に拠点を構え、年の 5 ヶ月をハワイ、3 ヶ月を東京、2 ヶ月を日本の地域、2 ヶ月をヨーロッパを中心にオセアニア・アジア等の国々を旅しながら、仕事と遊びの垣根のないライフスタイルを送る。毎日のように屋台・B 級から三ツ星レストランまでの食を極め、サーフィンやトライアスロンを楽しむ生活をしている。これまで訪れた国は 55 ヶ国を超える」

もちろん社長にはさまざまな苦労があることは推察されるが、この文章を読んで「私もこのような働き方がしたい！」と思った人も少なくないのではないだろうか。

そんな本田氏が自身のキャリアと旅についてまとめた本が『TraveLife　クリエイティブに生きるために旅から学んだ 35 の大切なこと』である。この本で氏は旅が人生を形づくるとして、旅のよさやうまく旅をする秘訣などを披露しているが、注目すべきは本田氏は、現在のような働き方をするためにしっかり自身のキャリアをデザインしているということである。本ケースでは『TraveLife』から氏のキャリアデザインについて考えてみよう。

※肩書き等は『TraveLife』出版当時のもの

◆ Story 2．自身を形づくった 3 回の旅

『TraveLife』では、本田氏は自身を形づくった経験として、3 つの旅をあげている。海外生活を体感したフィジー旅行、自身の働き方のビジョンを決めたハワイ旅行、そして目的達成のための準備段階と位置づけたアリゾナ留学である。

1 フィジー旅行　1990 年、本田氏はフィジーに 1 ヶ月滞在する。この旅行で氏は海外で暮らすことの楽しさと課題を発見する。

現在では海外旅行は一般的なものになり、インターネットで手配するのも簡単で、長期滞在も珍しいものではなくなっている。読者の中にも 1 ヶ月海外に滞在したという経験を持つ人もいるかもしれない。しかし 1990 年当時、海外旅行は短期の観光が主流であり、氏の考える長期滞在につきあってくれる人はいなかったという。普通の人はここで考えを変えるかもしれないが、氏は観光ではなく暮らすように過ごすことで何かを感じたいという思いから、航空券だけ押さえて現地に向かったということである。1 ヶ月の滞在で氏は、①自身と向き合う時間ができた、②コミュニケーションできなかったもどかしさ、③人の多様さに触れた、という学びを得たという。1 回目の旅は、目的意識と方向性を持っていたことで、現地の人々と交流し、多様な学びを得ることができたといえる。

2 ハワイ旅行　フィジーの経験をもとに、本田氏は 1991 年、大学の卒業旅行の行き先としてハワイを選ぶ。終盤は友人と合流するが、それまではフィジーと同じように 1 人で過ごした。どこでどのくらい何をして過ごすといったことも経験上できるようになっているようである。

ハワイでの旅を経て、氏の中に明確に、「いつか、ここに住みたい。3 年後にハワイに留学したい。もしくは暮らしてみたい」というビジョンが生まれたという。氏の現在のワークスタイル・ライフスタイルはこのときの気持ちをキャリアデザインによって実現した結果であるといえるのである。それと同時に、それを実現するための課題も明確になった。「ハワイに住むには語学力が必要だ」「語学力だけでは足りない。もっと知識やセンスもいる」「住むからには働かなくてはいけな

い。日本的な会社に属する働き方ではだめだ」「自分でビジネスができる力が必要だ」「外国で生きていける力をつけるには、どうしたらいいのだろう？」といったものであるという。「この時、僕にとっての旅は完全に、楽しみを超えた学びになっていた」という体験は、氏にとって重要な「人生の節目」であり、楽しみながらも自身の課題を明確にする学びがあったことが、その後のキャリアを実現するうえで大きな意味があったといえる。

3 アリゾナ留学　ハワイで見出したキャリアの方向性を実現するため、氏は1995年、アメリカ国際経営大学院サンダーバード校（現サンダーバード国際経営大学院）に留学する。今度は単なる旅ではなく留学になっているが、大学院を卒業し、外資系企業で働きながら、氏は自身のキャリアを実現する留学の実現に向けて、着実にプランを実行していった。語学力の向上、ビジネス能力の涵養、海外で生きられる力の獲得、それらを実現する最短距離として、アメリカのビジネススクールに留学することを選択したのである。

しかしいざ留学してみると、氏はその2年間で、事前に考えていたことよりも多くのことを学んだという。それは自分の意見、自分の考え方を持って生きている外国人の姿であった。多様な勤労観や人生観、日本との違い、お金がなくても自分らしく過ごす方法などを学んだ氏は、「ビジネススクールの内外で、『これからの人生』の基礎となる指針をつかみ取った場所、それが僕にとってのアリゾナである」と振り返っている。ビジネススクールという「旅」は氏のキャリアプランを実現するために周到な準備を重ねて実現したものであること、また事前に考えたよりも多くのことを自身の糧にすることができたことがポイントである。

◆ Story 3．旅から学んだ35のこと

サブタイトルにもこのようにあるように、本田氏は旅から多くのことを学んでいる。キャリアの観点からそれらを見てみよう。

1 自分のキャリアは自分で決める　本田氏は周囲に流されることなく、自身の実現したいキャリアをデザインし、形にしていっている。それは旅において学んだこと、例えば「常識を疑う力を身につける」「好奇心を持ち続ける」「異質であることの価値」「あなたもOK、私もOK」といった知見は、多様性と相対性（特定の考えが絶対ではないこと）の発見だけでなく、自身のキャリアもそのように考えることが重要であるといえる。人生の大事なところでは他者の意見を聞いて参考にすることも大事であるが、それはみなさんの人生であるので最終的には自分で決めるべきであろう。

2 キャリアの方向性を決める　本田氏はハワイで自身のキャリアの方向性を見出したように、旅の中で自身を見つめ直し、人生の方向性を決めることを推奨している。例えば「旅から人生の方向性を決める」「一人旅は本当の自分を知るために必要」「本当の自分らしさを見つける」「自分の価値観を見つめ直す」などである。長い人生で何の方向性もなく、流されるままに日々を過ごすのは嫌だという人もいるであろう。そのようなキャリアの方向性を持っておくことは、「この方向であってる」という安心感を持って日々を送ることにつながるのである。

また人生の方向性を考えることは旅でなくてもできるのかもしれないが、氏は特に一人旅は自分と向き合い、深く考えるよい機会になるといっている。毎日人生の方向性を考える必要はない。考えるタイミングで考えて、合っていたらOK、ずれていたら修正を考えることが重要で、そのよいタイミングの1つが旅なのである。

3 偶然を生かす　本田氏はキャリアプランをまっすぐに実現したように思えるが、実際はその時々の出来事をよい学びに変えている。「偶然を生かせる体質になる」というのは氏が強調する知見である。「観光地から離れる」「走ることで街を知る」「食べることで国を知る」ということも、よい偶然に出会うための手段であると考えられる。しっかりプランニングをしても、計画どおりにいかないのがキャリアである。そのずれを失敗ととらえずに、むしろそれをチャンスに変える姿勢が大事である。

4 学びとキャリアデザインは車の両輪　本田氏が旅から学んだことの一番大きなことといえるものが、「旅から学ぶ姿勢」そのものであるといえる。『TraveLife』も35個の旅から学ぶことについて紹介しているが、キャリアにおいて学びを得ることは重要である。両者は車の両輪であると考えることが、相互に影響を与え合う学びを促進することができる。

氏の旅における学びは「リアルなライフスタイルを知る」といった見識を広げるといったものにとどまらない。その特徴はまず、失敗を恐れずにトライすることである。「不便や制約からクリエイティビティを高める」「間違いを恐れないことで可能性が広がる」といった知見は、試行錯誤の結果失敗も含めて学びであるということを示している。もう1つは「長期的視点で考える」といえる。氏は日々の出来事を人生全体のスパンで考えることを推奨している。35個の学びの最後は「暮らすように旅する」という項目である。氏がフィジー旅行で周囲に流されず、

1ヶ月の滞在でしか学べないことがあるということを考えたように、小さい学びを繰り返すだけではなく、それを長期的な視点で見ることで、新たな学びにつなげることができるだろう。

●立ち止まって考えよう
▶ 本田氏の3つの旅について、得られたことを整理してみましょう。
▶ 本田氏が「世界各国で旅するように暮らす」というキャリアプランを実現できたのは、旅においてどのような学びがあったからだと思いますか？
▶ あなたが旅から学んだことは何でしょうか？　具体的な旅のエピソード（国内・海外問わず）を交えて話して下さい。

1 キャリアとは何か

本章では「キャリア（career）」について説明していく。キャリアとは平たくいえば「仕事人生」のことである。誰でも幸せな人生を送りたいと願うものであるが、その人生にとって、働いている時間は一定の割合を占める。その時間＝仕事人生が有意義なものにできれば、人生の幸せ度合いも上がってくると考えられる。では仕事人生を有意義なものにするのに大切なことは何であろうか。キャリア論はその問題を研究する。

キャリアについて、D.T. ホールは「一生涯にわたる仕事関係の経験や活動とともに個人がとる態度や行動の連なり」と定義している（Hall 2002）。ややわかりにくい定義になっているが、これはホールのキャリアに対する次のような命題が影響している。

①キャリアは成功や失敗を指すのではなく、昇進の早い遅いを意味するものでもない。
②キャリアの成功や失敗はそのキャリアを歩んでいる本人が認識するものであって、研究者や雇用主、配偶者や友人といった他の利害関係者がみなすものではない。
③キャリアとは行動と態度とから構成されるものであり、価値観や態度、モティベーションの変化といった「主観的な側面」と、職務の選択や活動（例えばある職を受け入れるのか拒否するのか）といった「客観的な側面」との両方からとらえる必要がある。
④キャリアとはプロセスであり、仕事に関する経験の連続である。

まずキャリアは仕事経験とその人のとる態度や行動の連続を指すもので、それ自体が成功失敗を意味するものではない。またキャリアはその人自身が意味づけるもので、誰かがそれを意味づけるものではない。端から見ると順風満帆の仕事人生を歩んでいるようでも、本人があまりうまくいっていないとキャリアを意味づけることもあれば、その逆もあるということである。

また③はキャリアには主観的な側面（**主観的キャリア**）と、客観的な側面（**客観的キャリア**）があるということである。学生のみなさんはこれまでの学歴、社会人のみなさんは歩んできた部署や職歴が客観的キャリアであるが、キャリアはそれだけではない。その客観的キャリアを歩むうえでとってきた態度や行動、態度、感じた気持ちといった主観的キャリアもまたキャリアの一部である。同じ大学に通っている人なら客観的キャリアは「20xx 年○○大学入学→ 20xx 年○○大学卒業」と変わらないが、その中でさまざまな経験をし、感じてきた内容は大きく異なる。キャリアを考えるうえでは、主観的キャリアが客観的キャリアと同じくらい重要なのである。

そしてキャリアはプロセスであり、仕事のみならず人生が続く限り続いていくものである。それは現在携わる仕事だけではなく、過去に携わってきた仕事、およびこれから携わる仕事全体が含まれるといえよう。

章冒頭の図で見たように、キャリアの考え方は研究が進んでいくにつれて、個人も環境もダイナミックな存在へと変わってきている。以下ではその流れの中で、いくつかの考え方を紹介する。

2 社会環境が個人のキャリアに影響を与える

キャリアの研究は当初、個人を取り巻く社会環境がキャリアにどのように影響を与えるかという視点で行われてきた。育ってきた環境や社会階層の影響である。それは社会環境に対する受動的な個人を想定しているため、現代の自律的なキャリアデザインの考え方とは相容れないものがあるが、それでも社会環境の影響は無視できない。

L.S. ゴットフレッドソンの**限界と妥協（circumscription and compromise）理論**は、個人を対象にした心理学ベースの研究と、社会環境の影響を考える社会学ベースの研究とは双方に不足している部分を補完するとして、社会環境の影響の中で個人がどのように職業選択をするかを、自己概念、つまり自分自身のイメージの変化を中心に説明している（Gottfredson 1996）。自己概念はジェンダーや社会階層の影響を受け、知性、興味や価値観などによって、幼少時から時間をかけて形成される。また職業イメージも性別や階層などにより、ある程度かたよって形成されるとする。幼い頃になりたい職業を男女で比較しても異なってくるし、都市部に暮らす人と地方に暮らす人の職業イメージもおのずと異なってくる。そこから職業的認知マップ、職業世界の大まかな地図が内的に形成されるが、同時に知覚される**職業アクセシビリティ**、つまり「自分がその職業に就く可能性」、その職業に就く機会や、それを阻害する要因を職業イメージと自己概念との関連で知覚するようになる。その職業が身近なものであれば職業的認知マップに入り、アクセシビリティもあると知覚されるが、逆に見たこともない職業はなかなか認知マップにも入らないのである。

図表 12-1　ゴットフレッドソンの職業選択における限界と妥協理論

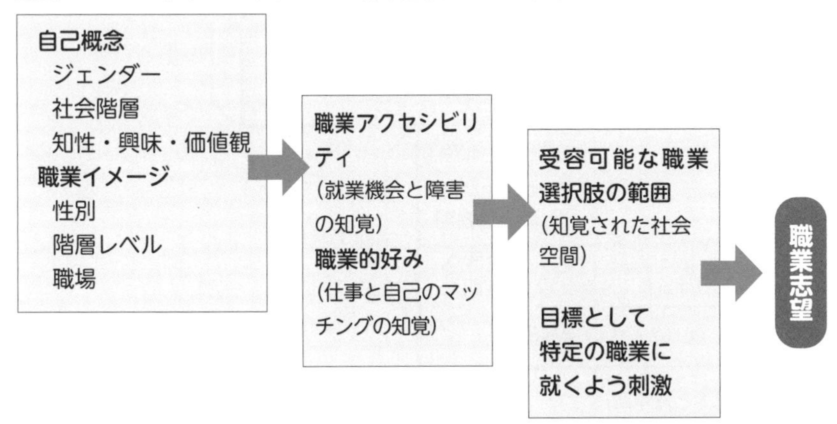

（Gottfredson 1996 をもとに作成）

このような過程を経て、職業イメージから形成され、アクセシビリティの範囲で就いてもよい仕事に対して感じる興味（これは単なる願望ではなく現実感のある好み）、**職業的好み**（preference）が形成されるが、成長と職業的好みが具体化することにより、就職できる業界はおのずと制限され、実際の業界や企業に照らし合わせて「受け入れられる職業的選択肢の範囲」が決まり、その中で妥協、後ろ向きな意味ではなく満足する選択肢を選ぶという形で職業選択がなされる、というのが限界と妥協理論である。

この考え方はキャリアにおける社会環境の影響を考慮したものになっている。この理論が示唆することは、「見たことも聞いたこともない職業は選択肢に入りにくい」ということである。さまざまな職業に触れることが、自身のキャリアの選択肢を広げることになるため、そのための行動が重要である。

3 個人と環境のマッチングを考える

「この仕事は自分に合っている（合っていない）」という言い回しをすることがあるだろう。また就職活動を支援するサービスにおいて、「あなたの性格から、このような職業が向いています」といったものを目にしたこともあるかもしれない。このように個人と職業および環境とのマッチングを考える理論もキャリア論の1つとしてある。

J. L. ホランドは、同一の職業群に属する人々は似たようなパーソナリティを持つので、さまざまな状況や問題に対して同じように反応したり、特徴的な対人関係をつくると考え、そこから職業的な満足、安定性、業績は、個人のパーソナリティとその人の働く環境との一致度によるとして、個人特性と環境特性とのマッチングを考える**六角形モデル**を提示した（Holland 1985）。これはパーソナリティ・タイプを「現実的タイプ」「研究的タイプ」「芸術的タイプ」「社会的タイプ」「企業的タイプ」「慣習的タイプ」の6タイプに大別し、同じような環境モデルのもとで働くことは、個人がより職務に動機づけられ、より満足し、自ら環境を変えることは少ないとするものである。適合していない個人は（転職をするのではなく）より適合する方向に影響される。

個人と環境のマッチングを考える理論は職業選択の支援のための1つの考え方であるが、いくつかの問題も内包している。まずその人に唯一最適な職業が本当にあるのかという点である。それは個人の意味づけによるものであり、やり方を間違えると終わりのない「自分探し」に人を追い込んでしまうこともある。また個人の一時点での向き不向きであり、個人の経験とともにそれは変化しうること、隠れた適性発見の機会を失わせる可能性もあるということである。個人も環境も変化しうるという点をよく認識して、考える必要があるだろう。

図表 12-2　ホランドの六角形モデル

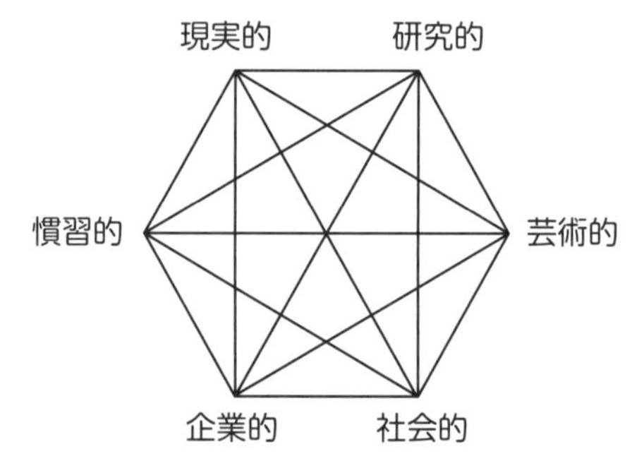

ホランドのパーソナリティ、環境、あるいはそれらの
相互作用の心理学的類似性を定義するための六角形モデル
（Holland 1985=1990）

4 人のライフサイクルとキャリア

人生全体を1つの流れと考えると、そこにはいくつかの時期に区分することができる。そのような流れを**ライフサイクル**と呼ぶが、それとキャリアを

図表 12-3　レビンソンの発達段階

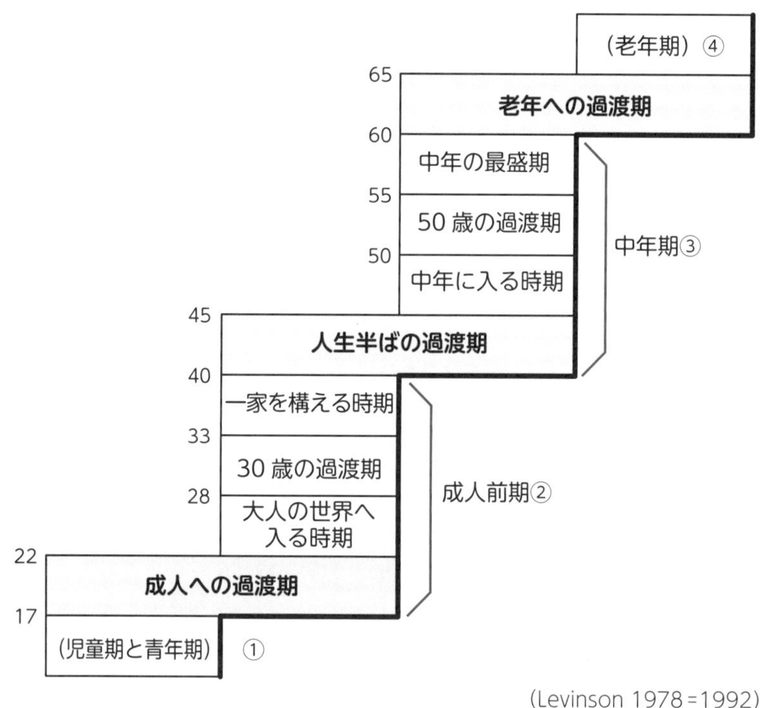

（Levinson 1978=1992）

関連づける研究がキャリアの考え方の１つとしてある。

J.D. レビンソンは、青年期以降に絞った、成年男子の発達段階を提唱している（Levinson 1978 =1992）。彼は人生全体を大きく、①児童期と青年期（0 ～ 22 歳）、②成年前期（17 ～ 45 歳）、③中年期（40 ～ 65 歳）、④老年期（60 歳以降）の 4 つに分けて考えている。

人はそれぞれの時期で**生活構造**（Life Structure）を構築、すなわち大学生や社会人になったらその時期特有の生活パターンを送れるようにしていく。レビンソンの理論の特徴は、その生活構造の変化の際に大きな「過渡期」を 3 つ想定している。それは「成人への過渡期」「人生半ばの過渡期」「老年への過渡期」である。大学生が就職活動をして社会人になっていく成人への過渡期が大学生にはわかりやすいであろうし、いわゆる「中年の危機」といわれる時期の人は人生半ばの過渡期を身にしみて感じているかもしれない。ともかくそれぞれの過渡期をうまく乗り越えることが、その後の人生に影響を与えるとしているのである。

E.H. シャインはライフサイクルの中で、キャリアを組織の中での役割の変化に着目して一定の時期、すなわちキャリア・ステージに分け、9 つの発達段階および発達課題を提示している（Schein 1978 =1991）。

ライフサイクルやキャリア・ステージはその人特有の事情のみならず、社会環境の変化によっても変化する。終身雇用が一般的だった日本企業で、もうその考えは通用しないのが好例である。しかし人生の各段階において過渡期や課題を想定し備えるという考え方自体は有効性を持っている。

5 キャリアの 3 次元

シャインは組織論の知見を生かしてキャリア理論を大きく進展させている（Schein 1978 =1991）。その特徴として、まず「外見上のキャリア（客観的キャリア）」と「内面的なキャリア（主観的キャリア）」という分類をしている

表 12-4　キャリアにおける調和過程

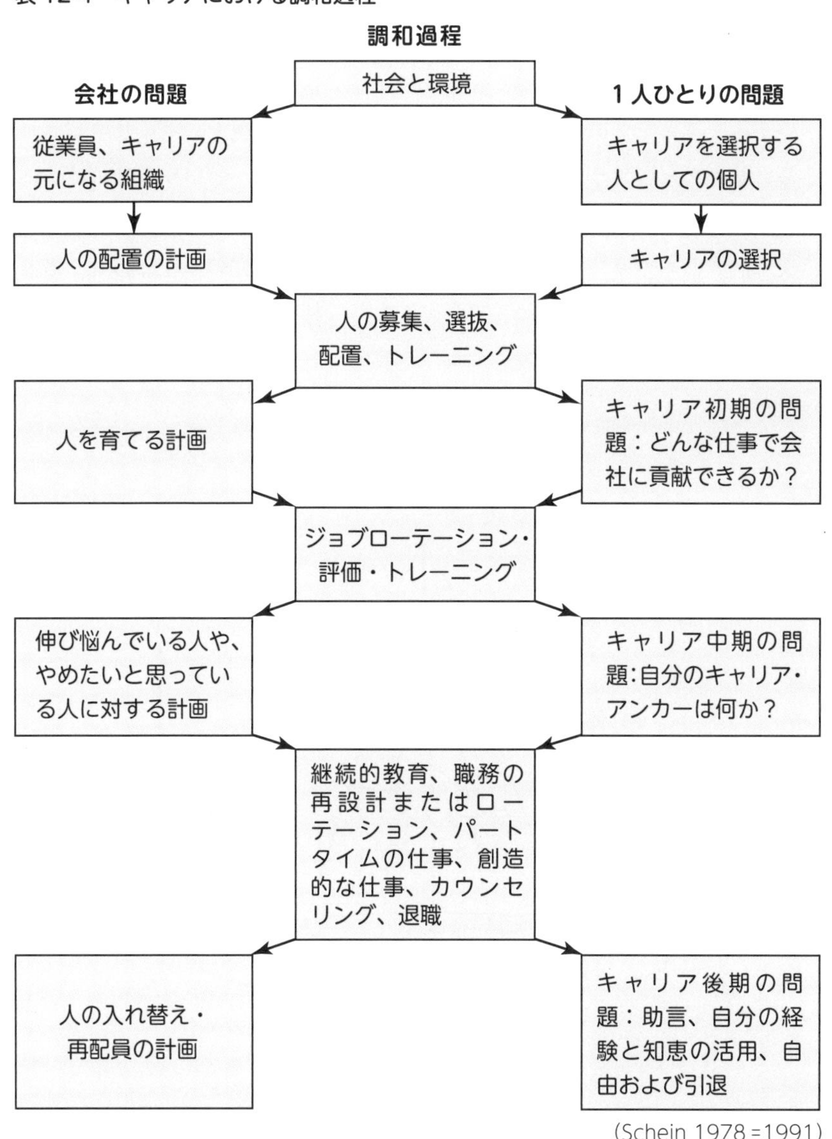

(Schein 1978 =1991)

点があげられる。「外見上のキャリア」は組織の中で個人が組織より要請されてたどる具体的な段階であり、「内面的なキャリア」はそのたどってきたキャリアを自分なりに意味づけしたイメージである。就職活動において、小学校から大学までどのような学歴を積んできたかが外見上のキャリアであり、そこにおいてどのように考えながら活動を行ってきたかという意味づけが内面的なキャリアということができよう。

次に個人のキャリアデザインと、組織のキャリア開発のすり合わせである。両者がすり合わされるプロセスで双方にとって利益があるようなキャリア開発をしていくことが重要であるとし、このプロセスは**調和過程**と呼ばれる（図表 12-4）。

図表 12-5　キャリア・コーン

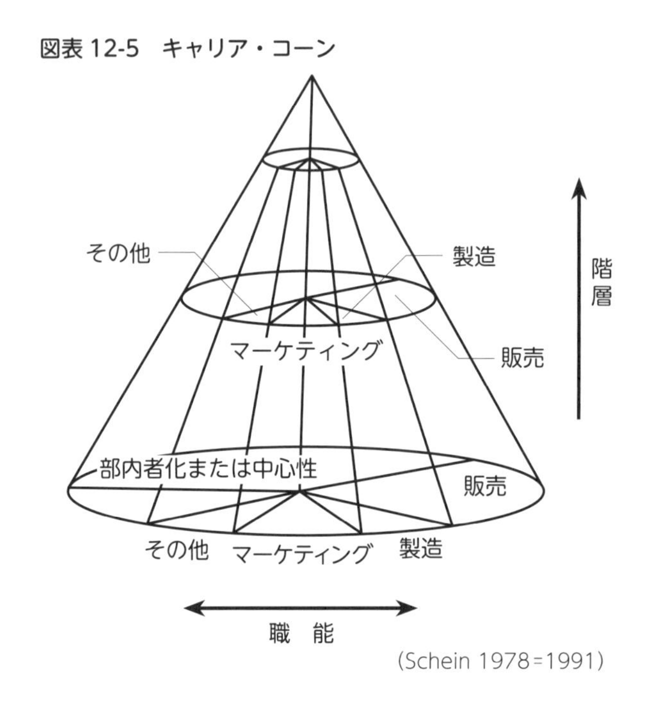

(Schein 1978=1991)

そして３つ目にキャリアの３次元があげられる。シャイン（1978=1991）はキャリアを考えるうえでの三次元モデル、**キャリア・コーン**を提唱している（図表 12-5）。従来キャリアを考えるうえでは、地位の高さを示す「階層」、専門的な部署「職能」の２次元で考えられていた。しかしシャインはそれに加えて「中心性」、その部署の一員になっていく、「部内者化」を入れている。組織で重要なポジションを得ているかどうかという「中心性」の次元は、権限や影響力を獲得することで組織の中心になっているという実感につながり、ここをしっかり注意しないと、キャリアの成功を誤って判断してしまう可能性もあるとし、重要なポイントであるとされるのである。

6 キャリアにおける偶然を生かす

これまでキャリアをデザインするうえで重要な考え方を紹介してきたが、読者の中には「そうはいうけどキャリアは事前に考えたようにはいかない」という方もいるかもしれない。だからといってキャリアを何もデザインしないというのは、流されるままの人生を生きるというのと同じである。キャリアをデザインしながらも、その途上で起きる偶然を生かすという考え方のキャリア理論があるので紹介しよう。

金井（2002）のキャリア理論は、キャリアを**人生の節目**＝トランジションの連続として見る。そのうえでキャリアは「人生の節目」だけ考えればよく、そこで自身のキャリアの方向性を確認し、外れていれば修正し、合っていれば次の節目がくるまでは流されてもよい、というものである。電車で目的地に向かうときをイメージするとわかりやすいかもしれない。いつも外の景色に気を付けていなくても、電車が駅に着いたときに場所を確認し、それ以外ではスマートフォンを見ていても目的地にたどり着くことができるだろう。駅＝節目で考えた方向感覚が正しい方向へ導くとしているのである。学生のみなさんは就職活動で悩むこともあると思うが、就職は人生で大きな節目の

１つである。この節目ではしっかり考えたいものである。金井(2002)はこの考え方の利点の１つとして、流されている間の偶然の出来事から得られるものもあるとしている。キャリアの方向性がわかっていれば、その偶然をチャンスに変えることができるからである。

またJ. D. クランボルツ(Mitchell et al. 1999)は、偶然の機会をチャンスととらえる**計画された偶然(planned happenstance)理論**を提唱し、偶然をキャリアの機会として認識し、つくり上げ、用いるための５つのスキルとして、以下のものをあげている。

①好奇心：新しい学習機会を探索すること
②忍耐：進歩を妨げる障害に対して努力を続けること
③柔軟性：自分の態度と周囲の環境を変えること
④楽観主義：新しい機会を達成可能なものととらえること
⑤冒険心：不確かな結果でも向き合って行動を起こすこと

この考え方はキャリアをうまく進めていくうえで必要なスキル、あるいはコンピテンシー（能力）は何かという、「キャリア・コンピテンシー」研究につながっていく。偶然を生かすという考え方は、デザインは不要であるという誤った考えを持たせる危険性もある。２つの理論に共通するのは、その機会がきたら徹底的に考え、準備するということが含まれていることである。

これまでいくつかの重要なキャリアの考え方について説明してきた。アーサーとルソーが提唱しているように、これまでのような１つの組織の中が前提だったキャリアの考え方は、企業が一生涯のキャリアを保障できなくなり、人々もそんな展望を抱けない現在では通用しない。現在のキャリアはその意味で企業の境界を越えた**バウンダリレス・キャリア**(Boundaryless Career)なのである。IT技術の発展で在宅勤務やテレワークなどの多様な働き方が実現し、SNSの普及などで人々は企業の枠を越えてつながっている。副業が

コラム　バウンダリレス・キャリア

キャリア研究の中で大きな転換点となった研究が、「バウンダリレス・キャリア」研究である。M. B. アーサーとD. M. ルソー(1996)が提唱したこの理論は、境界(boundary)のない(less)キャリア研究といえる。それまでのキャリア研究は、仕事人生において１つの企業の中でのものであると考えてきたが、時代の変化とともに新しいキャリア観、動的な雇用と境界のないキャリアの新しい姿を考える必要があるとしているのである。

バウンダリレス・キャリアの示す内容として、アーサーとルソーは６つの事象が生じたときにバウンダリレス・キャリアが発現することを示している。それは①シリコンバレーの典型的なキャリアのように、異なる雇用者の間を越えて移動が行われるとき、②学者や大工のように、雇用者ではない外部からその人の正当性や市場価値が判断されるとき、③不動産業者のように、外部の人的ネットワークや情報によって支えられているとき、④特に階層的情報伝達と昇進原則のような、伝統的組織キャリアの境界が壊されたとき、⑤個人的・家族的理由により人が既存のキャリアの機会を拒絶するとき、⑥個人が組織の構造的制約にもかかわらず、境界のない未来を知覚したと解釈されるとき、の６つである。これまで採用などの人事施策は、ほとんどが単一の組織というブラックボックスの中で考えられてきたとして、組織の境界を越えたキャリアを考えることで、キャリアを（複数の企業を移動していく）プロセスとしてとらえ、より動的な視点で考えることを提唱しているのである。

そしてバウンダリレス・キャリアの考え方は、個人に自分の将来のキャリアについて責任を負うことを提唱し、そのためには人的ネットワークを開拓し、人々の知識や知的資源にアクセスできるようにすることが大事であるとしている。１つの組織内だけではなく、企業間あるいは異なる企業の従業員間の人的ネットワークの構築が、個人にも組織にも有益な視点を提供し、キャリアを動かしていく。また人的ネットワーク自体が学習を進め、学習のコミュニティ（実践共同体）をもとにした学習を進めたり、幅広い影響を及ぼしたりするとしている。企業の境界を越えることで、新しい学習機会を探索し、多様な人々とつながることでキャリアを豊かにしていくバウンダリレス・キャリアの考え方は、より現代にフィットした考え方であるといえる。

推進され、1つの企業の枠に収まらないキャリアが推奨されている。

そのような時代においてキャリアを有意義なものにするには何が必要だろうか。その1つが学び、つまり学習である。企業の枠を越えた人々のつながりは学習の機会と効率を増大させる。さまざまな節目で効果的に学び、新しいキャリアをデザインする力こそが、現代を生きるうえで重要なキャリア・コンピテンシーである。

キャリアデザインをもし何から始めたらよいかわからないという人は、キャリアを考えるために以下の3つの問いをスタートラインにするとよい。

- 自分はいったい何が得意なのか（才能・能力についての自己イメージ）。
- 自分は本当のところいったい何がしたいのか（欲求・動機についての自己イメージ）。
- 何をやっている自分に社会への役立ちや意味を感じるのか（意味・価値についての自己イメージ）。

この3つの問いについて理解を深めることから始めよう。この章を読んでキャリアに関心を持った今こそが、キャリアの重要な節目の1つなのである。

ステップアップのための本

金井壽宏『働くひとのためのキャリア・デザイン』PHP新書、2002年

キャリアの入門書に最適。理論だけでなく、エクササイズも豊富。

Krumboltz, J. D. & Levin, A. S. (2004). *Luck is No Accident: Making the Most of Happenstance in Your Life and Career.* Atascadero, Calif.: Impact Publishers.（花田光世・大木紀子・宮地夕紀子訳『その幸運は偶然ではないんです！ 夢の仕事をつかむ心の練習問題』ダイヤモンド社、2005年）

計画的偶然理論の著者の本。内容はワークシートが多い。

●振り返って考えよう

▶ あなたがこの章で学んだことを、3つあげて下さい。
▶ キャリアをデザインする利点についてまとめてみましょう。

●話し合ってみよう／調べてみよう

1 みなさんの友人に、以下のような人がいるとします。本章で学んだキャリアの理論を用いてアドバイスをして下さい。

① 「将来のことを考えるのはだるいしめんどくさい」という人
② 「将来のことはわからないけど、なるようになる」という人
③ 「将来のやりたいことがわからない」という人
④ 「人生遊んで暮らしたい」という人

2 章末に示したキャリアに関する3つの問いについて、あなたなりの答えを考えてみて下さい。

部

多様な社会における マネジメント

13章 さまざまな人が共に働く ダイバシティ・マネジメント

● **この章のねらい**
この章では、ダイバシティ・マネジメントの意味と今日的意義について理解し、その進め方について考えることを目的とする。

表層のダイバシティ
わかりやすい／見えやすい
年齢・性別・人種・国籍など

深層のダイバシティ
わかりにくい／見えにくい
性格・習慣・趣味・価値観など

メリット
少数者の意見を生かす
多様な情報

デメリット
対立によるモティベーションの低下

成果：多様性

ダイバシティ・マネジメント

人事管理　風　土　対立への対処

　ダイバシティ・マネジメントは、メンバーの多様性を生かした経営のことである。メンバーの多様性とは、わかりやすい表層部分と、わかりにくい深層部分がある。

　よいダイバシティ・マネジメントは、表層だけでなく深層の多様性に価値を見出している。そのために、ダイバシティ・マネジメントを妨げるさまざまな要因（トークニズム、ステレオタイプ化、自文化中心主義など）に対処しなければならない。

●はじめに考えてみよう
- ▶ 組織における多様性とは何でしょうか？
- ▶ 現在、組織における多様性が求められているのはなぜでしょうか？

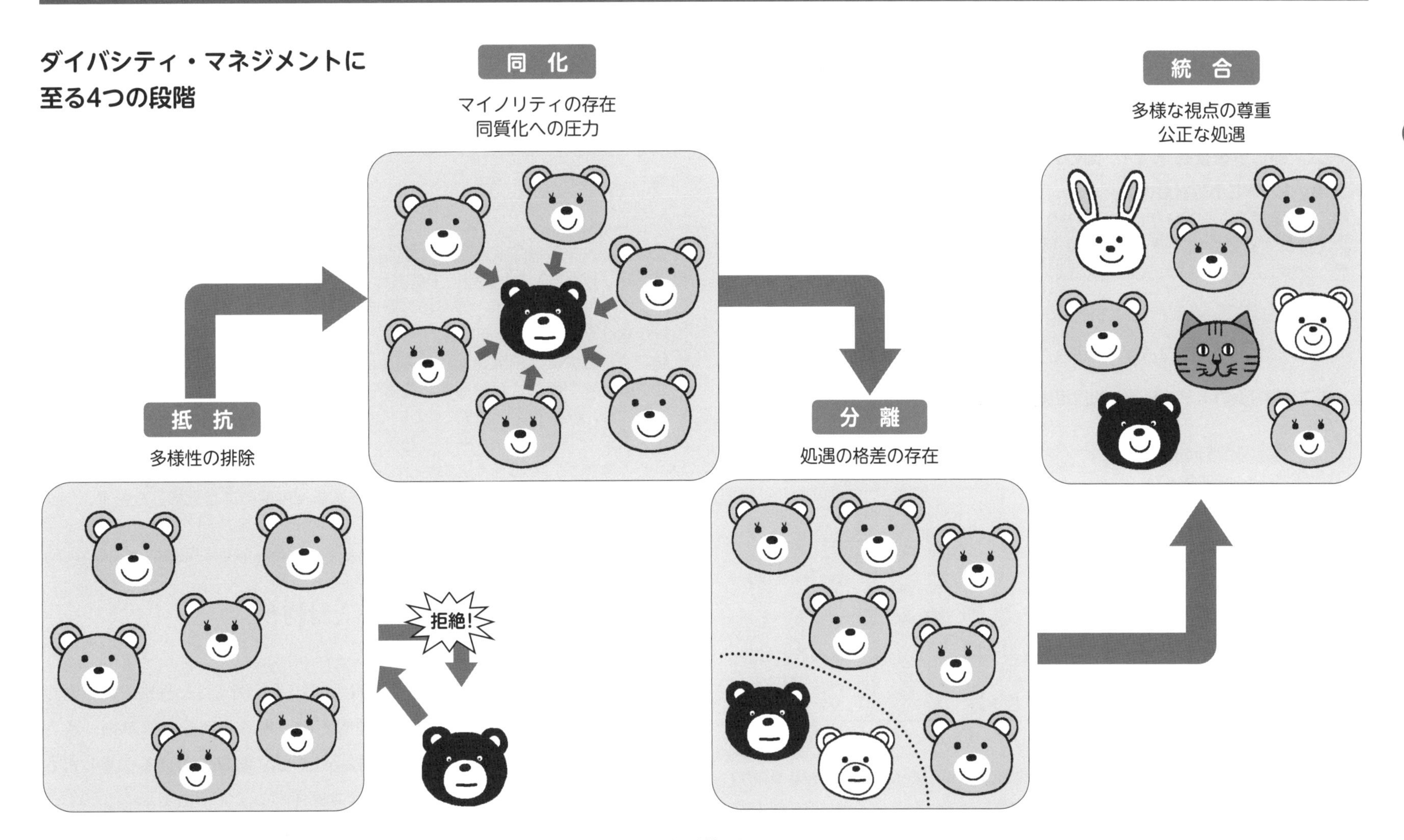

この章では、ダイバシティ・マネジメントについて説明する。ダイバシティとは、多様性を意味しており、組織に多様性をつくり出し、それを生かすマネジメントが、ダイバシティ・マネジメントである。そのためには、これまでの伝統的な日本的経営とは異なるマネジメントが求められるようになるだろう。そんなダイバシティ・マネジメントがどのようなものなのか、見ていくことにしよう。

ケース　伸こう福祉会 ―21ヶ国の人々が共に働く組織―

◆ **Story 1．伸こう福祉会の概要**

伸こう福祉会は、1999年に設立された、神奈川県を拠点とする介護や保育サービスを提供する社会福祉法人である。設立直後の2001年度の従業員数は121名だったが、2016年には1,123人を数えるまでになっている。利用定員数も、2001年度の158人から2016年の1,814人と、10倍以上の伸びを見せている（図）。

同法人のユニークなところは、外国人スタッフの数とその多様性である。2018

図　伸こう福祉会のスタッフ数と利用定員数の推移

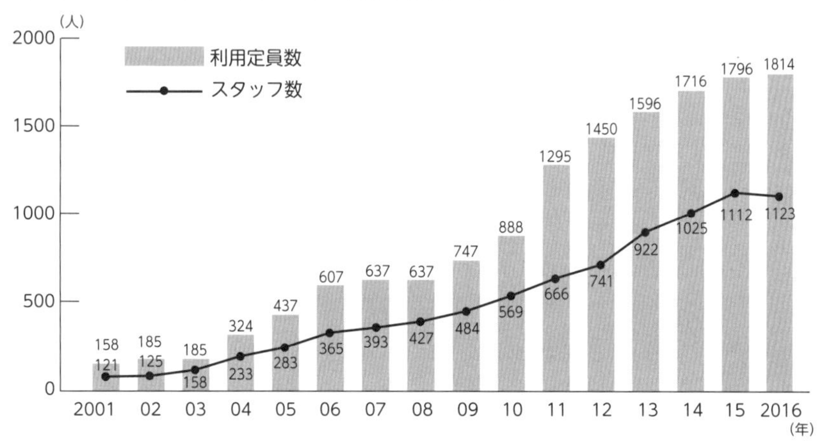

（同法人 HP　https://www.shinkoufukushikai.com/company より作成）

表　伸こう福祉会のスタッフ数と利用者数の推移

ペルー	12	中国	10	フィリピン	9
ブラジル	3	アルゼンチン	1	イギリス	1
イラン	1	韓国	1	ガンビア	1
コンゴ	1	スウェーデン	1	タイ	1
台湾	1	ネパール	1	バングラディッシュ	1
ベトナム	1	ベネズエラ	1	ボリビア	1
ミャンマー	1	ルーマニア	1	合計	50

同社 2018 年度アニュアル・レポート
（https://www.shinkoufukushikai.com/pdf/annual2018.pdf）より

年度のアニュアル・レポートによれば、全スタッフ約1,100余名のうち、外国籍のスタッフ数は50名であり、出身国は20ヶ国に上る（表）。それだけではなく、この法人では高齢者雇用、障がい者雇用、さらに難民雇用も行っており、多様な人材が働けるようになっている。

伸こう福祉会は、創業時から普通の人たちによる普通の人たちに対するサービスを求め、専門職にこだわらず、主婦や学生、障がいのある人々を受け入れていた。そこに、神奈川県で受け入れていたベトナム難民を教会の紹介で雇用したのが、外国人スタッフ雇用のスタートとなる。その時以来、仕事がなく困っている「かわいそうな難民」ではなく、働き手であり、大切な仕事仲間として外国人を受け入れ、多様な人たちとの人間性を中心にした事業展開の道を選択した結果、現在のような姿になっている。

1 ダイバシティ・マネジメントとは何か

1 ダイバシティとは何か

ダイバシティとは、本来多様性を意味している。例えば、性別や国籍、年齢だけでなく、居住地、家族構成、性的志向、趣味、宗教、未既婚、教育、社会階級など、さまざまな属性を人は持っている。組織におけるこうしたさまざまな属性の多様性が、ここで紹介するダイバシティである。

ダイバシティは、そもそもアメリカが発祥であるといわれている。1964年に制定された雇用機会均等法は、有色人種や女性に対する採用や昇進機会の差別的待遇を是正するためのものであった。有村（1999）によれば、当初のダイバシティの目的は、この雇用機会均等法を守り、有色人種や女性に対する格差や差別を是正することであった。しかし、この法律の強制力はさほど強いものではなかったため、ほとんどの雇用者がこれまでの雇用慣行を変えることはなかったという（谷口 2008）。さらには、その頃の有色人種や女性は、マジョリティである白人男性とともに働くために、彼らの価値観や働き方に同化することが求められた。しかし、うまく適応することができずに離職してしまうこともしばしばであった。

そこで、同化ではなく、多様性そのものに価値を見出すことがダイバシティの目的となっていった。人々の間の違いに価値を置き、それらをうまく融合することで、これまでにない新たな価値を生み出そうという考え方に変わってきている。現在では、先ほど述べたさまざまな多様性を生かし、経営に生かすことをダイバシティ・マネジメントと呼んでいる。

ダイバシティに含まれる属性はさまざまだが、大きく分けると2つのレベルに分類される。1つは、表層のダイバシティである。これは、人々の外見からわかる多様性であり、年齢、性別、人種、国籍などが代表的属性である。もう1つは、深層のダイバシティである。これは外見からは一見判断が難しい多様性である。例えば、性格、習慣、趣味、価値観などが含まれる。差別や格差の是正がダイバシティの目的であった頃は、表層のダイバシティが注目されていた。しかし、多様性を融合して経営に生かす今日のダイバシティ・マネジメントでは、表層だけではなく深層のダイバシティの多様性を認め、そこに価値を見出すことが求められている（図表 13-1）。

図表 13-1　表層と深層のダイバシティ

表層のダイバシティ 年齢・性別・人種・国籍など	わかりやすい 見えやすい
深層のダイバシティ 性格・習慣・趣味・価値観など	わかりにくい 見えにくい

●立ち止まって考えよう

▶ 近年、わが国でダイバシティ・マネジメントに対する関心が高まっているのはどのような理由からでしょうか？

2 ダイバシティ・マネジメントが注目される理由

近年、わが国においてダイバシティ・マネジメントに対する関心が高まりつつある。その背景についていくつか説明する。

①生産年齢人口の変化　生産年齢人口とは、労働力の主力となる15歳から64歳の人口を指す。国立社会保障・人口問題研究所の2017年の推計によれば、生産年齢人口は1995年の8726万人をピークに減少を続け、2013年には8000万人、2027年には7000万人、さらに2065年には4529万人と急速に減少すると推定されている（図表 13-2）。

このままでは国力の低下は避けられないため、日本人男性だけでなく、高齢者、女性、外国人などの多様な人材の活用が必要になっている。そのため、わが国でも男女雇用機会均等法や障害者雇用促進法、高年齢者雇用安定法などが施行されている。2018年には出入国管理法が改正され、外国人が日本で就労することがより容易になり、外国人労働者の数は増加傾向にある。

さらに、介護や育児で離職する人を減らすために、これらと仕事が両立できるよう支援する企業も増えてきている。がんなどの長期療養を必要とする病気の治療と仕事の両立支援も、近年では大企業をはじめとして注目が高ま

図表 13-2 生産年齢人口の推移（出生中位推計）

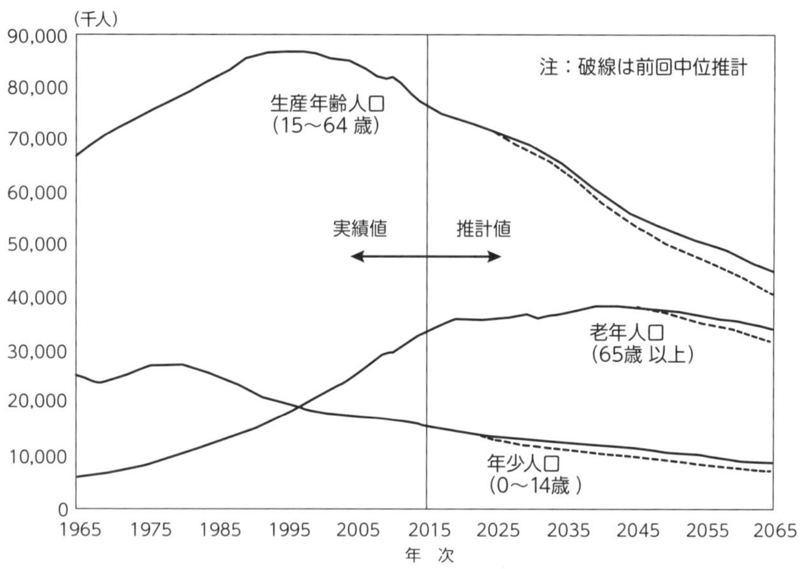

（国立社会保障・人口問題研究所 2017, p.22）

っている。女性や高齢者を労働力として確保するためには、このように生活と仕事を両立できるような取り組みを行うことも必要である。また、外国人労働者に対しても、彼らを雇用するだけでなく、異文化で生活するための支援も必要であろう。このような変化の中、必要な労働力を確保するために、多くの日本企業でダイバシティ・マネジメントに取り組むことが喫緊の課題となってきているのである。

②企業活動のグローバル化　近年、企業活動の海外への移転が活発に行われている。以前は生産拠点の移転が主であったが、最近は開発や販売拠点の移転も盛んになっている。その主な理由は、現地の人々に向けた製品開発・販売のためである。日本の人口減少に伴い、多くの日本企業は市場拡大のために海外市場への進出を図っている。海外の顧客のニーズを知るために、現地の生活習慣や嗜好を理解し、製品開発やマーケティングに生かす必要がある。そのため、現地の人々を雇用し、彼らの意見を生かす必要が出てくることが多いのである。

例えば、インスタント食品メーカーのエースコックのベトナム現地法人（エースコック・ベトナム）では、微妙な味の開発や調整は、ベトナム人スタッフの仕事となっているという。ベトナムでは地域によって味の嗜好が違うため、地域ごとに味を変える必要がある。しかし、どんな味がよいかは日本人にはわかりにくい。現地スタッフの舌が頼りなのである。

また、日本企業が海外の企業をM&Aする事例も増加している。このことにより、日本人と外国人がともに仕事を行う場面が増えている。このような場合、合併・買収先の現地社員を、日本企業のやり方で管理することは難しい場合も多く、多様性に価値を置いたマネジメントが必要となるのである。

③国内市場の多様化　少子高齢化や女性の社会進出、さらにはインバウンドの増加に伴い、わが国の市場も多様化の程度を増しているといえる。このような多様化に対応するために、国内においても多様な価値観を、開発やマーケティングにこれまで以上に反映させる必要が出てきている。

近年、女性の目線を生かした製品開発によって成功した製品も出てきている。例えばキリンビールのノンアルコールビール「キリンフリー」は、授乳中の女性でもビールを楽しめることができるよう、アルコール度数を完全に0%にしたビールである。また、パナソニックの女性開発チームが開発した「ナノケアスチーマー」は、就寝中に枕元に置いて利用できるというコンセプトのスキンケア製品である。このコンセプトが、忙しい女性のニーズに適合して成功を収めている。

このように、ともすればコモディティ化して差別化の難しい食品や家庭電化製品でも、新たな視点を生かすことで差別化に成功している事例が見られる。ダイバシティ・マネジメントは、新たな差別化を生み出す源泉としても期待されているのである。

3 ダイバシティ・マネジメントに至る諸段階

谷口（2005）によれば、ダイバシティに対する組織の取り組みは、①抵抗、②同化、③分離、④統合の4段階に分類される（図表13-3）。

抵抗の段階は、多様性はむしろ排除される要因である。組織はメンバーの同質性を求め、異質な価値観や行動には抵抗を示す段階である。メンバー間の違いよりも共通点に価値が置かれている。この段階の組織では、マイノリティが活躍できる余地はほとんどないといえる。

同化は、差別や格差を減らす目的でダイバシティを増大させる段階である。先に述べた、1960年代から70年代にかけてのアメリカにおける、女性や有色人種の雇用や昇進の格差是正の取り組みがこれにあたるだろう。この段階では、マイノリティは多数派であるマジョリティの価値観や考え方に適応することが求められる。例えば、女性が男性と同じような働き方をすることで、組織で認められていくような場合である。同化の段階では、多様性は縮減されていくものとしてとらえられている。

分離は、ダイバシティが組織内で認められているものの、経営にとって重要な役割への登用に際しては、格差がある段階である。例えば、海外の現地法人でトップになるチャンスが、本国の従業員に対してのみ開かれている場合である。この段階では、ダイバシティは現地の市場や顧客のニーズを理解するうえで必要なものととらえられている。しかし、それは特定の部署や役割に限られており、重要な地位や役割への登用は限られている。

図表13-3　ダイバシティに対する組織の取り組みの段階

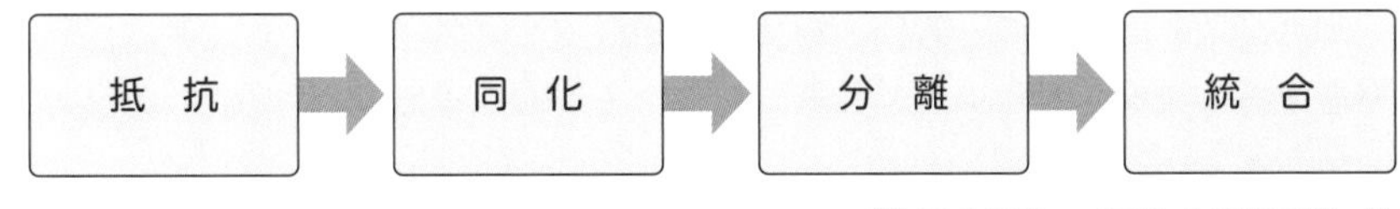

（谷口 2005, p.265より筆者作成）

最後の統合は、ダイバシティが組織の重要な資源として位置づけられる段階である。各々のメンバーが持つ多様な視点が尊重され、考え方や価値観の違いの表明は新たな学習をもたらす機会として認められている。この段階では、多数派や少数派の区別なく均等なパワーと地位への機会が与えられている。例えば、現地法人において本国人だけでなく、現地人従業員にもトップに昇進できるチャンスが開かれている場合などは、この段階であるといえるだろう。今日のダイバシティ・マネジメントは、この統合段階を目指した活動であるといえる。

2 ダイバシティのメリット・デメリット

1 ダイバシティのメリット

ダイバシティのメリットは、多様な視点からの意見が反映されることで、意思決定の質の向上が期待できる点にある。**情報・意思決定理論**によれば、メンバーの多様性が高い組織ほど、多くの情報源を組織外に持つことができるため、意思決定に多様な情報を生かしやすいといわれている（谷口 2005）。経済学者のJ.A.シュンペーターは、イノベーションを生み出すためには、これまでにない新たな組み合わせが必要であると述べた。多様性は、考え方が均質化した組織では思いつかない、新しい情報と情報の組み合わせを生み出し、イノベーションをもたらすチャンスを増大するのである。

また、統合段階の組織では、多数派と少数派の区別なく昇進や登用の機会があるため、少数派のモティベーションの向上や離職率の低下が期待できる。もし、M&Aを行った現地法人において、現地人従業員の登用機会がこれまでよりも制限されてしまったら、彼らのモティベーションは大幅に低下し、多くの離職者が発生する危険がある。このような場合では、統合段階のダイバシティ・マネジメントが必要となるだろう。

2 ダイバシティのデメリット

一方で、ダイバシティにはリスクも伴う。1つは、属性グループ間における対立の発生である。**社会的カテゴリー理論**によれば、人々は他者との比較を通じて自尊心を保とうとする。その結果、自分が属する集団を、他の集団よりも優れていると考えようとする傾向を持つ。さらに、自分と同じカテゴリーに属する人々に対しては好意的に接し、そうではない人々とは遠ざかろうとする傾向がある。これは、**類似性アトラクション理論**と呼ばれている。これらの理論によれば、ダイバシティは組織内にいくつかの属性グループを形成し、グループ間の対立を促進する危険がある。このことが、メンバーのモティベーションの低下や、欠勤や離職率の増加をもたらす原因となる。

このように、ダイバシティは組織にとってはもろ刃の剣となる。ダイバシティ・マネジメントは、発生しうるデメリットを小さくし、メリットを最大限生かすよう行われる必要がある。

3 ダイバシティを妨げる要因

前述のように、多くの日本企業にとって、組織のダイバシティを高めることは不可避の課題になってきている。しかし、現実にはダイバシティを進めて統合段階のマネジメントを行っている企業は、現在のところ少ない。ここでは、ダイバシティを妨げているいくつかの要因について説明する。

1 トークニズム

これは、少数派であることそのものが、彼らに対する独特の見方につながり、偏見をもたらしうるという考え方である。例えば、単一民族で男性が多い組織では、他民族のメンバーや女性メンバーは、個人として見られるのではなく、その少数派の属性の象徴（**トークン**）と見なされる傾向があるということである。つまり、彼（女）らの発言や行動は、「他の民族だから……」あるいは「女性特有の……」などという解釈をされてしまうことがある。

トークニズムを理解するために、下のアルファベットを見てほしい。

図表 13-4　トークンの例

図表 13-4 を見ると、アルファベットのAが5つ並ぶ中に、Bが1つだけ混じっている。このような場合、人々の注目は少数派のBにまず向けられることが多い。しかし、図を見ればわかるように、5つのAもどれ1つとして同じものはない。それにもかかわらず、多くの人々はAの多様性よりも、Aの中に少数のBが混じっていることに関心を向けるのである。このとき、Bはトークンと呼ばれる。

職場におけるトークニズムに注目した、アメリカの経営学者R. M. カンターは、トークンとなったメンバーは、可視性、対照性、同化という特徴を持つようになるという（Kanter 1977)。**可視性**とは、トークンは良くも悪くも注目の的になり、「特別扱い」される傾向を持つということである。また、個人の能力や努力よりも、トークンとなる属性に基づいて評価される傾向があるため、時にモティベーションの低下を招くこともある。**対照性**とは、多数派とトークンの違いが際立ってしまうという特徴である。多数派は、トークンとの違いを強調して一体感を強め、トークンとなった人々をいわば「仲間外れ」にしたり、不当に貶めたりする危険がある。**同化**とは、後に述べるステレオタイプにトークンを押し込めることである。例えば、女性であることがトークンになると、すべての女性メンバーが「女性らしい」行動や考え方をすると見なされるようになり、彼女たちの個性が無視される傾向が生まれてしまう。

トークニズムから逃れるために重要なのは、しばしば少数派が持っているように見なされる特性は、彼らが少数派であるという構造的な要因が原因であり、彼らに内在するものではないということを認識することである。このことに気づかなければ、少数派に対する偏見をなくすことは困難である。

2 ステレオタイプ化

これは、特定の属性に固有の性格や行動パターン（**ステレオタイプ**）があり、その属性を持つ人々すべてに当てはまると考える傾向である。例えばある人が、あらゆる女性はある年齢に達すれば結婚、出産をして育児に専念すべきだと考えるならば、女性を管理職に登用することには積極的にはならないかもしれない。また、結婚や恋愛は異性間で行われるものだと考える人々に対しては、LGBTの人々は自分たちの考え方を表明しにくくなる可能性もある。

ステレオタイプ化は、多数派の価値観を知らず知らずのうちに少数派に押しつけ、彼らを沈黙させてしまう危険がある。ダイバシティ・マネジメントでは、メンバーを安易にカテゴリー化せず、１人ひとりをそれぞれ個性ある人間と見なすことが求められる。

3 自文化中心主義

前述のように、人は自分が所属する集団に愛着を感じ、他の集団よりも優位に置く傾向がある。自分たちの集団を優れていると感じ、その集団の価値基準で他の集団を評価することを**自文化中心主義**と呼ぶ。特に、外国人など異文化で育ってきた人々と協同する場合、相手の行動や考え方が時に非常識に映るときがある。このような場合、自文化中心主義が現れていると見なすことができる。

自文化中心主義は、相手の文化を軽視し、傷つけることにつながるため、時に怒りや悲嘆などの激しい感情的反応を生み出すこともある。これを防止するためには、自分の文化だけではなく、他の文化も同等に尊重するという文化相対主義の態度を持つことが必要である。文化相対主義では、自分たちの価値観で相手の行動や発言を評価するのではなく、相手の価値観を理解し、そこから相手の行動や発言の意味について考えることが求められる。

●立ち止まって考えよう

▶ ダイバシティ・マネジメントを進めるためには、組織ではどのようなことが必要でしょうか？

◆ Story 2．多様な人材が働ける工夫

多様な人材が働けるように、伸こう福祉会では、本部に支援をする担当者を設け、直接上司に相談しにくいことでも24時間サポートできるようにしている。それだけではなく、施設長や主任をはじめとした管理職がきめ細かくサポートし、「誰もが介護や子育て、病気などで柔軟な働き方が必要な時がある」という、困った時はお互いさまの組織風土づくりを目指している。

外国人スタッフの評価は、基本的に日本人と同じ制度であり、日本人と研修も一緒に実施している。場合によっては、説明を外国語に変えるなどの配慮が行われている。一方、日本人が有利に働くような、昇給のためのレポートや筆記テストなどはない。各々のスタッフの技術と行動だけが評価の対象となる。

また、採用については、介護の仕事をやりたいと本当に思っているかが第１条件であり、言葉は重要視していない。そのため、人懐っこそうで好感度のある人材が望まれている。日本語が得意ではない応募者に対しては、ネイティブで面接を行うこともあるという。

さらに、入社時の教育も重要である。入社時の最初の研修では、「伸こう福祉会の森」という童話が新人スタッフに語られる。この童話は、森の中にさまざまな動物がいて、その森の中に生えている古くからある老木と、土から顔を出したばかりの若木を、動物たちが一生懸命自分の特技をもって支えているという内容である。さまざまな動物は違う個性があるので、あなたはあなたのできることをやりなさいという教育が行われている。そこではまた、伸こう福祉会の職員として一番大事な要素を伝えている。それは、語学力や資格ではなく、「自分のベストを尽くす」「一生懸命働く」「より良くすることに躊躇しない」という要素であり、そこを基準に評価するという内容である。

もちろん、文化的背景が異なることから対立やとまどいも発生する。１つは、キャリアに対する考え方の違いである。外国人スタッフは、「30歳になったから」

という理由で辞めてしまうことも多く、長期の人材育成が難しいこともある。また、仕事の責任や権限の範囲を明確に考えるスタッフも多い。そのため、現場では「私の仕事はどこまでですか」「私の上司は誰ですか」「私の責任範囲はどこですか」など、責任と権限を明確にしてもらうことを望むスタッフが多い。日本の福祉現場では、気づいた人がやるようなあいまいな仕事の分担があるが、その部分を理解しあうことは難しい。外国人スタッフとトラブルになった場合、本部にいる国際担当者が出向いて双方に説明している。時にはそのスタッフの保証人や、外部の第三者が間に入る場合もあるという。

（田中利正氏〔甲南大学大学院〕の聞き取り調査による）

4 ダイバシティ・マネジメントのために必要なこと

1 ダイバシティに適合した人事管理制度

佐藤（2017）は、従来の日本的な人事管理制度と、ダイバシティに適合した人事管理制度の違いを図表13-5のように整理している。

この表を見てわかるように、新卒一括採用で長期勤務を前提とした従来型の人事管理制度は、ダイバシティ・マネジメントには適合していない。個々人の多様性に合わせ、それを生かすためには、従業員1人ひとりに適合した柔軟な働き方を、メンバー全員に提供することを可能にする制度が必要である。ケースで見たように、長期勤続を前提として働かないメンバーにとって、会社主導で教育や研修の機会を提供することは必要ではないと思われているかもしれない。

図表13-5　人事管理制度の比較

従来の日本的人事管理制度	ダイバシティに適合した人事管理制度
一括管理 学歴や勤続年数を基準とした処遇	**個別管理** 各々の能力を基準とした処遇
画一的な働き方 フルタイム勤務を基準に、必要（育児・介護など）に応じて両立支援制度を提供	**多様で柔軟な働き方** 全社員に対し、個々の事情に応じた働き方（時短勤務、両立支援制度など）を提供
会社主導型キャリア管理 会社側が段階に応じた研修や教育を提供 移動や配置は基本的に会社側が決定	**自己選択型キャリア管理** 個々人に合わせた育成プランを作成 仕事や勤務地の変更は本人の同意が必要

また、両立支援制度（休暇や時短勤務など、育児や介護と仕事とを両立できる制度）も、フルタイム勤務を基準とした制度のもとでは、多様性を生かすうえでは問題がある場合がある。例えば、フルタイム勤務がよしとされている組織では、育児休業を取得することで「会社への忠誠心が足りない」「仕事よりもプライベートを優先している」などといわれ、評価が下がる危険がある。このような風潮がある場合、せっかくそのような制度があっても、利用する人は少なくなる危険もある。

処遇についても、従来の人事管理制度では多様性を生かしきれない危険がある。従来の制度のもとでは、学歴や勤続年数が重視されていたが、これでは中途採用者や若年者、育児や出産で勤務を続けることができなかった女性は不利な扱いを受けるかもしれない。ダイバシティ・マネジメントのもとでは、各々の個人が持つ仕事を遂行する能力、組織目標達成のために貢献できる能力が処遇の基準となる。一方で、多様性がハンディキャップにならないように処遇を考える必要がある。ケースでは、外国人が言葉の面で不利にならないよう、採用や処遇の面でさまざまな工夫が行われていた。ダイバシティ・マネジメントを行うためには、多様性の持つ強みを生かし、弱みを支援する必要があるといえる。

2 互いに支え合う風土

また、休暇や時短勤務をとることは、同時に他のメンバーの負担を増やすことにつながる場合がある。その結果、フルタイム勤務者と休暇や時短勤務をとったメンバーとの間に軋轢が生じることもある。したがって、ダイバシティ・マネジメントのためには、「困った時はお互いさま」だとメンバーみんなが思えるような雰囲気が重要である。ケースにおいても、誰もが両立支援を必要とする時がくると訴え、「困った時はお互いさま」と互いに思える風土づくりが行われていた。

佐藤（2017）も、そのような雰囲気づくりのために、介護や育児・出産のような特殊な事情だけではなく、ボランティアや自己啓発のために両立支援を利用できることが有効であると述べている。一方、両立支援の対象が出産や育児だけに限られている場合、この「お互いさま」意識を育てることは難しい。なぜなら、メンバー全員が結婚し子どもを産むとは限らないからである。

3 対立に対処する

多様性を生かすためには、価値観や考え方の違う人同士が協同する必要がある。そこでは必ずといっていいほど意見の違いが発生し、対立が生まれる。ダイバシティ・マネジメントはこのような対立が生まれることを前提に、互いが協力できるようにしていかねばならない。

組織内の対立や葛藤は、**コンフリクト**と呼ばれている。コンフリクトは、タスクコンフリクトと関係性コンフリクトに分けることができる。**タスクコンフリクト**とは、組織の課題に対する意見の対立である。このコンフリクトは、多様な意見の統合を促すため、組織にプラスに働くといわれている。一方の**関係性コンフリクト**は、人間関係上の感情的な対立である。これは、組織に対してマイナスに働くといわれている。したがって、ダイバシティ・マネジメントのもとでは、対立はタスクコンフリクトとして処理させることが必要である。

そのためには、互いが感情的にならないよう、お互いの価値観や考え方の違いを非難することがないようにせねばならない。１つの方法として、前述の文化相対主義の態度は有効であろう。また、お互いの意見の違いを乗り越えるような win-win の解決を目指すのも、１つの方法である。ケースでは、

コラム フォートライン

表層のダイバシティが多様であっても、多様性の組み合わせが異なれば、メンバー間の関係に与える影響も違ってくる。下の簡単な例を見てほしい。

グループＡ	白人 男性 管理職	白人 男性 非管理職	黒人 女性 管理職	黒人 女性 非管理職
グループＢ	白人 男性 管理職	白人 男性 管理職	黒人 女性 非管理職	黒人 女性 非管理職

両グループとも、２人の白人男性と２人の黒人女性からなるグループであり、表層のダイバシティは同じに見える。しかし、グループＡは管理職に白人男性と黒人女性がつき、残りの２人は非管理職である。一方、グループＢの管理職は２人とも白人男性であり、非管理職２人とも黒人女性である。管理職と非管理職の間でコンフリクトが起こりやすいのは、どちらのグループだろうか？

この場合、答えはグループＢである。なぜなら、グループＢの方は白人男性同士、黒人女性同士が同じ役職であるため、それぞれ互いを同じサブグループ（グループ内のさらに小さなグループ）に所属する仲間と見なす一方で、他方は異なるサブグループと見なしやすいからである。つまり、グループＢでは、白人男性と黒人女性のサブグループが形成されやすい。一方、グループＡでは、白人男性と黒人女性は、役職に基づいたサブグループを形成しにくいため、互いを違うサブグループに所属しているとは見なしにくくなる。

このように、グループをメンバーの多様性の組み合わせに基づいてさらに小さなサブグループに分断してしまう境界線のことを、フォートライン（亀裂）と呼ぶ（Lau & Murnigham 1998）。これまでの研究では、あるグループを２つに分断するような１本のフォートラインがあるとき、そのグループのメンバーの公平感や相互信頼が損なわれることがわかっている。

フォートラインの悪影響を小さくするために必要なことは、まずはグループＡのように、属性によってサブグループが形成されないようメンバーの配置を考えることである。また、サブグループの違いを超えた、「同じグループの仲間」という意識を持たせることも有効であるといわれている。

お互いが冷静に話し合えるよう、第三者という冷静で客観的な視点を持つ人を間に入れるという方法がとられていた。

また、対立するグループ同士が、互いのよいところを認め合う対話も1つの方法である。男女間の対立が激しかったある組織では、その問題を解決するために男女が小さなグループをつくり、男女が一緒に働き、互いに協力し、尊重した経験について互いに話し合いを行った。その結果、過去の経験について多くの物語が語られ、グループ間で共有されていった。このプロセスの中で、男性と女性の間の敵意が緩和され、互いを認め合うようになっていった。次に、これまでの経験をもとにして未来の組織をつくり上げるにはどうすればよいかについて話し合いが行われ、男女間の協力のもとで新たな計画が生まれ、男女間の対立という問題は消滅してしまった（Gergen 1999＝2004）。

このように、メンバーの多様性を生かすためには、各々の多様性が強みとなり、不利にならないような制度設計、雰囲気づくり、コンフリクト対処が必要である。ダイバシティ・マネジメントを推進するためには、管理職が率先してこのような改革に取り組むことが、今後より求められていくだろう。

この章では、ダイバシティ・マネジメントについて概略を説明した。我が国の組織や社会において多様性を生かすことは、これから必須であり、そのための新しいマネジメントが求められている。また、ダイバシティを妨げるいくつかの要因として、心理的要因があることを述べた。ダイバシティ・マネジメントの第一歩は、私たちのものの見方や考え方を変えることにあるのである。

ステップアップのための本

リクルートHCソリューショングループ『実践ダイバーシティマネジメント―何をめざし、何をすべきか』英治出版、2008年

日本企業におけるダイバシティ・マネジメントの実践例について、わかりやすく紹介されている。

●振り返って考えよう

▶「はじめに考えてみよう」の問いに、自分の言葉で答えて下さい。

▶あなたがこの章で学んだことを、2つあげて下さい。

●話し合ってみよう／調べてみよう

1 日本は海外に比べ、女性の管理職が少ないといわれています。その原因は何でしょうか？

2 日本におけるダイバシティ・マネジメントの成功例を探してみましょう。

日本における男女格差

この章ではダイバシティ・マネジメントについて説明をしたが、日本企業におけるダイバシティ・マネジメントの達成度は、世界レベルで見れば決して高くない。ここでは、ジェンダーに焦点を当てた資料を見てみよう。世界経済フォーラムは、毎年世界各国の男女平等度を発表している。これは、経済、政治、教育、健康の4分野での分析をもとに、総合順位をランキングしたものである。

図表 13-6　我が国の男女平等度の世界ランキング

2016年	111位／144
2017年	114位／144
2018年	110位／149
2019年	121位／151

（世界経済フォーラム HP の各年度の報告書から）
https://www.weforum.org

この表を見ると、日本の男女平等度は世界的に見てもかなり低い順位であり、先進国の中では最下位である。ちなみに、上位はフィンランドやアイスランドなどの北欧諸国が並んでいる。

我が国の順位の低さは、経済や政治分野における女性の進出が遅れているのが主な原因といわれている。例えば、企業における女性管理職や女性議員の割合が海外と比べて低いことが、順位を下げることにつながっている。世界労働機構（ILO）の報告書を見ると、世界108ヶ国のうち、日本の中間管理職に占める女性の割合は11.1％（2012年）であり、順位は96位である。ILOによれば、女性が管理職になるのを阻害する要因として、1位「女性は男性よりも家族への責任を負っていること」、2位「男性と女性に社会的に割り当てられた役割」、3位「男性的な企業文化」、4位「女性の管理職としての経験不足」などがあげられている（ILO 2015）。

これらの要因は、半世紀以上にわたる核家族化の進展と三世代家族の減少の中で、「男は仕事、女は家事」という役割分担が浸透してきた日本には、すべて当てはまるだろう。我が国における男女格差を小さくするためには、広く社会に浸透した「男女それぞれに望ましい役割のイメージ」を変えていく必要があるが、これは簡単なことではない。

次の表は、日本社会で成人男女に求められる特性と組織のリーダーに臨まれる特性のそれぞれのトップ10である。この調査は2018年に行われ、データ数は2,527（男性1,025名、女性521名）である。この表を見ると、組織リーダーに望まれる特性と男性に求められる特性の重複は5つあり、女性とは2つしかない。つまり、組織のリーダーは望ましさが似ている男性向きであり、女性にはふさわしくないというイメージが強いことが示唆されている。

図表 13-7　成人男女および組織リーダーに望ましい特性トップ10

	リーダーに望ましい	男性に望ましい	女性に望ましい
1	リーダーとしての能力を備えている	自立している	礼儀正しい
2	責任感が強い	責任感が強い	周囲への気遣いがある
3	行動力がある	行動力がある	困っている人への思いやりがある
4	説得力がある	礼儀正しい	気遣いが上手である
5	目標へのコミットメントが強い	率先して行動する	友好的である
6	率先して行動する	困っている人への思いやりがある	責任感が強い
7	プレッシャーに強い	チャレンジ精神が豊かである	優しい
8	ビジネスセンスがある	周囲への気遣いがある	手助けを惜しまない
9	自立している	説得力がある	助けになる
10	能力が高い	積極的である	自立している

※灰色の網掛けは、男女それぞれのリーダーに望ましい特性と重複する特性を表す
（野村・川崎 2019 より作成）

このように、現在の日本においても男女それぞれのイメージの違いは大きく、しかもリーダーには男性のほうがふさわしいと思われている傾向が強い。しかし、日本企業のジェンダー面のダイバシティ・マネジメントの進展によって、新たな女性像、男性像が出現・普及すれば、こうしたイメージは変化していくのかもしれない。

14章 いろいろな国に乗り出す　国際化

●この章のねらい
企業が国際化を進める際に直面する複雑な環境をまず理解する。そして、これまでの国際化の経緯や諸理論を理解したうえで、今後の国際化に関する課題を考えられるようになることを目指す。

3つの多様性

経済的多様性
平均年収
通貨
インフラ　etc.

政治的多様性
法律
政策・制度
税制　etc.

文化的多様性
言語
宗教
ライフスタイル　etc.

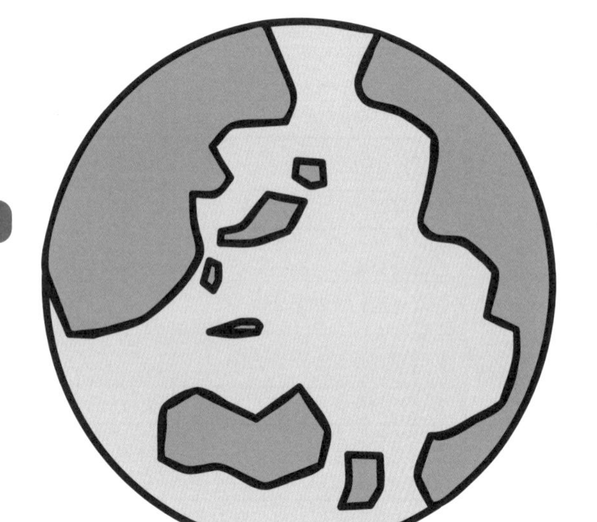

企業が国際化を進める際には、複雑な環境を無視することはできない。さまざまな違いを乗り越えて国際化は進められていく。

国際化とは日本から海外に進出することだけではなく、国内においても、また海外から日本に向けても進められている。

海外進出の歴史

1970年代ヨーロッパ
保護主義
輸入規制
現地生産

1985年
急激な円高
プラザ合意

その後は
グローバル
適地生産

●はじめに考えてみよう
▶ 国際化とは何でしょうか。
▶ なぜ企業は国際化を進めていくのでしょうか。
▶ 国際化を成功させるためには、どうすればよいのでしょうか。

海外進出する理由

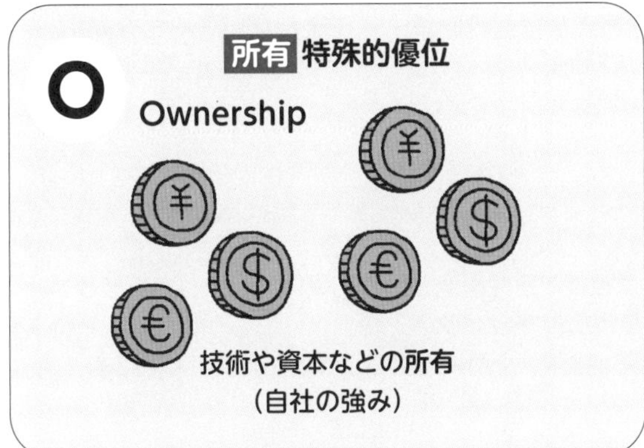

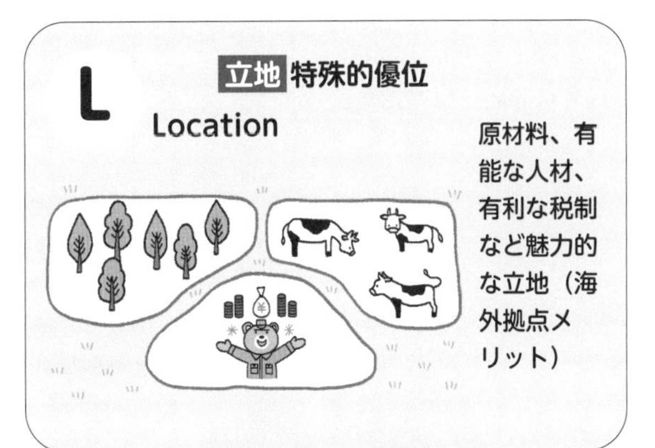

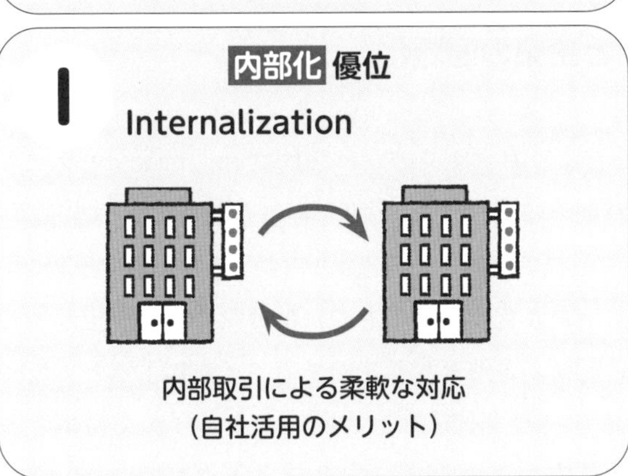

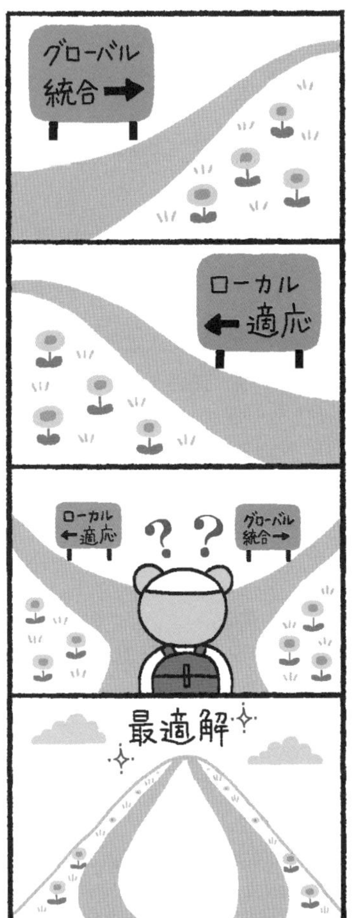

本章では、企業の国際化について概観し、国際化は思いのほか身近なテーマであることを確認する。

『広辞苑』等の辞書によると国際化とは国際的な規模に拡がること、グローバル化とは国を越えて地球規模で交流や通商が拡大すること、世界全体にわたるようになることとある。つまり前者は国がベースにあってその拡がりを意識するのに対し、後者は国を意識せず世界全体を１つととらえるという違いがある。

本章では、企業が国をまたがった経営を進めていく国際化を中心に議論を進め、グローバル化とは国際化を進める企業が置かれる世界的な経営環境のことを指すものとする。

ケース　日本食「ラーメン」の国際化 ―博多一風堂―

◆ Story 1．海外への初挑戦

「博多一風堂」は1985年に福岡で創業し、国内外におよそ200店舗を持つラーメンチェーン店である。博多ラーメンならではの細麺が売りで、麺の硬さを「普通」「やわ」「かた」「ばりかた」「はりがね」「粉おとし」などから選ぶことができる。日々行列ができ、接客やおもてなし、活気に優れているのも一風堂の魅力である。味は「白丸元味」「赤丸新味」が基本となっている。一風堂の公式HPによると白丸元味は「原点の一杯　創業当時から今に引き継ぐ一風堂のとんこつラーメンの本流であり、原点の味」、赤丸新味は「豚骨ラーメンの可能性を広げた“革新派”。コクと深みを追求した一風堂の自信作」と書かれており、味に自信を持っていることがうかがえる。

創業者である河原成美氏は初の海外進出として、2003年に中国・上海で小南国管理有限公司と合弁会社を設立、2004年に「７８一番ラーメン」の１号店を上海市内にオープンした。「一風堂」ではなく別ブランドにした理由を河原氏は、「商品もサービスも、一風堂のレベルを実現するのが現地では極めて難しい」「一風堂のようなラーメン専門店というスタイルが、いきなり上海に根づくとは考えられず、それならばまったく新しいパッケージを開発して、それで勝負をかけるほうが、成功する可能性が高い」と考えたからであると述べている。

しかしながら、この上海進出は非常に困難を極めた。水質が想定以上に劣悪、仕入先から品質のばらつきが大きい、安定しない食材供給、といったラーメンづくりそのものへの問題点が多く噴出した。合弁先との意見の相違、予定どおりには進まない出店計画、日本側から選出したマネジャーの突然の辞任など、マネジメント面でも実に多様な問題が次々と起こった。特に、中国側の経営陣が無断で会社の資金を別の事業のために利用、合弁先の経営者から経営方針の変更を突然告げられるなど、危機ともいえる状況も頻発した。

これらの問題に対し、河原氏らは試行錯誤、汗を流しながら何とか対応し、2006年までに計８店舗出店した。しかしながら、この海外初進出は、数年後の合弁解消により終わりを告げた。

●立ち止まって考えよう

▶ 一風堂の海外初進出は数年で合弁解消という結果になりました。どうしてこのような結果になったのでしょうか？

▶ そもそもなぜ、一風堂は中国・上海に進出しようとしたのでしょうか？

1 世界的な経営環境と企業の国際化

1 グローバル化の時代

「グローバル化の時代」とよく耳にするが、一般的には「ヒト・モノ・カネが国境を越えて活発に移動するようになり、世界経済が統合に向かう現象」ととらえることができる。現在のグローバル化の時代とはおよそ1990年代以降のことを指すが、グローバル化現象そのものには非常に長い歴史がある。古くは、大航海時代にその起源があるとする説がある。それによると、当時の大国であったスペインがマニラを建設し、大西洋と太平洋が交易ルートとしてつながった1571年頃がグローバル化元年であるとされている。また、蒸気船や鉄道が登場し大量輸送や貿易が可能になった産業革命期を指して、

1820年頃がグローバル化元年と主張する説も存在する。いずれにせよ、グローバル化とは1990年代以降のことだけを指すものではない。

私たちが今、経験しているグローバル化は、輸送手段やインターネットをはじめとする情報通信技術が飛躍的な発展を遂げたことがその背景にある。その一方で、ここにきてグローバル化を牽引してきた英米を中心に、大きな変化の兆しが現れている。アメリカでは2017年に「アメリカを再び偉大に」と掲げたトランプ大統領が誕生し、イギリスでは国民投票の結果EU離脱が決定、欧州で移民問題が顕在化し始めたのもこの頃である。これらの出来事は、自国の利益を優先する**アンチ・グローバル化**の動きと見てとれる。つまり、私たちは今、グローバル化とアンチ・グローバル化の両方の波に揺さぶられ、非常に先行きが不透明な、まったく予断を許さない複雑な状況に置かれているのである。

ところで、かつての大航海時代のグローバル化は、新大陸諸国の独立とナポレオン戦争によって終焉した。また、産業革命期のグローバル化は、第一次世界大戦と世界大恐慌によってその終わりを告げた。私たちが今、経験しているグローバル化はこの先どのようになるのだろうか。

2 3つの多様性

企業が国際化を進めていく場合、1つの企業の中にさまざまな多様性を抱えることになる。ここでは**3つの多様性**について考えてみよう。

①経済的多様性　例えば、働く人の平均年収は国ごとに大きく異なっている。このような金銭的な違いのことを**経済的多様性**と呼ぶ。また、日本円のみならず、米ドル、ユーロ、英ポンド、中国元、タイバーツなど、さまざまな通貨で取引を行うので、通貨の違いも経済的多様性に含まれる。そのほか、各国の道路や港湾、空港、電力供給力や上下水道、通信などのインフラ整備の違いなども経済的多様性に含まれる。

②政治的多様性　国によって法律が異なり、それぞれの国の政策や制度を遵守しなければ、現地でビジネスを展開することはできない。税制の違いにも注意が必要である。また、現地で労働するには労働許可証が必要な国もあり、その規則や基準は各国それぞれである。このようにヒトの移動にまつわる制度、ルールも各国で異なる。これらは**政治的多様性**と呼ばれている。

③文化的多様性　言語の違いだけでなく、宗教、ライフスタイルの違いなどは**文化的多様性**に当てはまる。イスラムでは、豚肉は食べてはならない、1日5回の礼拝は義務である、金融面では利息はご法度であるなどの注意すべき点がある。これらに注意を払ったり配慮したりすることは、実際の経営活動においては非常に重要である。同時に、日本企業としては現地国での対日感情にも留意しなければならない。

国内だけでの経営活動とは異なり、企業が国際化を進めるうえでは、このような3つの多様性を抱える中で経営活動をしていかなければならないのである。

3 企業の国際化とは

企業の国際化とは、グローバル化とアンチ・グローバル化の両方の波が押し寄せるという複雑な環境の中で、「3つの多様性」を抱えながら、これまで学習してきた戦略、ビジネスシステム、イノベーション、人事管理制度、組織構造、組織文化、リーダーシップなどのすべてを実施していくことである。そのような国際的な経営を行っている企業を、**多国籍企業**（Multinational Company: MNC）という。多国籍企業は、親会社と多くの海外子会社、また国内にも多くの関係会社を持つことが多いのが特徴である。

2 企業の海外進出

国際化を進めようとすると、複雑な環境の中、多様性を抱えて活動していかなければならなくなる。経営はできる限り効率よく行うべきであるのに、これでは物事を効率的に進めることが非常に困難になる。では、なぜこのような困難に直面してまで企業は国際化を行うのだろうか。海外進出の過去の経緯から現在までを振り返りながら、企業が国際化を進める理由を考えていこう。

1 生産拠点の海外進出

日本企業の国際化は、製造業の海外生産から本格化した。まず1960年代はアジアに、1970年代には欧米に製造拠点を広く展開している。当時のアジア各国は、自国に工場を持ち雇用を創出することで自国の発展を目指す**国産化政策**が盛んになり、この政策に対応するため日本企業はアジア諸国での**現地生産**を進め、アジア各国の雇用創出を支援していった。また欧米諸国では、安価で高品質な日本製品が自国の利益を損なうと考えられ、**保護主義**や**輸入規制**という政策が敷かれた。そのため消費地生産、すなわち現地生産を進めて対応していった。

その当時は、日本国内で製造した方が生産コストは安く、安定した品質かつ納期の信頼性も高かった。それにもかかわらず、日本企業は上記のような政治的な理由でやむを得ず国際化を行っており、その行動は経済合理性を欠いていたといわざるを得ない。後にこの時代の海外進出は「仕方なし」に始まったといわれている（吉原 1997）。

この「仕方なし」の状況は、1985年の**プラザ合意**で大きな転換を迎える。プラザ合意とは、世界主要各国が協調してドル高を是正するものであり、日本にとっては円高ドル安に誘導するものである。この結果、プラザ合意以前は$1＝240円ほどだったのが、1年後にはほぼ半値までになるという急激な円高局面を迎えることになった。これにより、日本の製造業は経済的に最も適した国や地域での生産体制を構築することが可能になり、国際化が経済的合理性に適うものになった。したがってこれ以降は、より一層積極的な海外生産への転換が図られることになる。

このようにして製造業の国際化は、現在では世界中の最適な場所で生産を行う**グローバル最適地生産**へと発展していくのである。

2 企業が海外進出する理由

企業が海外進出する理由を説明する理論に、イギリス・レディング大学のJ.ダニングが提唱した**OLIパラダイム**がある。

OLIパラダイムとは、海外生産をはじめとした海外直接投資を説明する包括的なフレームワークで、海外生産をするには3つの要素が同時に満たされる必要があるとしている。その3つとは、**O優位**（所有特殊的優位：Ownership-specific advantage）、**L優位**（立地特殊的優位：Location-specific advantage）、**I優位**（内部化優位：Internalization advantage）である。

O優位とは、①進出先の現地企業に対して技術や無形資産などの資産優位と、②それらの資産優位を効果的に組み合わせる取引優位の2つからなる。これらは不案内な海外市場で不利な競争条件を乗り越えるには不可欠なものである。

L優位とは、受け入れ国が提供する優位性の高い特殊要因のことである。原材料、天然資源、低コストの有能な人材、中間財の品質や価格、需要が見込まれる市場、海外企業に有利な法人税、関税などの規制動向などがこれに該当する。

I優位とは、内部取引の方が市場取引に比べコスト優位性が高いということである。中間財や情報、技術などのO優位を自社で活用することで、市場価格を上回る価値を生み出せることを指す。I優位の中では、現地の状況に応じて柔軟に生産拠点を移転したりすることが可能となる。

企業が海外進出する際には、O優位を所有しているうえで、海外の特定国で企業活動を行うメリットであるL優位と、自社で活用するメリットがあるというI優位について検討をする必要がある。これらの優位が見込めたとき、はじめて企業は海外進出を図るのである。このように海外進出の理由を説明するのが、OLIパラダイムである。

3 親会社と海外子会社

3つの優位（O優位、L優位、I優位）を検討して海外進出を図った後、海外子会社が成長発展し、日本国内以上の力を持つようになることは、喜ばしい反面、一方で新しくて難しい問題も引き起こす。それは、**集権と分権**のバランスの問題である。

日常での親子関係を例に考えてみよう。生まれてからしばらくの間、子どもは親のもとで育っていく。しかし子どもが成長し、ある時期になると親に反発し、親とは異なる意見を持ち、時には対立もする。これは、本社と海外子会社の間にも当てはまる。設立したばかりの子会社は親会社のもと、指導を受けて仕事を覚えていく。それが親会社の指導以上のことができるようになってくると、親会社に反発し、異なる意見を持つようになり、時には対立もすることになる。このように、親会社の集権、つまりグローバルに統合する方向性と、子会社の分権、すなわちローカルに配慮し適応する方向性の、二面性の問題が発生するのである。

この**グローバル統合**と**ローカル適応**は、どちらか一方しか選択できないトレードオフ（二律背反）の関係ではない。過去にはトレードオフの関係ととらえて、どちらを優先すべきかといった議論がなされてきた時代もあった。しかし近年は、グローバル統合のメリットを最大限に生かしつつ、各国特有のニーズにきめ細かく対応するローカル適応の同時追求が求められているという結論に至っている（浅川 2003）。この議論を図表 14-1のように整理したのが、C.K. プラハードとY. ドーズの**I-R フレームワーク**である（Prahalad & Doz 1987）。

縦軸が**グローバル統合**（Integration）を、横軸が**ローカル適応**（Responsiveness）を表しており、これからI-R グリッド（格子）とも呼ばれる。このように、IとRは直線の両端、つまり二律背反ではなく、直角に交わっているところがこのフレームワークの特徴である。そして、グローバル統合（I）もローカル適応（R）もともに高いところにあたる戦略、組織を**マルチフォーカル戦略、マルチフォーカル組織**と呼ぶ。フォーカルとは焦点のことなので、IとRの双方に焦点をあてた戦略、組織ということである。つまり、親の言い分も子どもの言い分も両方検討してよりよい方向を目指そうと考える枠組みである。このI-R フレームワークをさらに精緻に分析したもののうちの1つに、C.A. バートレットとS. ゴシャールの「トランスナショナル戦略」がある（Bartlett & Ghoshal 1989）。

図表 14-1 I-R フレームワーク

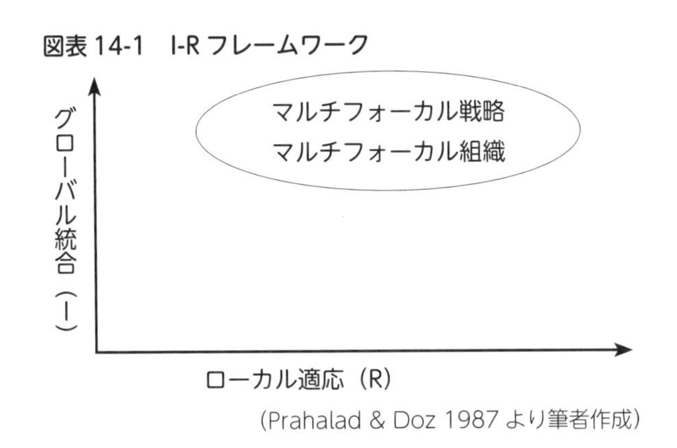

（Prahalad & Doz 1987より筆者作成）

4 時代の変化と海外進出

時代の変化とともに、海外進出の形態や内容も変貌している。先ほど、生産拠点の海外進出の歴史を振り返ったが、もちろん、製造業の海外生産だけが国際化ではない。企業の海外進出はどのように変貌してきたのか。過去から現在に至る経緯を概観していこう。

①海外進出の歴史　製造業を例にとると、当初は製品を輸出することから海外進出を果たしている。その海外進出初期には、製造企業は自社で輸出する能力に乏しいため、商社を通して海外顧客に製品を販売した。商社を介することから、これを**間接輸出**と呼ぶ。また、輸出が盛んになり始めた頃は、

繊維に代表されるように非ブランド品や中・低技術品が主流商品であった。その後徐々に電気機器や自動車、コンピュータ、半導体など、よりブランド品、高技術品へと変化していった。

間接輸出で経験を積んだ企業は、しばらくすると商社を介さずに直接自社から輸出できるようになっていった。さらには、海外販売子会社を現地に設立し、自社で直接現地販売をするようになった。また、現地で販売する製品は、日本からの輸出品のみならず、現地の工場や、第三国で製造した自社製品などもやがて販売するようになっていく。

②海外進出する機能の拡がり 現在、製造業においては、工場進出や販売拠点の進出だけにとどまらず、製品開発や研究も、グローバルに最適地展開するようになってきている。これは、企業のコア技術を日本国内だけで生成、展開しようとするのではなく、グローバル規模で生成、展開しようとするものである。このように企業の成長に合わせて海外進出の形態が変化していくことを**ウプサラ国際化モデル**（Johanson & Vahlne 1977）という。

また、これまでのサービス業は国内向け産業といわれてきたが、現在は日本独自のおもてなしとして積極的に海外展開を行っている（ケース参照）。

③ボーン・グローバル 1990年代以降、ベンチャー・中小企業・ハイテク系スタートアップ・多国籍企業の要素をあわせ持つ**ボーン・グローバル**と呼ばれる企業が誕生してきている。これは、会社設立時から国内と海外という区分けを意識せず、創業時からグローバル全体に視野を広げ、経営活動にかかわっている点に特徴がある（コラム参照）。

製造業を中心としたこれまでの企業の国際化とは、長い年月をかけて、漸進的に海外展開を図っていくパターンであった。これに対してボーン・グローバル企業は年月をかけることなく、創業時からすでに国際化しているということができる。

このように、時代の変化とともに海外進出の展開は変貌してきた。今後はさらに新たな海外進出パターンが出現するのかもしれない。

コラム

ボーン・グローバル企業の例

ボーン・グローバルの一例として、パソコン周辺機器メーカーであるLogitec社があげられる。1981年設立の同社はスイスに本社がある。その設立当初から研究開発拠点をスイスとアメリカに持っていた。このように、設立当初から国をまたがった経営を実践しており、大手コンピュータメーカーへのOEM（相手先ブランド製造：Original Equipment Manufacturing）供給を続けながら、アイルランドや台湾に生産工場を設立するという戦略を展開した（総務省 2015）。現在では100ケ国以上にLogitec社の商品は流通しており、日本でもLogicoolブランドで展開している。

3 国内での国際化

企業の国際化とは、これまで学習してきた海外進出のみならず、日本国内でも必要である。ここでは、海外進出する企業に必要な内なる国際化について、また国内企業が日本国内で行う**インバウンド**（訪日外国人客）対応について考えてみよう。

1 内なる国際化

語学力を武器に世界を股にかけて活躍する海外赴任者や海外駐在員たちが、現場で企業の国際化を担っている。彼ら／彼女らは一見華やかではあるが、先ほど議論した3つの多様性を現場で1つひとつ克服していくという地道な困難に直面している。この困難に際して、いわゆる「本社はわかっていない問題」がある。アジア諸国では日本よりも低賃金で人材確保できると思われがちであるが、専門性を持った人材となると急激に市場価値が上がり、日本人以上の高給を準備しなくてはならない場合も多い。その賃金相場は日本国内の賃金相場と異なるため、日本の本社になかなか了解を得ることが難しく、高給を準備できないために優秀な人材は他社や他国企業に当然のようにとられていく。「この国でこれほどの高い給料は考えられない。もっと安く人材を探しなさい」と日本の本社から突き返され、「人材がいないからこんな給料になるのに、それを本社は全然わかってくれない」という状況が発生する（日経ビジネス 2015）。このような本社の無理解を揶揄して「ＯＫＹ」（O〔おまえが〕K〔ここへ来て〕Y〔やってみろ〕）と海外駐在員たちは内緒でいっている（「日本の人事部」HP）。

海外進出企業の本社側は、日本の基準にこだわり現地の案件すべてを海外赴任者や駐在員任せにするだけではなく、現地の事情に精通する必要がある。これは**内なる国際化**（吉原 1997）と呼ばれ、日本企業の長年の課題として、今も解決せずに受け継がれているようである。

最近はプロの経営者が求められている。プロの経営者とは、どの企業であれ「経営」ができる人材のことである。従来の伝統的な日本企業は、会社内の出世レースでいつか誰かが内部昇進して社長になるケース、もしくは創業者の家系から社長になるケースが大半であった。したがって、日本人でプロの経営者は未だごく少数であり、海外からプロの経営者を招く場合も多い。

外部から、特に海外から経営者を招くと、当然ながらマネジメントスタイルは大幅に変化する。たとえ日本企業で日本的なマネジメントのもとで働いていたのだとしても、急に海外のマネジメント手法が導入され、国内にいてでさえ、急激な国際化の影響を受けるような事態も起こるのである。

2 インバウンド対応

2019 年の 1 年間の訪日外国人数は 3188 万人と、毎年過去最高を更新し続けている。1000 万人を超えたのが 2013 年であることから、特に近年の伸び率の高さがうかがえる（「日本政府観光局」HP）。電車や地下鉄の車内に、大きなスーツケースを抱えた外国人観光客が増えたことで実感している人も多いのではないだろうか。

私たちが考える海外旅行のイメージはどのようなものだろう。慣れない土地で、地図やスマホの情報を頼りに地下鉄やバスに乗って、観光地に向かう。そしてその道中で美味しそうな地元のものを飲んだり食べたりする。徐々に旅慣れてくると、一般的な観光地では飽き足らず、もっとディープな体験をしたくなり……、と想像は膨らむだろう。これは、日本に来ている外国人観光客も、全員がそうではないとしても似たようなものかもしれない。

そう考えると、例えば日本の場合、今後どのようなところがホットなスポットになるだろうか。おそらく、メニューや案内が日本語しかないような、今までは外国人が訪れたことのない場所へ、外国人観光客は喜んで行こうと考えるだろう。そこで国内のサービス業に従事する人たちは、日本語のみでがんばっておもてなしするのも 1 つの手であろうが、それで十分に外国人観光客に満足してもらえるだろうか。再度訪問しようと思ってもらえるためには、何をどうしていけばよいだろうか。

このように、私たちの身近なところにも、国際化を考えるべき点は多く存在しているのである。

◆ Story 2.「一風堂」としての海外進出

「博多一風堂」は 2008 年 3 月に「IPPUDO NY」としてニューヨークのマンハッタンに海外初出店を果たした。そもそもニューヨーク出店のプロジェクトは「海外展開をするなら、世界の中心のニューヨークへ」というビジョンのもと、2000 年にはすでに計画されていた。しかし 2001 年に世界同時多発テロが発生し出店計画は一時凍結され、その後工事を行っている間も予期せぬ遅れや書類手続きに時間がかかるなどのさまざまな問題が起きた。しかしながらそういった問題を乗り越え、構想から 7 年越しのオープンとなった。

以後海外へは 2011 年に香港、2012 年に台湾、中国、オーストラリア・シドニー、2013 年にマレーシア・クアラルンプール、2014 年にタイ・バンコク、フィリピン・マニラ、インドネシア・ジャカルタ、イギリス・ロンドン、2016 年にはフランス・

パリにおいて出店を果たしており、2017年3月時点で12ヶ国・地域に65店舗を展開している。イスラム圏は豚がご法度であるため豚骨を売りにするラーメン店を出店することは避けられてきた。したがって、豚を一切使わない鶏100%のスープや麺を開発し、今後、アジア・中東などのイスラム圏への進出も睨んでいる。

一風堂の海外進出の成功要因は2つ考えられる。

1 差別化 一風堂は創業当時、ターゲットとする顧客として男性だけでなく女性にも焦点をあてた。かつてのラーメン店は「汚い、臭い、怖い」の3Kで多くの女性から敬遠されていた。そこで創業者である河原氏はバー経営の経験から一風堂1号店をオープンする際、店内は常に清潔感を持たせ、内装はモダンにBGMはジャズを流し、容姿がよく元気で爽やかなスタッフをそろえた。それまでのラーメン店の常識とは真逆な取り組みであったため、周りから冷ややかな目で見られていたが、結果的に一風堂は老若男女問わず人気となった。創業時から持つこのコンセプトが海外成長を支えた。

また、すでに海外で並んでいる現地のほとんどのラーメン店は日本のモデルをそのまま横展開しただけであり、いわば日本にある一般的なラーメン店といえる。そこで一風堂は海外展開するにあたり、ただの日本のラーメン店としてではなく、他店との差別化を図るため「ラーメンダイニング」として展開した。アルコールとおつまみと一緒にラーメンを楽しむこのスタイルは、現地で高い支持を得ている。看板おつまみは、一風堂バンズ、手羽、サラダ、US和州牛のタタキ。それ以外にも、枝豆や爆裂豆腐、マグロタルタル、中洲すき焼きに豚バラ串などもあり、日本のビールや、ワイン、焼酎、梅酒、日本酒17種とドリンクも充実させ、2016年末のグランドメニュー大改編により、“日本らしさ”をより一層強調した構成に変わった。ラーメンは日本でもお馴染みの「白丸元味（Shiromaru Classic)」、「赤丸新味（Akamaru Modern)」、「からか麺（Karaka Spicy)」に加え、動物性食材を一切使っていないベジタリアン向けのニルヴァーナというシリーズなどがある。

2 土着化 「郷に入れば郷に従え」ということわざがあるように、ある国や地域に入った場合はその国・地域の文化や慣習に従う必要がある。一風堂よりも先に世界に進出し、現在では海外で650店舗以上を展開している味千拉麺という企業がある。味千拉麺は基本のラーメンの味は保ちつつ、現地の嗜好に合わせたラーメンや一品料理を提供するなどしてメニューをローカライズし成功した。

しかし、一風堂はこういった現地の嗜好という面での土着化だけでなく、展開する現地の文化に応じた土着化を行った。一風堂の海外展開の1店目となったニューヨーク店では店内にバーを併設し、ウェイティングバーとして座席が空くまでの待ち時間に利用できるようにした。このように、既存のラーメン店とは異なるスタイルで業界に一石を投じ続けてきた一風堂のスタイルが海外展開で生かされた。

一風堂を運営する「力の源」グループは今後、全体で2025年までに国内300店舗、海外300店舗の出店を目指すとしている。

●立ち止まって考えよう

▶ 一風堂の「差別化」と「土着化」は、I-Rフレームワークに当てはめると、どのように位置づけすることができると思いますか？

▶ 一風堂のニューヨークへの進出と、中国・上海への初進出とは何か違いがあったのでしょうか？　あるとすれば、どのような違いでしょうか？

4 外資の参入

これまで考えてきた国際化は日本企業の国際化であった。ここでは、海外企業が日本に進出してくるという海外からの国際化を考えてみよう。

アメリカ・イリノイ州に本社があるマクドナルドの日本での社名（日本法人名）は「日本マクドナルド」、ドイツに本社のあるアディダスの日本法人名は「アディダス・ジャパン」である。このように、海外に本社がある企業を、外国資本の会社という意味から**外資系企業**と呼ぶ。つまり、マクドナルドやアディダスは、アメリカやドイツから国際化して、日本に進出してきているのである。

日本企業で外国人社長が増加しているが、日産自動車は外国人社長の登場により低迷していた業績が急激に好調となるV字回復を遂げた。ところで、外資系企業一覧（東洋経済新報社）で売上げトップの会社は、日産自動車である（東洋経済新報社 2017）。日産のクルマはトヨタ、ホンダ、マツダ、スズキなどとともに「日本車」と呼ばれる一方、日産自動車という会社はフランスのルノーと資本提携しており、資本面から見ると実は外資系企業なのである。

似たような例として、家電大手のシャープがあげられる。2016年夏、主力の液晶パネル事業の不調から経営不振に陥り、台湾の鴻海（ホンハイ）精密工業の出資を受け、台湾企業の傘下に入った。ほぼ同時に鴻海の戴正呉氏が社長に就き、コスト削減や液晶パネル事業の拡大を主導し、急ピッチで業績を改善させた。今やシャープも外資系企業なのである。

これらの例から、従業員の立場では、日本国内で日本企業に就職したつもりが、ある日突然、外資の参入により外資系企業勤務となる可能性は今後さらに高まっていくのかもしれない。

しかし、これまでの外資の参入がすべて成功だったわけではないし、今後も海外の資本が入ったからといってすべてうまくいくとは限らない。例えば、ウォルマートと西友の件は比較的記憶に新しい。ウォルマートは2002年、西友と資本・業務提携を結び、その後も出資比率を徐々に上げ、完全子会社化し2008年に西友は上場廃止している。そして2018年7月にアメリカ・ウォルマートが傘下の西友を売却し、事実上、日本市場から撤退するようであるとの報道がなされた（日本経済新聞 2018年7月12日電子版）。ウォルマート流のEDLP（エブリデーロープライス＝毎日安売り）は日本の消費者にマッチしなかった面があるともいわれており、今後の展開が注目される。

5 今後の国際経営と私たち

企業の国際化を、日本企業の海外進出、国内での国際化、海外からの国際化と学習してきた。最後に、グローバル化の波はこの先どうなっていくのか、世界経済は一体化し同等な条件での競争を行う**フラット化**（Friedman 2005=2006）をしていくのか、今後の世界的な経営環境とその対応としての国際経営を見通していこう。

1 AＩの影響

現代のグローバル化は、インターネットをはじめとする情報通信技術が飛躍的な発展を遂げていることがその背景にあると先述した。それらの中で最も注目されているのが、**AI（人工知能）**であろう。将棋や囲碁のように難解なものも人間を超えたといわれており、街ではロボットによる接客も見受けられるようになった。このような場面が今後さらに増えていくと考えられる。

AIがさらに発達すると、これまでの**職場**という概念が大きく変わるかもしれない。ロボットがほとんどの仕事をし、人間はほんの数人、ロボットのメンテナンスのためだけに働くといった、SF的な近未来が実現するかもしれない。ロボットが職場に入ることによって生身の人間に求められることは大きく変化する。組織の形も一変し、言葉の壁はなくなるかもしれない。先ほど確認した3つの多様性は、AIによって均一化していくのかもしれない。

2 国際化の今後に向けて

しかし、AIが通訳をしてくれるから「英語の勉強はもうしなくてよい」とはならないだろう。なぜならAIの発展によって、より一層、人間の想像力が必要とされるといわれているからである。想像力と想像力のぶつけ合いで新たな知識や知見、商品などを考えていくことが人間に求められるとするならば、それを日本人同士だけでやりましょうというのは、グローバル化が進む昨今ではあまり現実的ではなかろう。また、だからといって通訳機を通したやりとりだけで意思疎通が図れるとは考えにくい。

言葉を学ぶというのは、その言葉が話せる、聞けるようになるだけではない。その言葉を発するための背後の考え方や価値観などがあるからこそ、その言語が存在する。つまり、異なる考え方や価値観まで理解しなければ、その言葉を学んだことにはならないのである。

異なる考え方や価値観を理解し、自分自身の想像力を駆使して相互作用を図る。それをAIと共存しながら行っていくのが、近未来の世界かもしれない。そのような世界で私たちはどうふるまっていくのかが、今後の国際経営を考えるヒントになるかもしれない。

国際化は私たちにとってごく身近なテーマである。グローバル化がさらに進み、そしてAIをはじめとする情報通信技術がさらに発展する近未来にいかに生き抜くのか。私たちの努力と姿勢が大きく問われているのである。

ステップアップのための本

中川功一・林正・多田和美・大木清弘『はじめての国際経営』有斐閣、2015年
　国際経営を学ぶためのテキストとして最適。
琴坂将広『領域を超える経営学』ダイヤモンド社、2014年
　国際経営の系譜と未来を俯瞰できる一冊。

●振り返って考えよう
▶「はじめに考えてみよう」の3つの問いに、自分の言葉で答えて下さい。
▶ あなたがこの章で学んだことを、3つあげて下さい。

●話し合ってみよう／調べてみよう
1 海外勤務経験者に苦労話をインタビューして、その内容をまとめてみて下さい。
2 国際化に成功していると思われる企業の事例を探して下さい。その企業が国際化に成功した理由について、あなたの意見をまとめて下さい。
3「日本企業は国際化が遅れている」といわれることも多いようです。これについてあなたはどう思いますか？

引用・参考文献

はじめに

Nilson, L. B. (2013). *Creating Self-Regulated Learners: Strategies to Strengthen Students' Self-Awareness and Learning Skills*. Stylus Publishing.（美馬のゆり・伊藤崇達監訳『学生を自己調整学習者に育てる―アクティブラーニングのその先へ』北大路書房、2017 年）

●第 1 章

吉村典久・田中一弘・伊藤博之・稲葉祐之（2017）『ベーシック＋企業統治』中央経済社

岩井克人（2009）『会社はこれからどうなるのか』平凡社

●第 2 章

稲葉祐之・井上達彦・鈴木竜太・山下勝（2010）『キャリアで語る経営組織―個人の論理と組織の論理』有斐閣

岩井克人「株式会社の本質―その法律的構造と経済機能」伊丹敬之・藤本隆宏・岡崎哲二・伊藤秀二・沼上幹編（2005）『企業とガバナンス（リーディングス日本の企業システム第 2 期）』有斐閣

加護野忠男・砂川伸幸・吉村典久（2010）『コーポレート・ガバナンスの経営学―会社統治の新しいパラダイム』有斐閣

中野常男（2001）「オランダ東インド会社と企業統治―最初期の株式会社にみる会社機関の態様と機能」『国民経済雑誌』183 (3), 13-32

日本経済新聞社編（2005）『真相ライブドア vs フジ―日本を揺るがせた 70 日』日本経済新聞社

吉村典久・田中一弘・伊藤博之・稲葉祐之（2017）『ベーシック＋企業統治』中央経済社

ニッポン放送の経営権に関するニッポン放送社員声明文 http://www.1242.com/info/seimei/

●第 3 章

朝日新聞スポーツ部（2004）『スト決行 プロ野球が消えた 2 日間』朝日新聞社

稲葉祐之・井上達彦・鈴木竜太・山下勝（2010）『キャリアで語る経営組織―個人の論理と組織の論理』有斐閣

今田幸子・平田周一（1995）『ホワイトカラーの昇進構造』日本労働研究機構

奥林康司・上林憲雄・平野光俊（2010）『入門人的資源管理（第 2 版）』中央経済社

上林憲雄（2012）「人的資源管理論」『日本労働研究雑誌』54 (4), 38-41

小池和男編（1991）『大卒ホワイトカラーの人材開発』東洋経済新報社

今野浩一郎（2008）『人事管理入門』日本経済新聞社

佐藤博樹・藤村博之・八代充史（2015）『新しい人事労務管理（第 5 版）』有斐閣

津田眞澂（1995）『新・人事労務管理』有斐閣

西久保浩二（2013）『戦略的福利厚生の新展開―人材投資としての福利厚生、その本質と管理』日本生産性本部生産性労働情報センター

平野光俊（2006）『日本型人事管理―進化型の発生プロセスと機能性』中央経済社

Bratton, J., & J. Gold (2003). *Human Resource Management: Theory and Practice*, 3rd ed. Palgrave Macmillan.（上林憲雄・原口恭彦・三崎秀央・森田雅也翻訳・監訳『人的資源管理―理論と実践』文眞堂、2009 年）

Lewis, M. (2004). *Moneyball*. W. W. Norton & Company.（中山宥訳『マネー・ボール（完全版）』早川書房、2013 年）

●第 4 章

勝見明（2003）「野中郁次郎の成功の本質―第 9 回スズキチョイノリ」『Works』Aug-Sep., 49-53

嶋口充輝（1986）『統合マーケティング―豊穣時代の市場志向経営』日本経済新聞社

鈴木修（2009）『俺は、中小企業のおやじ』日本経済新聞出版社

Barney, J. B. (2002). *Getting and Sustaining Competitive Advantage*, 2nd ed. Englewood Cliffs, NJ: Prentice-Hall.（岡田正大訳『企業戦略論―競争優位の構築と持続（上）』ダイヤモンド社、2003 年）

Porter, M. E. (1980). *Corporate Strategy: Techniques for Analyzing Industries and Competitors*. NY: The Free Press.（土岐坤・中辻萬治・服部照夫訳『競争の戦略（新訂）』ダイヤモンド社、1995 年）

Saloner, G., A. Shepard & J. Poolny (2001). *Strategic Management*. NY: John Wiley.（石倉洋子訳『戦略経営論』東洋経済新報社、2002 年）

●第５章

稲葉祐之・井上達彦・鈴木竜太・山下勝（2010）『キャリアで語る経営組織』有斐閣
加護野忠男・井上達彦（2004）『事業システム戦略―事業の仕組みと競争優位』有斐閣
セブン‐イレブン　https://www.sej.co.jp/index.html
（一社）日本フランチャイズチェーン協会　https://www.jfa-fc.or.jp

●第６章

加護野忠男・野中郁次郎・榊原清則・奥村昭博（1983）『日米企業の経営比較―戦略的環境適応の理論』日本経済新聞社
加護野忠男・吉村典久（2012）『１からの経営学（第２版）』碩学舎
角田隆太郎（1989）「成熟企業の新事業開発―組織認識論からのアプローチ」『広島経済大学経済研究論集』12 (2), 131-154
Anzoff, H. I. (1965). *Corporate Strategy*. NY: McGraw-Hill.（広田寿亮訳『企業戦略論』産業能率大学出版部、1977 年）
Henderson, B. D. (1979). *Henderson on Corporate Strategy*. Cambridge, MA: Abt Books.（土岐坤訳『経営戦略の核心』ダイヤモンド社、1981 年）
Hiskey, D. (2011). Toilet Paper was First Used by the Chinese. http://www.todayifoundout.com/index.php/2011/08/toilet-paper-was-first-used-by-the-chinese/
味の素企業情報　https://www.ajinomoto.co.jp/company/jp/
エプソン企業情報　https://www.epson.jp/company/info.htm
週刊ダイヤモンド「数字から見えてくる アップルの桁はずれ経営」https://cakes.mu/posts/430

●第７章

奥林康司・上林憲雄・平野光俊（2010）『入門人的資源管理（第２版）』中央経済社
金井壽宏（1999）『経営組織』日本経済新聞社
Chandler, A. D. (1962). *Strategy and Structure*. Cambridge, Mass.: MIT Press.（有賀裕子訳『組織は戦略に従う』ダイヤモンド社、2004 年）
Fayol, H. (1979). *Administration industrielle et générale*. Paris: Dunod.（山本安次郎訳『産業ならびに一般の管理』ダイヤモンド社、1985 年）
Galbraith, J. (1973). *Designing Complex Organizations*. Reading, Mass.: Addison-Wesley.（梅津祐良訳『横断組織の設計―マトリックス組織の調整機能と効果的運用』ダイヤモンド社、1980 年）
Smith, A. (1950). *An Inquiry into the Nature and Causes of the Wealth of Nations*, 6th ed. London: Methuen.（山岡洋一訳『国富論―国の豊かさの本質と原因についての研究』日本経済新聞出版社、2007 年）

●第８章

青島矢一（2017）「新製品開発のマネジメント」一橋大学イノベーション研究センター編『イノベーション・マネジメント入門（第２版）』日本経済新聞出版社、185-218 頁
青島矢一・武石彰（2001）「アーキテクチャという考え方」藤本隆宏・武石彰・青島矢一編『ビジネス・アーキテクチャ』有斐閣、27-70 頁
桑島健一（2006）『不確実性のマネジメント―新薬創出の R&D の「解」』日経 BP 社
近能善範・高井文子（2010）『コア・テキスト イノベーション・マネジメント』新世社
中橋國藏（2007）「新製品・新規事業開発とイノベーション」柴田悟一・中橋國藏編著『経営管理の理論と実際（新版）』東京経済情報出版、125-147 頁
藤本隆宏（2004）『日本のもの造り哲学』日本経済新聞社
米山茂美（1996）「持続的競争優位の源泉としての変革能力―キヤノンにおけるプリンタ技術開発の事例分析」『西南学院大学商学論集』43 (1), 105-168
Christensen, C. M. (1997). *The Innovator's Dilemma: When New Technologies Cause Great Firms to Fail*. Boston, MA: Harvard Business Press.（伊豆原弓訳『イノベーションのジレンマ―技術革新が巨大企業を滅ぼすとき』翔泳社、2000 年）
Clark, K. B., & T. Fujimoto (1991). *Product Development Performance: Strategy, Organization, and Management in the World Auto Industry*. Harvard Business School Press.（田村明比古訳『製品開発力』ダイヤモンド社、1993 年）
Drucker, P. F. (1954). *The Practice of Management*, 1st ed. London: Heinemann.（上田惇生訳『現代の経営（新訳）』ダイヤモンド社、1996 年）
Prahalad, C. K., & V. Ramaswamy (2004). *The Future of Competition*. MA: Harvard Business Review Press.（有賀裕子訳『コ・イノベーション経営―価値共創の未来に向けて』東洋経済新報社、2013 年）
Schmidt, E., & J. Rosenberg with A. Eagle (2014). *How Google Works*. NY: Grand Central Publishing.（土方奈美訳『How Google Works ―私たちの働き方とマネジメント』日本経済新聞出版社、2016 年）
Schumpeter, J. A. (1934). *The Theory of Economic Development: An Inquiry into Profits, Capital, Credit, Interest, and The Business Cycle*. Cambridge, MA: Harvard University Press.（塩野谷祐一・中山伊知郎・東畑清一訳『経済発展の理論―企

業者利潤･資本･信用･利子および景気の回転に関する一研究』岩波書店、1977 年）

●第 9 章

吉田理宏（2013）『黄色いバスの奇跡―十勝バスの再生物語』総合法令出版

Argyris, C., & D. A. Schön (1978). *Organizational Learning: A Theory of Action Perspective*. Addison-Wesley Pub.

Asch, S. E. (1951). Effects of Group Pressure upon the Modification and Distortion of Judgments. In H. Guetzkow (ed.), *Groups, Leadership and Men: Research in Human Relations*. Carnegie Press, pp.177–190.

Cameron, K. S., & R. E. Quinn (2006). *Diagnosing and Changing Organizational Culture: Based on the Competing Values Framework*. John Wiley and Sons.（中島豊監訳『組織文化を変える―「競合価値観フレームワーク」技法』ファーストプレス、2009 年）

Cooperrider, D. L., & D. Whitney (2005). *Appreciative Inquiry: A Positive Revolution in Change*. Berrett-Koehler.

Kunda, G. (2006). *Engineering Culture: Control and Commitment in a High-tech Corporation*. Temple University Press.

Latane, B., & J. M. Darley (1968). Group Inhibition of Bystander Intervention in Emergencies. *Journal of Personality and Social Psychology*, 10 (3), 215–221.

Peterson, C., S. F. Maier, & M. E. P. Seligman (1993). *Learned Helplessness: A Theory for the Age of Personal Control*. Oxford University Press.（津田彰監訳『学習性無力感―パーソナル・コントロールの時代をひらく理論』二瓶社、2000 年）

Schein, E. H. (1999). *The Corporate Culture Survival Guide: Sense and Nonsense about Culture Change*. Jossey-Bass.

●第 10 章

伊丹敬之・加護野忠男（2003）『ゼミナール経営学入門（第 3 版）』日本経済新聞出版社

三隅二不二（1986）『リーダーシップの科学―指導力の科学的診断法（ブルーバックス）』講談社

Hersey, P., K. Blanchard, & D.E. Johnson (1996). *Management of Organizational Behavior*, 7th ed. Upper Saddle River, NJ: Prentice Hall.（山本成二・山本あずさ訳『入門から応用へ 行動科学の展開（新版）―人的資源の活用』生産性出版、2000 年）

Hollander, E. P. (1978). *Leadership Dynamics: A Practical Guide to Effective Relationships*. Free Press.

Useem, M. (1998). *The Leadership Moment: Nine True Stories of Triumph and Disaster and Their Lessons for us All*. NY: Random House.（鈴木主税訳『九つの決断―いま求められている「リーダーシップ」とは』光文社、1999 年）

●第 11 章

上林憲雄・奥村康司・團 泰雄・開本浩矢・森田雅也・竹林 明（2007）『経験から学ぶ経営学入門』有斐閣

坂本光司（2010）『日本でいちばん大切にしたい会社 2』あき出版

山田昭男（2015）『山田昭男の仕事も人生も面白くなる働き方バイブル』東洋経済新報社

Adams, J. S. (1965). Inequity in Social Exchange. *Advances in Experimental Social Psychology*, 2, 267-299.

荒川 龍「日本一“社員”が幸せな会社の『うらやましすぎる真実』」（東洋経済 ONLINE）https://toyokeizai.net/category/miraikougyou

●第 12 章

金井壽宏（2002）『働くひとのためのキャリア・デザイン』PHP 新書

本田直之（2015）『TraveLife ―クリエイティブに生きるために旅から学んだ 35 の大切なこと』マガジンハウス

Arthur, M. B. & D. M. Rousseau (1996). The Boundaryless Career as a New Employment Principle. In M. B. Arthur, & D. M. Rousseau (eds.), *The Boundaryless Career: A New Employment Principle for a New Organizational Era*. Oxford University Press, pp.3-20.

Gottfredson, L. S. (1996). Gottfredson's Theory of Circumscription and Compromise. In D. Brown, L. Brooks, L. & Associates (eds.), *Career Choice and Development*, 3rd ed. Jossey-Bass, pp.179-232.

Hall, D. T. (2002). *Careers in and out of Organizations*. Sage Publishers.

Holland, J. L. (1985). *Making Vocational Choices: A Theory of Careers*, 2nd ed. Prentice-Hall.（渡辺三枝子・松本純平・舘暁夫訳『職業選択の理論』社団法人雇用問題研究会、1990 年）

Levinson, D. J. (1978). *The Seasons of Man's Life*. Alfred Knopf.（南博訳『ライフサイクルの心理学（上・下）』講談社学術文庫、1992 年）

Mitchell, K. E., A. S. Levin, & J. D. Krumboltz (1999). Planned Happenstance: Constructing Unexpected Career Oppotunities. *Journal of Counseling and Development*, 77, 115-124.

Schein, E.H. (1971). The Individual, the Organization, and the Career: A Conceptual Scheme. *Journal Behavioral Science*, 7, 401-426.
Schein, E.H. (1978). *Career Dynamics: Matching Individual and Organizational Needs*. Addison-Wesley.（二村敏子・三善勝代訳『キャリア・ダイナミクス―キャリアとは、生涯を通しての人間の生き方・表現である』白桃書房、1991年）
Super, D.E. (1980). A Life-span, Life-space Approach to Career Development. *Journal of Vocational Behavior,* 16 (3), 282-298.

●第13章

有村貞則(1999)「アメリカン・ビジネスとダイバーシティ」『山口経済学雑誌』47(3), 247-295.
佐藤博樹（2017）「ダイバーシティ経営と人材活用―働き方と人事管理システムの改革」佐藤博樹・武石恵美子編『ダイバーシティ経営と人材活用―多様な働き方を支援する企業の取り組み』東京大学出版会, 1-22頁
野村浩子・川﨑昌（2019）「組織リーダーの望ましさとジェンダー・バイアスの関係―男女別、階層別のジェンダー・バイアスを探る」『研究論集』4, 13-24
谷口真美（2005）『ダイバーシティ・マネジメント―多様性をいかす組織』白桃書房
谷口真美（2008）「組織におけるダイバシティ・マネジメント」『日本労働研究雑誌』50(5), 69-84
Gergen, K. J. (1999). *An Invitation to Social Construction*. SAGE Publications.（東村知子訳『あなたへの社会構成主義』ナカニシヤ出版、2004年）
Kanter, R. M. (1977). *Men and Women of the Corporation*. NY: Basic Books.
International Labor Office (2015). *Women in Business and Management: Gaining Momentum*. ILO.
Lau, D.C., & J.K. Murnigham (1998). Demographic Diversity and Faultlines: The Compositional Dynamics of Organizational Groups. *Academy of Management Review*, 23 (3), 325-340.
国立社会保障・人口問題研究所（2017）「日本の将来推計人口（平成29年推計）」
http://www.ipss.go.jp/pp-zenkoku/j/zenkoku2017/pp29_gaiyou.pdf
世界経済フォーラム
https://weforum.org

●第14章

浅川和宏（2003）『グローバル経営入門』日本経済新聞社
吉原英樹（1997）『国際経営（新版）』有斐閣
Bartlett, C. A., & S. Ghoshal (1989). *Managing across Borders: The Transnational Solution*. Boston, MA: Harvard Business School Press.（吉原英樹監訳『地球市場時代の企業戦略』日本経済新聞社、1990年）
Dunning, J. (1993). *Multinational Enterprises and the Global Economy*. UK: Addison-Wesley.
Friedman, T. L. (2005). *The World is Flat: The Globalized World in the Twenty-first Century*. NY: Farrar, Straus and Giroux.（伏見威蕃訳『フラット化する世界（上・下）』日本経済新聞社、2006年）
Johanson, J., & J. Vahlne (1977). The Internationalization Process of the Firm -A Model of Knowledge Development and Increasing Foreign Market Commitments. *Journal of International Business Studies*, 8 (1), 23-32.
Prahalad, C. K., & Y. Doz (1987). *The Multinational Mission: Balancing Local Demands and Global Vision*. NY: Free Press.
東洋経済新報社（2017）『外資系企業　CD-ROM　2016年版』
経済産業省（2018）「クールジャパン政策について」
http://www.meti.go.jp/policy/mono_info_service/mono/creative/index.html
総務省(2015)「グローバルICT産業の構造変化及び将来展望等に関する調査研究」
http://www.soumu.go.jp/johotsusintokei/linkdata/h27_02_houkoku.pdf
日本の人事部HP　https://jinjibu.jp/keyword/detl/857/
日本政府観光局HP　https://www.jnto.go.jp/jpn/statistics/visitor_trends/index.html
日経ビジネス（2015）「日本企業は地球どこでも人手不足」日経ビジネス2015年9月7日号, 24-43
農林水産省（2017）「海外における日本食レストランの数」
http://www.maff.go.jp/j/press/shokusan/service/171107.html
ロジクール社HP　https://www.logicool.co.jp/ja-jp/about
〔一風堂関連資料〕
河原成美（2007）『一風堂 ドラゴン（中国マーケット）に挑む！―中国に進出した外食企業は何をつかんだのか』柴田書店
一風堂HP　http://www.ippudo.com/
http://ippudo-outside.net/ippudony_report01/
http://food-stadium.com/feature/21235/
http://7premium-info.com/ippudo
http://www.foodrink.co.jp/news/2018/03/30120905.php
http://www.pecopecony.com/new-open/no003/
https://world.food-stadium.com/interview/000021/

索 引

ア 行

カ 行

● サ　行

● タ　行

●ナ　行

●ハ　行

●マ　行

●ヤ　行

●ラ　行

執筆者紹介

北居　明（きたい・あきら）　8章・9章・13章
甲南大学経営学部教授　博士（経営学）
神戸大学大学院経営学研究科博士後期課程修了。大阪学院大学助教授、大阪府立大学准教授、大阪府立大学大学院教授を経て、現職。
専門はミクロ組織論、組織文化論。主著に『学習を促す組織文化―マルチレベル・アプローチによる実証分析』（有斐閣）など。

松本　雄一（まつもと・ゆういち）　3章・7章・12章
関西学院大学商学部教授　博士（経営学）
神戸大学大学院経営学研究科博士後期課程修了。北九州市立大学助教授、関西学院大学准教授を経て現職。
専門は経営組織論、人的資源管理論。主著に『実践共同体の学習』（白桃書房）など。

鈴木　竜太（すずき・りゅうた）　1章・2章・5章
神戸大学大学院経営学研究科教授　博士（経営学）
神戸大学大学院経営学研究科博士後期課程修了。静岡県立大学専任講師、神戸大学大学院准教授を経て、現職。
専門は経営組織論、組織行動論。主著に『関わりあう職場のマネジメント』（有斐閣：日経・経済図書文化賞受賞）など。

上野山　達哉（うえのやま・たつや）　4章・6章・10章・11章
大阪公立大学商学部教授　博士（経済学）
神戸大学大学院経営学研究科博士後期課程退学。福島大学准教授、大阪府立大学大学院准教授を経て現職。
専門は経営管理論、組織行動論。主著に『マネジメント講義ノート』（共編著・白桃書房）など。

島田　善道（しまだ・よしみち）　14章
大阪学院大学経営学部准教授　修士（経営学）
神戸大学大学院経営学研究科博士後期課程単位取得退学。
パナソニック株式会社勤務、公立鳥取環境大学経営学部准教授を経て、現職。
専門は経営組織論、国際経営論。主著に『日本の人事システム―その伝統と革新』（共著・同文舘出版）など。

経営学ファーストステップ

2020年5月28日　第1版第1刷発行
2024年4月　5日　第1版第3刷発行

著　者 ── 北居 明・松本 雄一・鈴木 竜太
　　　　　　上野山 達哉・島田 善道
発行者 ── 森口 恵美子
発行所 ── 八千代出版株式会社
〒101-0061 東京都千代田区神田三崎町2-2-13
　　　　　　TEL　03-3262-0420
　　　　　　FAX　03-3237-0723
　　　　　　振替　00190-4-168060
＊定価はカバーに表示してあります
＊落丁・乱丁本はお取り換えいたします

イラスト：オカダケイコ　　組版・装丁：瀧本 友子
印刷・製本：壮光舎印刷

ISBN978-4-8429-1774-0